高等院校"十三五"规划教材

大学生职业生涯规划与就业指导

主　编　郭　帆　崔正华
副主编　李　猛　李　爽
　　　　贺　霞　李晓华

东南大学出版社
SOUTHEAST UNIVERSITY PRESS

内容提要

本书通过科学的职业测评、职业定位、生涯规划、就业指导，帮助学生寻找与其个性相一致的职业，达到人与职业的合理匹配，提高大学生的就业率及成功率。以“三个转变”为主轴，以心理适应、职业引导、咨询服务为重点，帮助大学生完成从中学生向大学生的转变，从迷惘向清醒的转变，从学校人向职业人的转变。

本书采用案例式教学，以 12 个导引案例为线索，打破传统的“传授—接受”教学模式，通过情境创设、师生互动、学生领悟来促进学生职业心理成长，使教材从“描述性”向“启发性”过渡。以教材为主体，搭载与教材配套的案例、案例使用说明、职业测评量表，便于教师教学借鉴、学生阅读分析。

本书既可作为教材使用，也可用于专题讲座及学习参考。

图书在版编目(CIP)数据

大学生职业生涯规划与就业指导/郭帆，崔正华主编.—南京：东南大学出版社，2018.1(2019.9 重印)

ISBN 978-7-5641-7632-7

Ⅰ.①大… Ⅱ.①郭…②崔… Ⅲ.①大学生-职业选择-高等学校-教材 Ⅳ.①G647.38

中国版本图书馆 CIP 数据核字(2018)第 020607 号

大学生职业生涯规划与就业指导

出版发行	东南大学出版社
社　　址	南京市四牌楼 2 号(邮编：210096)
出 版 人	江建中
责任编辑	马　伟
经　　销	全国各地新华书店
印　　刷	常州市武进第三印刷有限公司
开　　本	787mm×1092mm　1/16
印　　张	14.75
字　　数	392 千字
版　　次	2018 年 1 月第 1 版
印　　次	2019 年 9 月第 3 次印刷
书　　号	ISBN 978-7-5641-7632-7
定　　价	39.00 元

本社图书若有印装质量问题，请直接与营销部联系，电话：025-83791830。

PREFACE
前　言

每一个大学生，进入大学校门后，都会自然而然地提出一个问题：我来大学做什么，大学毕业后做什么，将来做什么？这就是对于学习、职业、人生的思考。大学是人生的一个重要转折点，也是人生旅途的一个新起点。环境的变迁与角色的转换给大学生们带来诸多不适，由此可能导致人生奋斗目标的迷失与内在动力的不足，出现情感的迷惘和信心的丧失。作为大学生，及时找准人生坐标，设计大学生涯，付诸积极行动，是人生成功的第一步。

人人都想获得成功。除了废寝忘食的奔波，年复一年的拼搏，漫长的坚持之外，还必须有坚定不移的目标和计划，并为之奋斗的坚持不懈的动力。只有这样，自己才能主宰命运，发挥潜能，到达预想的彼岸。职业生涯规划正是在这种大背景下进入校园，成为现代大学生的一门必修课。它是个人和组织相结合，在对主客观条件进行测定、分析的基础上，确定最佳职业奋斗目标，并为实现这一目标做出的行之有效的安排。每个人的职业生涯都是独特的、发展的、连续的、创造的，《大学生职业生涯规划与就业指导》着眼于人生的发展、学生的实际、个体的探索、素质的培养，力求给出一种思考的工具，帮助大学生绘出一份心灵地图，确定奋斗目标，明确人生使命，到达心灵彼岸。

1. 着眼于人生的发展

以"人生成长、心灵发育、职业探索"为主线，促进大学生作为"人"的成长和成熟，提出了青年学生成长中较为重要的四个"我"：我是什么——自我意识的形成；我应该做什么——价值观的确立；我要向哪里发展——人生发展目标的选择；我应是一个什么样的人——心理素质的优化。在指导学生做好职业生涯规划的同时，力图提供一个较为系统的思想、心理、职业发展坐标，成为学生前进的灯塔。

2. 着眼于学生的实际

在此之前，编者做了多个课题，研究发现，自我认识是职业生涯规划的薄弱环节。调查显示，由于高中时埋头学习，有将近50%的大学生不了解自己的性格，60%的学生不了解自己的能力特长，70%的学生不了解自己到底喜欢什么样的职业，对未来的就业方向感到彷徨与迷惘。根据这些特点，本书对价值观、能力、兴趣、性格等内容独立划分专题，加大了自我探索的分量。本书成稿之后，请大学生对全部内容进行了阅读、修改、完善，力求符合学生的实际情况。同时，我们组织了多个院校专家进行会审，力求内容具有鲜明的时代性。总的来说，本书来源于实践，是作者多年来从事大学生职业生涯教育和就业指导实际工作的经验总结。同时，结合当今学生的实际情况，在内容和形式上进行了一些创新，是一套具有"专业性""实用性"和"可操作性"的大学生职业生涯规划教材。

3. 着眼于个体的探索

职业生涯规划，应全方位地渗透到大学生的教育管理中，不仅仅作为一个理念，而且要通过科学、有效的途径和方法，指导学生形成适合自身的职业生涯设计方案，分解实现目标、落实步骤、采取措施，最终达到个人职业生涯发展目标并满足社会发展需要。这一切，关键是自我探索。本书通过大量的导引案例、课后探索、职业测评来引导学生自我探索。利用现代心理测评技术,为学生职业发展的方向和路径提供现实可行、有根有据、逻辑清晰的解决方案。由自我测评开始,力求构建一个集职业测评、咨询、规划、指导四位一体的教学体系,通过科学的职业测评、职业定位、生涯规划、就业指导,帮助学生寻找与其个性相一致的职业,达到人与职业的合理匹配,提高大学生的就业率及成功率。

4. 着眼于素质的培养

以就业为导向,以“人—岗”匹配为目的,进行职业兴趣、价值观、个性、能力培养。以教学型大学面临的“三大转变”(精英教育向大众教育的转变;以学科为中心向以职业为导向的转变;学术型人才向应用型人才的转变),学生存在的“三大问题”(环境变化引起的适应能力不够;自卑心理引起的成就动机缺乏;劳动者角色意识淡漠引起的职业心理适应能力不强)为线索,将职业选择与心理素质培养融为一体,构筑一个以适应心理培养、成功心理培养、职业心理培养为主轴的心理素质培养体系。确立了四重目标:引导性目标——心理发展成熟;维持性目标——心理健康维护;发展性目标——心理素质培养;职业性目标——岗位环境适应,为职业心理素质培养构建了初步框架。

本书按专题编排,以“三个转变”为主轴,以心理适应、职业引导、咨询服务为重点,帮助大学生完成从中学生向大学生的转变,从迷惘向清醒的转变,从学校人向职业人的转变,提高大学生的就业率及成功率。采用案例式教学,以 12 个导引案例为线索,打破传统的“传授—接受”教学模式,通过情境创设、师生互动、学生领悟来促进学生职业心理成长,使教材从“描述性”向“启发性”过渡。以教材为主体,搭载与教材配套的案例、案例使用说明、职业测评量表,便于教师教学借鉴、学生阅读分析。因此,本书是大学生朋友的良师益友,它不会告诉你必须怎么做,而是引导你主动探索,找到适合你的人生之路。

本书是多所院校倾力合作的结果,山东师范大学历山学院(郭帆、李猛),武昌职业学院(崔正华)、烟台南山学院(李爽)、江汉大学文理学院(贺霞)、武汉传媒学院(周华)、南京邮电大学(李晓华)参加了本书的编写工作。本书在编写过程中,参阅了国内外大量的文献资料,汲取了许多专家的研究成果,借鉴了许多案例素材,未一一注明,在此谨向原作者以及出版单位表示衷心的感谢!由于作者水平有限,加之有些探索也需要进一步提高,错误与缺点在所难免,请各位专家、老师及同学批评指正。

编　者

CONTENTS

目录

第一专题

大学与大学学习

学习目的

(1) 了解从中学到大学面临的转变,围绕时代发展和个人成长的要求,帮助大学生认识大学学习、生活特点,促使其适应大学生活。

(2) 引导学生正确和科学地理解、认识大学,从而自觉地利用大学的环境塑造自己。

(3) 引导学生完成从中学向大学、从目标迷惘向清醒、从学校人向职业人的转变,努力把自己培养成才。

导引案例

李柔休学

刚刚进入大学的李柔,远离了父母,远离了昔日的朋友,来到了一个举目无亲的大城市,她的心里非常迷茫、非常伤感。新同学的陌生更增加了她心里那份化不开的孤独。她每天背着书包奔波在校园中,独自品味着生活的白开水。从小城市到大城市,从温暖、充满母爱的小家庭到校园中的大家庭,完全不能适应。她说:"洗澡要排队,衣服要自己洗,食堂的饭菜又难以下咽……"解脱苦闷的方式就是天天给家里打长途电话诉苦。电话里的哭声让母亲揪心,于是母亲只好请假租房陪女儿读书……

衣服有人洗了,饭菜可口了,孤独远去了,李柔又重新回到了小家庭的母爱之中。但暂时的"幸福"并没有冲淡李柔与日俱增的学习困惑。高中时,李柔是班里的学习尖子,聪明伶俐,记忆力超群,被人称为"小神童",一首古诗可以过目不忘。在满堂灌、题海战术的学习中,她得心应手。可是,她总是不明白,大学老师总是提倡自学,提倡分析解决问题能力的提高,在素质、能力成为考试主题时,李柔在记忆力方面的优势逐渐失去了,在课堂的互动中,她逐步被"边缘化"了。由于学习兴趣逐渐丧失,为了躲避苦恼,她开始偶尔光顾一下过去从未去过的网吧。慢慢的,她喜欢上了聊天,喜欢别人恭维她"冰雪聪明"。课堂去得少了,网吧去得多了,开始"挂科"了。

慢慢知道了情况的母亲悲痛欲绝,母女俩发生了激烈的冲突……

经过老师、家长、辅导员的逐步引导,李柔逐步调整了自己的情绪,总算没有像她说的那样"坚决离开这不愉快的地方",学习、生活似乎平淡了,也没有那么多个人追求了。正在母亲庆幸可以好歹混下去的时候,一个更大的麻烦来临了。

母亲正在准备午餐，想让女儿利用星期天好好改善一下生活。时钟指向了下午一点，女儿还是没有出现，两点了，一个急促的电话响起："你女儿跳湖了，赶快来吧。"母亲昏倒了。

原来，开学几个月后，很多女生开始谈恋爱了，经常跟男朋友出去约会。有一次，几个女同学聚在一起，各自讲起了自己的恋爱过程，说着说着，就说到了李柔，大家都说她连恋爱都不会谈，一点用都没有。于是，她也开始追求男孩子，可是追求了好几次，都被拒绝了，于是，李柔变得很自卑，强迫自己去追求男孩子，可是总是被拒绝。这样恶性循环后，李柔不但成绩下降，更加不合群。为满足自己可怜的虚荣心，表明自己有魅力，她向大家公认最帅的一个男同学发起了总攻，几个"战役"下来，"碉堡"竟然被攻了下来。谁知，该"帅哥"恋爱动机不纯，认为追的人越多，越觉得自己了不起，李柔只是他满足虚荣心的"战利品"。他在周末潇洒地对李柔说了一声"拜拜"。

受到了极大打击的李柔实在想不开，就以跳湖相威胁，当着"帅哥"的面，纵身跳入清澈的湖水中……

李柔休学了，带着遗憾，带着伤疤，她离开了这个城市……

案例讨论：

(1) 你认为，李柔为什么会走到这一步？从自身分析，根本原因是什么？

(2) 作为刚入学校的大学生，你认为应注意什么？

(3) 从学校的角度，你觉得应重点做些什么？

这个案例，无论怎样解读，都回避不了一个词：转折。从中学时代走来，每一个大学新生所面临的都是一个全新的世界。无论是自然环境还是学习方法，无论是个人目标还是社会期望，都发生了很大的变化，如何应对这些变化，是每一个大学生必须解决的问题。本专题主要讨论大学生面临什么样的转折，我们应该怎样看待大学，怎样适应大学生活。

第一节　初入大学的转变

作为一个刚入学的大学生，脱下高中校服，走进大学校门，进入了一个新的发展阶段，它意味着你要从思想、意识、心理以及技能上做好充分的准备，从而实现两种状态之间的升级转换。从中学到大学，不单单是地点的变换，各方面也发生了很大的变化。

一是生活环境的转变。自然环境方面，从相对封闭的农村或小城市到相对开放的大城市；生活方式方面，从家庭生活到集体生活。这一切，对于一个刚刚离开家门的大学生，显得力不从心。案例中的李柔，入学之初最大的不适应就是生活方式从家庭向集体的转变。

二是管理机制的转变。从中学时老师、家长死盯硬管到大学管理相对宽松，很快脱去"紧箍咒"的大学生一时还不适应。

三是学习要求的转变。从高中的满堂灌、题海战术到大学时着眼于自主学习和能力的提高，学习方法发生了根本的转变。

四是奋斗目标的转变。从高中时单纯考取大学到大学时要思考人生的选择，大学生一时还措手不及。

五是人际关系的转变。从中学到大学，校园生活从简单到复杂；交往对象从"两小无猜"到"四面八方"；交往范围从学习研究到全面交往。

六是时间分配的转变。从中学时按部就班的时间分配到大学时自主分配时间的转变，导致很多学生在大学时时间观念淡薄，产生"无所事事"的现象。

一、生活环境的转变

生活环境的变化是大学新生最先感觉到的变化。从踏入大学校门的那一刻，这种变化就存在了。这种变化主要表现在生活方式、生活习惯、生活范围等方面。

从生活方式看，中学生大多住在家里，不少人拥有自己的独立生活空间，饮食起居由父母安排，封闭在一个很小的圈子中。而大学是集体生活，住公寓吃食堂，衣服自己洗，饭菜自己选，凡事全靠自己处理，这种变化对缺乏独立生活能力的同学来说是一个严峻的挑战。

从生活习惯看，南北方的差异、气候环境的变迁、饮食习惯的不同、语言交流的不畅、作息制度的严格、卫生习惯的改变，都可能造成适应不良。

从生活范围看，中学生活领域较窄，基本上是从家门到校门，中心内容是学习，很少有集体活动和文艺生活。而进入大学后就如从“小天地”来到“大世界”，生活领域大大拓宽。正像导引案例中的李柔，远离了父母，远离了昔日的朋友，她的心里非常迷茫、非常伤感。这种感觉在大学生中具有一定的普遍性。

二、管理机制的转变

管理机制的变化主要表现在管理模式、管理方法、管理系统等方面。

从管理模式看，中学基本实行学年制，年复一年，修完所有的课程，考试合格后才能毕业。而后是综合考试，题海战术，模拟考试，升学准备。大学大多实行学分制，学分是衡量学生是否完成教学要求的标准，学生不受学年限制，根据自己的实际情况，可修满学分后提前毕业，也可延长学习时间推迟毕业。

从管理方法看，中学时代，老师对学生采取直接管理，事无巨细，多由老师安排。学习的目标、学习的标准、学习成果的检验都由老师制定。大学时代则更多地强调学生的自我管理、自我教育、自我服务、自我评价、自我约束、自我激励。

从管理系统看，中学时代的管理都是通过班主任集中管理，是单线联系而非多头领导。脉络清晰，要求具体。大学时代则是多方参与的引导式管理，学校各个职能部门都要参与，如学习管理、社团管理、课外活动管理等。客观环境的变化，会导致学生对管理方式的不适应。从高中时的“高压”状态到大学时的“低压”状态，有些学生不能把握自己，开始逃课、上网、睡懒觉，以至于发展到虚度光阴，形成不良的生活习惯和懒散的性格。

三、学习要求的转变

学习要求的转变主要表现在学习任务、学习内容、学习方式等方面。

从学习任务看，中学的学习任务主要是学习科学文化基础知识，更多的是为升学做准备，大学则是为人生做铺垫，以培养专门人才为目标，有选择地让学生掌握专业知识和专门技能，培养所选职业需要的高级专门人才。

从学习内容看，中学教育是基础的、全面的、不定向的，大学教育则是教学内容较专、较深、目标明确的专业教育，除了一般的学科知识之外，提倡与各专业学科领域发展前沿接近，与社会职业接轨。

从学习方式看，中学学习一般以课堂讲授为主，由教师“领着走”，考试牵着走，上课、课后作业、复习考试，按部就班，学生对教师依赖性较大。而大学学习则强调启发式、引导式，教师讲课采用案例式、互动式，注重培养学生独立学习的能力。学生活动不拘泥于课题，可以通过多种形式如专业实验、社会实践等方式学习实用知识，还提倡通过毕业设计或论文等形式独立研究问题，参与老师或生活的科研课题，这就要求学生学会独立思考、融会贯通、举一反三。进入大学后，学生在学习上更多的时间是靠“自己走”，没有很多强制性的作业和学习计划，一切都由自己来支配，以教师为主导的教学模式变成了以学生为主体的自学模式。学生不仅要消化和理解课堂上学习的内容，而且还要大量阅读相关方面的书籍和文献资料。可以说，自学能力的高低成为影响学业成绩的最重要因素之一。从旧的学习方法向新的学习方法过渡，是每个大学新生都必须经历的过程。

实际上，在大学里很少有人过多地监督你，主动指导你，没有人给你详细地制订具体的学习目标。同时，大学新生还要改变一些原有的观念，在大学里，考试分数并不是衡量人的唯一指标，考研也不是唯一选择的目标，职业规划也没有统一的模式，在大学里更注重的是综合能力的培养和全面素质的提高，这里的竞争是潜在的、全方位的。

四、奋斗目标的转变

有人形容："高考是高中生前方一盏最明亮的灯，同学们你追我赶地向着这一目标奔跑，虽身心疲惫但目标十分明确，因而生活紧张但追求单一、内容充实。"但进入大学之后，高考这盏明灯却熄灭了，大学新生会感觉失去了目标和动力，大学生活让其内心失落和茫然。同时，由于中学时缺乏职业生涯规划意识，多数学生没有明确思考自己的未来，高考填的志愿多半由老师、家长操办，学生只凭想象对号入座，到学校后，感觉事实与想象不符，前途渺茫，无车可搭，导致很多的大一新生认为自己"缺乏生活目标""缺乏学习兴趣"，在高层次目标尚未建立之前常出现情绪低落、彷徨迷失的现象。进入大学并不是意味着读书生涯的终点，我们还将面临就业等诸多问题。但是，大学新生还没有充分意识到：中学时的单一奋斗目标已转变为大学时多元而复杂的目标，从单单解决升学问题到解决人生发展的问题。

五、人际关系的转变

建立良好的人际关系，无论是高中阶段还是大学阶段，几乎是学生们最迫切需要的人际交往目标。不同的是，在高中这一单一的奋斗目标下，找到志同道合的朋友是很容易的；进入大学后，新生常会不自觉地用高中时的好友标准来衡量新同学，但由于在这种多元而又复杂的环境中，个人的职业目标和人生志向的差异，要找到一个在某一方面有共同追求的朋友，往往需要较长的时间。由于高中时交友标准的存在，导致新生在交往中采取被动接受的态度，从而阻碍了相互间的沟通和交流。

很多同学在高中阶段都是学习中的佼佼者，是老师青睐与同学们的羡慕对象，他们成为同龄人的中心，由于这种情况的存在，无形中会产生某种过高的自我评价。然而进入大学后，全国各地成绩优异的同学汇聚一堂，人才济济，相比之下，很多新生会发现自己显得比较平常，各方面比自己更优秀的同学比比皆是。这一突然的变化会使很多新生一时难以接受自己不被重视。

大学生活之初，是一段艰难的心理适应期。在这个心理转型与重塑的过程中，可能会产生不同程度的适应困难。产生迷惘与困惑，能否在心理转型与重塑的过程中成功进行从"中学生"向"大学生"的转换，将直接影响到大学期间的学习、生活的质量。

正如一位大学生所说："大学是一片蕴藏无限潜力与无穷魅力的海洋。"人生的路很长，但关键处只有几步。进入青年初期的大学生，由于经历相对简单，生活阅历相对较少，只有从校门到校门的生存背景，缺乏社会生活经验。面对生存、经济、就业等多重压力时，身心健康受外界环境的影响越来越大。而大学是人生非常重要的时期，大学生的成长与发展将奠定其一生发展的基础，在这样的关键时期，大学生应认清形势，努力适应新的生活，完成这一历史性的转变。

第二节 对大学的认识

要完成上述的转变，对大学的认识至关重要。什么是大学？大学是怎样产生的？大学的功能是什么？大学专业是怎样设置的？这一切的一切，相信很多新入学的同学都没有认真的思考过。这看起来是很简单的一个话题，但它是对大学的理性认识，决定着学生的思维方式和发展方向。初入大学，我们应该对大学有一个初步的认识，对大学学习与生活有一个大致的定位。正确和科学地理解、认识大学，是大学生进入大学后适应大学生活的第一步，也是大学生充分利用大学教育各方面的优势，立人生志向、扬理想风帆的关键一步。

一、大学与大学教育的内涵

1. 大学的功能

大学的理念经历了"理想大学""现代大学""巨型大学"的三次演变。而大学的功能也随之发生改变：大学创立之初，只有单一的教育功能(1852 年纽曼在《大学的理想》中提出大学重在传授知识和教学育人)；在德国启蒙运动和产业革命后，大学形成第二种功能，即科研功能(1810 年洪堡在新人文主义思想指导下建立了柏林大学，将学术研究引入了大学教育)；随着当代新技术革命的兴起，大学又产生了第三种功能，即服务社会功能(克拉克 · 克尔在哈佛大学演讲时提出大学向多元化方向发展，不仅要具有培养人才、发展科学的功能，还应具备服务社会的功能)；随着全球化的发展，社会逐渐趋向信息化，大学产生了第四种功能，即现代大学文明与文化的"交往"功能(联合国教科文组织在 21 世纪教育委员会的报告《教育——财富酝酿其中》中论述高等教育的功能，强调大学在继续研究教学、专业化培训和终身教育的同时，也把"国际合作"作为变得越来越重要的另一项大学的功能)。

现代的大学，不单单是小学—中学—大学学历的自然延伸，大学与中学相比，更增加了引领、服务、文化、创造功能。当代的大学既是现代高层次国民教育的基地，又是思想文化的摇篮，知识创新的前沿，服务社会的平台，推动社会文明进步的重要力量。

在正常的教学之外，"引领、服务、文化、创造"功能的发挥，在一定意义上表现了大学的水平和层次。有人把大学分为教学型大学、教学科研型大学，其参照物与上述几个要素密切相关。作为教学科研型大学，要自觉地承担起以科学、思想、文化来引领社会的历史责任，为社会提供大量人才，使大学成为一个民族、一个国家的精神家园、科学摇篮、文化基地，用自己所创造的科技、所培养的人才去推动社会的发展，用"人才"与"科技"支撑社会大厦。作为教学型大学，这种功能相对较弱，其基本功能则为教学。作为学校，要以这种定位加强学校建设，作为大学生，也要以这种定位确立自己的目标与发展方向。

2. 大学教育的特点

(1) 培养目标的高层次性

培养高层次的各类人才是大学教育的核心功能。这种高层次主要体现在三个方面：

① 教育内容的高层次。与中学小学教育相比，大学传授的不再是最基础的科学文化知识，而是具有专业性质的较为高深的理论和技能。现代大学培养的人才，一种可以叫做知识发展型人才，它以知识的系统性为要求，着眼于更高层次人才的培养；一种可以叫做就业导向型人才，它以就业为导向，着眼于未来职业岗位。更多的学校是两种人才的兼顾，这种多元化的培养目标也是大学高层次教学内容的一个特点。

② 教育对象的高层次。能够进入大学学习的人，一般都接受过良好的基础教育并经过

严格的选拔程序，具有较高的智力和知识水平，在德育、智育、体育诸方面都有较好的发展。

③ 教育目标的高层次。大学是一个创造新知识的场所，前面讲过，现代大学，特别是高水平大学，既是教育教学的中心，又是科学研究的中心，承担着推动科学进步、社会发展、文化创新的重要职责。教育教学和科学研究的相互促进，使大学教育的高水平得以实现。

(2) 学科覆盖的广泛性

“海容百川、博大精深”是大学教育的本质特征之一。早期大学的理念，就是追求知识的整体性和系统性。随着社会生产力的进步，人类社会分工日益精细，对各个专门领域高层次人才的需求也日益扩大。大学顺应了这一时代发展的潮流，建立了覆盖面极广的学科群，分门别类地培养社会所需要的各类人才。学科、专业、专业方向是大学涉及最多的名词。比如，我国现在的高等教育就分为13大学科门类，包括哲学、经济学、法学、教育学、文学、历史学、理学、工学、农学、医学、军事学、管理学、艺术学。而且每个学科门类下又包含了很多一级学科、二级学科等等，此外还有新近出现的许多交叉学科、边缘学科、新兴学科。世界范围内的学科逐步分化、综合、融合，有的学科消亡了，有的学科发展了，有的学科面目全非了，这些在大学教育中都可以得到体现。一流的大学，这种学科分化与学科渗透的趋势越明显，使得单一专业的学生能够融会到多学科的学术氛围中。此外，作为正处在生理、心理成长期的大学生，在大学不仅要学习科学文化和专业知识，也要培养道德、意志、人格等，以实现个人社会化的目标。

(3) 学习效果衡量(评价)的多元性

大学生学习效果的衡量不同于中学生，评价的标准由单一靠学习成绩的优劣，转变为由学习能力、交往能力、组织能力、社会活动能力、表达能力等构成的多元化、综合性能力的评价。从过去单单重视知识的获取到提倡知识、能力、素质的全面发展，以做人、做事、做学问为重点，全面提高大学生的基本修养。从小学到中学，选拔学生的标准都是学习成绩的优劣，而大学将面对职业人生，多数同学将直接就业，接受市场的检验。

(4) 学习内容的多样性

大学与中学不同，学习内容不单单是知识，而是知识、能力、素质的全面培养，做人、做事、做学问的协调发展。与学习内容多样性相匹配，导致了学习专业的定向性、学习途径的多样性、学习活动的探索性、学习过程的自主性。

① 学习专业的定向性。大学阶段的学习是高层次的专业性学习。学校的课程设置是围绕培养目标和专业特点来进行安排的。每个大学生进入校门之前，都要根据自己的兴趣、爱好、特长选择不同专业的学习方向。步入大学后，提倡职业定向、定位，在此基础上学习专业课程，提高职业能力，提升职业素质，把自己培养成未来社会的专门人才。因此，大学阶段的学习是专业定向基础上的学习，着眼于培养高层次的专业人才。

② 学习途径的多样性。大学生的学习不像中学生那样单一、机械地从课堂中获取知识。他们为完成实验作业和论文设计任务，需要到图书馆、资料室查阅、收集大量信息；为了解学科前沿需要旁听各种学术报告和专题讲座；为学有所用，需要走出校门，进行社会调查。大学生从图书馆、资料室、报告厅以及社会实践中，获取大量信息，吸取文明成果，从而扩大自己的知识范围。

③ 学习活动的探索性。大学的学习，不完全在于知识获取的多少，而在于学习能力的提高和探索以及研究解决问题能力的培养。高等学校既是教育中心，也是科研基地，又是服务基地，为大学生创造探索、研究的条件和氛围。大学学习的重要环节——毕业论文和毕业

设计，要求大学生不仅要在学习中理解、巩固、掌握知识，还要在学习中培养独立思考、探索创新的精神。国内外无数的事例证明，科研工作开展得好的大学，培养的学生水平也高，在未来工作中取得的成就也大。

④ 学习过程的自主性。大学学习以自学为主，课堂教学为辅。在学习时间上，大学生有更多的自由支配时间。据调查，除上课外，大学生约有 45%的时间可以用于自己安排；在学习内容上，具有更大的选择性，大学生可以根据自己的专业需要、兴趣、爱好选择选修课；大学有独立的实习环节和较长的毕业设计时间，可以充分地进行教师指导下的独立研究。这一切都要求大学生的学习活动必须具有独立自主的精神，能够合理安排自己的学习、娱乐、休息时间，切合实际地选择选修课程和辅修专业，逐步提高自己的自学、自理和自律能力，以及自己的科学研究和实际动手能力。

3. 大学的基本构成要素

(1) 大的文化底蕴

大学的大，首先应该具备大文化的底蕴，充满大文化的氛围，要有一种大气磅礴的气势，兼容并蓄，囊括大典，网罗百家，能够让学子享受充分的信息资源，提供足够的知识，营造良好的氛围；其次，思想、道德亦必须“大”，能够提供给学子们一种信念、一种精神、一种追求，这种信念、精神和追求应该是伴随一生，终身受用的。在这样的大文化熏陶下，大学生学到的不仅仅是谋生的专业知识和技能，更重要的是深厚文化的积淀、思维的训练、潜能的挖掘、精神的完美和人格的完善。大学之所以称之为大学，不单单是它的物质存在，关键在于它的文化存在和精神存在。大学的文化是追求真理的文化，严谨求实的文化，追求理想的文化，崇尚学术自由的文化，提倡理论联系实际的文化。“自强不息，厚德载物”体现的是大学文化的一种共性，具有这种灵魂的大学才有她自己的魅力，不仅能够让她的学子们充分享受她的资源，而且能够提供给学子们一种信念、一种品质、一种视野，最大可能地回报社会。因此，大学不仅仅是知识的“大”，而且还是思想的“大”、道德的“大”、文化的“大”，大学应该培养一个人的整体素质，培养人的心灵。

(2) 教书育人的大师

大学者非有大楼之谓也，有大师之谓也。大学当然不仅是大教室、大操场、大实验室，更重要的是有大师。教授是大学的灵魂，良师是一种文化的支撑者、缔造者、拓展者。大师者，同时是大学生长知识、长智慧，乃至长道义的依靠。著名经济学家陈岱孙先生认为，一个大学的教育家，一要保证学生跟随你长知识，否则不能称其为先生；二要使学生跟随你长智慧，否则只是个教书匠；三要令学生从你的身上长道义，否则不配做教师。大师不仅要传播知识，而且还肩负着思想、知识、文化不断创新的历史职责。所以，大学生在这里既学习知识，也陶冶情操，既注意塑造精神，又完善人格。

(3) 刻苦求学的大学生

大学生是大学培养的对象，是大学的核心，而大学生要培养和学习的是为人品质、学术功底和实践能力(做人、做事、做学问)。英国哲学家、数学家怀海德曾告诉学生：“在中学阶段，学生伏案学习；在大学里，他应该站起来，四面瞭望。”从“伏案”到“瞭望”反映了学习方法的不同，更反映了学习要求的深化。没有刻苦的学习态度，没有积极的探索精神，没有全方位的学习，我们就无法完成大学学习。陶行知认为，大学生要做到“六大解放”：解放眼睛，敲碎有色眼镜，教大家看事实；解放头脑，撕掉精神的裹布，使大家想得通；解放双手，甩掉无形的手套，使大家可以执行头脑的命令，动手向前开辟；解放嘴，使大家可以享受言论自由，

"摆龙门阵"，谈天、谈心、谈出真理来；解放空间，飞进大自然，使大家有点空闲，想想问题，谈谈国事，看看书；解放时间，要有空玩玩，才算有点做人的味道。有了这"六大解放"，创造力才可以尽量发挥出来。因此，新的学习任务要求大学生要刻苦学习。

二、大学学习、生活的特点

1. 大学在人生发展中的意义

(1) 大学是人生发展的新阶段

① 未来职业准备阶段。大学意味着人生的转折，如果说，中小学阶段的价值在于知识的全面学习和积累，那么大学阶段则是为未来职业做准备。我们在大学将面临新环境、扮演新角色，开始新的人生历程。人才的成长大致分为学习准备期、创造活动期和事业成功期三个阶段。大学阶段是学习准备期的最后阶段和创造活动期的起始阶段，是从潜人才到显人才的发展过程，是青年学生走向社会的一个承上启下的重要人生阶段。在这个阶段里，强调的是主动的学习，有选择的学习，理论与实践相结合的学习。大学阶段的学习最大的特点包括：一是学习的方向性，要进行清晰的职业目标定向，完成自身职业生涯规划的制订，确定自己未来的人生走向，在目标明确的前提下努力学习。在大学的特定环境中，有着太多的学习机会可供选择。如果大学生职业目标不够明确，仅凭一时的兴趣或被动地跟随别人，那些富有很大价值的图书馆、校园网、选修课、讲座、沙龙、座谈会、报告会等学习机会，都会大为贬值。二是学习的实践性，要针对未来职业或职业群看自己在哪些方面与社会实践的要求有较大的欠缺，以便在大学阶段有针对性地进行弥补和提升自己的弱项，进行能力的培养与训练。如果没有这个意识，那些课程实习、毕业实践、论文撰写都失去了其设计的意义。三是学习的全面性，大学学习不单单是学知识，而是知识、能力、素质全面发展。要面对未来职业，全面培养自己的职业理想、职业精神、职业素质、职业能力。四是学习的个性化，社会需要各式各样的人才，越是有自己个性的人才越是受欢迎的人才。我们要在学习中努力培养自己的特长、自己的优势、自己不同于他人之处。这样，你才能面对社会这个五彩斑斓的万花筒，作出有效的个性化选择，大学阶段在专业学习和职业准备方面的价值才会得以充分实现。

② 资源积累重要阶段。大学是人才聚集、知识密集、精神营养丰富的地方，这个阶段是人生获取能量、积累资源最重要的时期。广泛寻求与老师、同学、校友之间的互动交流，可以获得各类精神营养的滋润，也为自己今后的人生奠定一个极富价值的关系网络基础。很多志向远大、目标明确、未来职业选择坚定的学生，往往非常珍惜学校各方面的宝贵资源。即便是毕业之后，也积极地通过参与校友会、学校周年校庆等活动，盘活这个宝贵的社会资源，为自己今后的职业人生积蓄能量、储备机会。大学同学之间的认同感、亲切感往往会成为今后工作交往中的润滑剂。而建立起来的信息网络，又成为今后的有益信息来源。由于大学生之间没有根本的利益冲突，彼此均已成年，因此结下的友情纯洁而又成熟，比中小学生的感情牢固，又比社会上的关系简单淳朴。

③ 学习能力提高阶段。大学生活对人生的价值，还非常鲜明地体现在它为我们赋予了可以终生受用的再学习的能力。不断学习，是现代人生存的必须要求。按照现代的观点，学习是没有止境的，学习将贯穿于人整个生命的始终。大学生活是人在进入社会职场前的最后一个准备阶段，这个阶段的学习更体现为一种对学习方法、学习方式、学习规律的掌握与感悟。尽管知识会随着时代的进步而成为历史，但在这个学习过程中，你所获得的学习能力，它将融入你的思想深处，成为你能够融会贯通的一种能力。这种能力使你在离开学校、

进入社会以后，在应对各种陌生复杂的挑战时，也会尽快进入情境，破解那些未知的难题。

(2) 大学是人生发展的重要时期

大学是人生发展的定向时期，是人生观、价值观、世界观形成的关键时期，是优良品格塑造的重要时期，是社会化趋于完成的宝贵时期。四大任务，毕其功于一役，主要解决三个“我”：我是谁——自我意识的形成；我应该是一个什么样的人——心理素质的优化；我要向哪里发展——人生发展目标的选择。

① 我是谁——自我意识的形成。自我意识，即个体对自己身心活动的一种看法和认识。社会心理学把青年期称为“自我的发现时期”。青年时期是一个人自我意识突出发展的时期，而大学时代又是人的青年时期最为重要的阶段。在这一时期，一方面因为生理和心理的成长以及个体认知能力的提高，大学生的自我形象评价和自我角色预期会出现一些波动；另一方面，随着个人地位和角色的改变，自我设计与自我实际发生冲突，从而加深了自我意识的迷惘和困惑。因此，加强对大学生自我意识发展的引导，有利于大学生的顺利成长。自我意识在个体身上形成以后，随着年龄的增长，自我出现了分化，出现了主观的我和客观的我，理想的我和现实的我等形式，导致自我概念难以形成，自我形象不能确立，给个体的内心带来冲突、不安和焦虑。这时，个体就会产生“自己是谁”的自我困惑。我究竟是怎样的一个人？变得不认得自己，也不了解自己了。为解除困惑，个体会竭力寻求自我认识的统一，探索我究竟是谁，我拥有什么样的能力，希望达到什么样的目标。这时比较容易从现实的角度看待自己的期望与实际的差距。从这一角度看，自我意识的矛盾和统一是自我发展、自我探索的动力，是大学生这一时期需要解决的问题。

② 我应是一个什么样的人——心理素质的优化。良好的心理素质是当代大学生综合素质的组成部分。在高中阶段，学生的个性虽然已基本形成，但在大学阶段，学生的个性会得到进一步的发展，其初步形成的人生观、价值观经过社会历练会逐步趋于成熟。大学阶段，是一个人心理迅速走向成熟而又尚未完全成熟的阶段，这个阶段表现为心理的脆弱性与摇摆性，当生活、学习、人际环境等因素发生变化时，许多大学新生表现出不适应，甚至出现心理障碍等问题，严重影响了自己的生活和学习。因此，正确认识大学生的心理发展阶段和心理状况，并进行有效的疏导和调整，对今后的学习和生活都将产生重要的影响。从实际情况看，大学生人际交往不适的困惑心理，就业压力造成的焦虑心理，缺乏自信心的自卑心理，都或多或少地影响着大学生，使得心理素质的优化处在一个关键时期。同时，未来的发展又为大学生提出了更高心理素质的要求，按照“我应该是一个什么样的人”的要求优化心理素质是大学生的一项必修课。

③ 我要向哪里发展——人生发展目标的选择。进入大学，前途选择并没有结束，职业选择处于重要时期。其中一个重要选择是确定人生目标。有人说：世上没有懒惰的人，只有缺乏目标的人。一个人有了目标，内心的力量才会找到方向。一个人无论他现在年龄有多大，真正的人生是从设定目标开始的，以前只不过在绕圈子而已。作为即将进入职场的大学生有什么样的目标就会有什么样的人生。现在，许多人对自己的未来没有一个清晰的规划，他们有改变自己的欲望，却没有明确的奋斗目标，因而无法用一生的目标去鞭笞自己、激励自己，如同生活在一个漂浮不定的世界里。哈佛大学的调查表明：一个心中有目标的普通大学生，会成为创造历史的伟人；一个心中没有目标的人，只能是个平凡的职员或是一个生活在社会底层的人。一个成功的、判断准确的策划，可以使人一生充满幸福。战胜空虚的蚕食，摆脱无意义的生活，让成功路上的罗盘牢牢地掌握在自己的手中。

2. 大学学习的特点

(1) 教学目的不同

中学教育主要是传授基础科学、文化知识，本质上是一种中等水平的普通教育。为广大学生的继续深造和就业做一般性的基础文化知识准备，基本没有考虑未来职业的具体要求。大学教育则主要是一种面向职业的专业教育，其教学目标是瞄准未来职业方向和社会发展的实际，尽可能照顾到未来具体职业的特殊教育。因此，大学教育是培养专门人才的教育。大学所传授的知识既有专业基础知识，又有专业知识；既重视实际动手操作技能的培养，还有本学科的最新动向和研究成就的介绍与探索。

(2) 教学方法不同

中学依赖老师、依赖课堂、依赖教学大纲，学生“放单飞”的机会少，社会实践少；大学要课堂、实践、社会相结合，要靠“自己走”“放单飞”，提倡走适合自己的个性化发展道路。

(3) 教学要求不同

中学要求“吃透书本”，强调把教学大纲规定范围内的教学内容搞得“滚瓜烂熟”，甚至达到“炉火纯青”的地步；大学主要在于获取新知识，培养学习能力与实践能力，不单单以学习成绩论优劣，而更多以社会需要论长短。

(4) 学习途径不同

大学的学习不仅限于课堂，图书馆、实验室、讲座、社会调查、课外活动、集体和社团活动及各类竞赛等，都是学习的重要途径。要学会善于利用一切资源，例如，可以报名参加全国大学生电子设计大赛、参加数学科研小组等，学会动手，掌握可靠的技能，提升科研能力。

综合分析，中学与大学的学习有如下不同(见表1－1)。

表1－1　中学与大学学习的不同

序号	项目	中　学	大　学
1	学习本质	基础教育	培养综合型、创新型、国际型人才
2	学习内容	理论性知识、基础知识	深度、广度提升，探究性、综合性等能力
3	学习方式	课堂教师教授、课后练习	课堂、实践、社会结合，自主授课，个性化学习
4	学习要求	学懂、考试运用	举一反三、独立思考、探索创新
5	学习效果衡量	平时成绩、考试成绩	多元化指标、社会需要、科研成分
6	学习方法	死记硬背、题海战术	灵活性、实践性
7	学习管理	要求服从、强调标准、被动学习	倡导个性、鼓励创新、主动学习
8	学习重点	知识	能力、素质、方法、视野、实践、待人处事
9	学习效率	低	高
10	学习时间	固定	不固定

第三节　投入大学生活

每个进入大学的学生都曾为跨越这道门槛付出艰辛的努力。步入大学校园后，由于环境的变化，有人困惑了，有人松懈了，有人迷惘了。进入大学，大学生在象牙塔里应多一份理性思考，想一想怎样适应大学生活？怎样规划自己的职业方向和奋斗目标？怎样培养自己各方面的能力以适应社会？怎样完成从中学向大学的转变，从迷惘向清醒的转变，从学校人向职业人的转变，度过丰富的大学生活？

一、完成从中学向大学的转变

1. 生活角色的转变

对一些从未离开过父母的大一新生来说，大学是独立生活的开始，是个人奋斗的一个新的征程，也是一次角色的大转变。因此，如何独立生活，是一个不容忽视的问题。很多新生对高中时期父母的面面俱到，长辈无微不至的关怀，老师的辛勤耕耘还记忆犹新，然而进了大学，在“摆脱束缚”“获得解放”的同时，面对自己的，是许多以前从不用去考虑的生活琐事。步入新环境，要克服“事事有人管”的依赖心理，变“有人管”为“自己管”。这就对自己的生活自理能力，学习计划能力，理财能力等有一定的要求。导引案例中的李柔对“洗澡要排队，衣服要自己洗，食堂的饭菜又难以下咽……”的很难适应具有一定的典型性。大学初期的生活角色、生活方式的变化给大学生带来了挑战，只有积极地适应环境，才能使自己由中学思维向大学思维转变。

2. 人际交往的转变

人际环境的变化主要表现在人际交往的对象、人际交往的方式和人际交往的要求等方面。从人际交往的对象看，中学时代交往的对象主要是同窗好友、父母师长，但到了大学，各地来的同学素昧平生，重新组成新的集体，生活在同一公寓，性格习惯各不相同，常常难以适应。

在新生刚入学的一两个月，也是人际交往的“问题高发期”，其中包括：“寝室病”“状元病”“独生子女病”等。

所谓“寝室病”，是指和高中不同，大学人际交往以寝室为单位，因此寝室关系是至关重要的。来自五湖四海的大学生在集体生活中，由于各自的经济文化背景、生活习惯和行为习惯的不同，同寝室同学在思想观念、价值标准、生活方式等许多方面都存在着明显的差异。如果处理不好，就容易使气氛紧张，导致心理压力，久而久之，形成自我封闭的孤僻性格。实际上，良好的寝室氛围将会是大学里一笔宝贵的财富。调查发现，有的大学生宿舍出了“一窝”研究生，这种人才成窝的现象反映的是宿舍氛围对人才成长的影响。

所谓“状元病”，是指很多新生在高中都是佼佼者，刚到大学会延续“分数”的心态，彼此之间容易因此产生摩擦和矛盾。对此，一定要把心态放平，不能再用高考时的分数衡量自己和别人，要认识到大家不管从哪里来，以前的学习和生活情况如何，到了同一所大学、同一间寝室，就是处在同一个起跑线上，要以平和的心态对待他人。

所谓“独生子女病”，是指很多同学都是独生子女，难免会不愿主动与人交往。特别是当性格、生活习惯发生冲突时，更加容易因为缺乏沟通而产生矛盾。对此，大学生一定要学会与人交朋友，不要因为陌生或者觉得没什么事求别人，就封闭自己。可以通过一起参加一些体育运动、集体活动来增进了解和沟通。据资料显示，独生子女在大学生群体中占44%，90%以上的独生子女对大学生活有明确或者较为明确的目标，所以在人际关系中过分强调竞争、忽视合作、缺少团队精神，导致许多有关人际关系的问题。调查数据显示：62%的学生感觉人际关系较为复杂，21%的学生不知道如何跟人交往，12%的学生在人际交往中感到力不从心，5%的学生没有真心朋友。

3. 恋爱、情感的转变

如果中学生的爱情还是一个争论的话题的话，那么，当你踏进大学校园的时候，爱情就已经是个躲不开的话题了。美丽的小河畔，绿色的校园里，随处可见一对对亲密的身影。大学生正处在求学、求职、求偶的人生阶段。心理与身体的发育要求有健康的人际交往，特别渴望与异性的交往。他们在感情方面往往比较执著，但由于缺乏经验，经常为感情的纠葛而忧郁、苦闷和烦恼。有的同学忙于谈恋爱，而对学习不够重视；有的同学害怕别人抢走自己的异性朋友，整天胡思乱想，坐立不安。由于现实中的许多原因，一些恋人不得不分手，对感情的执著和痴迷使得部分学生不能正确地看待自己的失恋问题，往往陷入情感的漩涡而不能自拔，甚至产生自杀报复的仇恨心理，在高校中因学生恋爱危机而发生的自杀、报复事件时有所闻。调查显示：大学生对谈恋爱持赞成态度的为 55.3%，持反对态度的为 13.3%，31.4%的学生持无所谓态度，而对于失恋后是否自暴自弃影响自己学业，65.3%的学生认为自己不会自暴自弃，14.7%的学生介于中间，20%的学生认为自己会意志消沉，自暴自弃。所以不用刻意克制自己的想法，也不要存在猎奇心理或者盲从，在遇到消极心理时要及时调整对自我的认知，给自己减压。

在大学里拥有一份纯真的恋情是件幸福的事，对学习、成长和发展都有好处。但是，对于不少人来说，搭上了时间和学业后，爱情依然是空花泡影。所以，应顺其自然，毕竟，人生有两大坐标：事业和爱情。如果我们把爱情作为横坐标，那么，事业就是纵坐标，我们希望两者的协调发展。但对于每一人生阶段，它会有所侧重。对于为事业积累知识的大学生，应把学习放在重要的位置，从这个意义上说，爱情对大学生来说绝不是必需品，不要刻意强求。许多人那么急切地盼望恋爱，其实也不过出于随大流的虚荣，或是对别人卿卿我我的羡慕。导引案例中的李柔正是在这种心态下，走上了一条不该走的路，我们应该以此为鉴。

4. 学习方式的转变

相对中学而言，大学的学习氛围较为宽松，学生自我支配的时间多，学习的自主性强，学习环境由“硬”变“软”，这对自制力和自律性强的学生是十分有利的，而对自制力差的学生无疑是严峻的考验。

为了掌握大学的学习之道，首先要培养自己学习的自主和能动意识。变中学时代的“要我学”为大学时代的“我要学”，提高学习的积极性、主动性和创造性，增强学习的目的性，激发自己的成就欲望。由于自认为的“高考挫折”，加之社会和自我的错误认知，有些大学生入学时往往有自卑心理，缺乏强烈的成就动机。学习上表现为动力不足，学习积极性不高，学习中三种最重要的东西（自觉性、主动性、创造性）被一些小小的心理问题所纠缠。我们要转变自己的心态，找到自己的特长并创造条件把它发挥出来，逐步使之形成成就动机，并把这种成就动机转化为现实成功。

其次，要培养自己未来的职业角色意识，不管我们承认与否，在大众教育的大背景下，教育面临着三大转变：一是精英教育向大众教育的转变，这种转变要求学生在角色定位上要从“精英”向“普通劳动者”转变。二是以学科为中心向以职业为导向的转变。许多院校，特别是研究型大学中，都是以学科为中心，强调学科体系的完整性。而现在，就大部分院校而言，必须以市场为导向，以职业为导向，关注和职业相关的知识、能力培养。三是学术型人才向应用型人才的转变。为了实现培养社会需要的人才这个目标，必须把目光放在培养应用型人才上。而应用型人才对人的各方面能力，特别是人际交往能力、实际动手能力和自我管理能力提出了更高的要求。这些都要求我们以未来角色为依据，增强学习的针对性，实现由应付升学考试到提高自身素质和能力的转变。在打牢基础理论知识、拓宽知识面的同时，要重视职业实践，积极参与第二课堂的活动，注意培养动手和创新能力，在提高个人的综合素质上下工夫。

第三，要重视良好的学习习惯的培养。大学新生从入学第一天开始，就要注意培养自己好的学习生活习惯，良好的习惯可以形成良好的性格，良好的性格可以促进人的成功。学习要有针对性，生活要有规律性，时间要有计划性。要克服随意性，注意掌握学习的节奏；要克服盲目性，提高学习效率；要克服分散性，专心致志学习，特别要处理好学习与课外活动、人际交往的关系，尽量少去或者不去网吧，避免上网成瘾，荒废学业，影响身心健康。

二、完成从迷惘向清醒的转变

经过高考的激烈竞争，终于"金榜题名"，这一目标的实现，使很多大学生感觉松了一口气。在"歇气"的一刹那，失去了追求的目标和动力。缺乏清醒的追求，缺乏学习的主动性，大学生活便显得失落和迷惘。大学的学习目标，不像中学那么明确和单一，也很难像中学那样由老师和家长决定，因为它是一个复杂的、多元的、渐进的目标。在大学阶段确立的目标会对今后的发展产生不可估量的影响，它与人的基本素质的完善有着密切的联系。高尔基说："一个人追求的目标越高，他的才能就发展得越快。"如果说高中时的目标比较单一、简明，包含较多的个人幻想成分的话，那么大学里的目标就应该更深刻、长远，包含更复杂的社会因素。这里包括三层定位：社会需要什么，我适合干什么，我能干什么。

1. 个体的自我发展定位

大学处在一个重要的人生阶段，大学阶段新目标的确立，实际上是人生目标的确立。我们只有站得更高，向社会、向历史、向未来、向生活的各个方面放眼展望，才能把握住恰当的目标，促进自己全面发展。

当前大学生自我发展意识增强，各种考研热、出国热、考证热、创业热、经商热充斥校园，冲击着大学生的思想。面对众多发展方向与各种选择，许多大学生感到迷惘，处于盲目跟从状态，没有确定的目标。因此，确定人生的发展目标是大学生亟须解决的问题，在确定目标时，要注意以下三个结合：

（1）个人的奋斗目标必须与社会需要相结合

国家的发展为当代大学生成就事业提供了广阔舞台，国家的发展也有赖于大学生贡献自己的聪明才智。大学生只有把自己的奋斗目标与我国社会的现实需要相结合才有意义，只有使个人的奋斗目标与国家的奋斗目标相一致才会获得人生最大的成功。国家经济的发展，为我们创造了空前的机遇。西部大开发、中部崛起、城镇化进程、"两型"社会建设、金融业发展、文化创意产业崛起、网络"物联网"趋势、新能源汽车开发都为大学生就业提供了发展机遇。我们要审时度势，掌握国家经济发展趋势，选择国家需要的就业方向。

（2）个人的奋斗目标必须与自身特点相结合

人们的个体有差异，能力有高低，长短优劣各不相同。确定目标必须从自己的实际出发。大学生必须全面分析自己的长处和短处，充分扬长避短。要清醒地认识自己，切不可人云亦云、毫无主见，也不可盲目从众、追逐潮流。个人奋斗目标只有与自己的兴趣、爱好、性格相符，才会产生强大的动力和持久的耐力；只有与自己的专业、能力、基础相关，才会具备坚实的基础和实现的可能；只有与自己的优势相配，才能充分发挥自己的潜能。

（3）个人的奋斗目标必须与现实可能相结合

社会需要和自身特点反映了社会和个人的基本需求，但要把这种需求转化为现实可能性，就要努力创造实现目标所应具备的基本条件。社会条件不是我们能够控制的，但我们要适应其发展，不断调整自己的目标；自身条件是可控的，我们要把长远目标分解成若干阶段性目标，使长远目标在一系列近期目标实现的积累中逐步得以实现，我们还要制订"途径"目标，选择适合自己的发展道路。长期目标可以使前景清晰、动力持久；近期目标则使效益明显、效果直接；"途径"目标则可以使道路明确，头绪清晰。只有同现实可能相结合，奋斗目标才是真实的和可实现的。

2. 个体的职业定位

职业定位是个人对未来职业的规划，是个人职业生涯规划的核心，职业定位直接决定着一个人的职业发展。目前很多大学生并不明白"学什么""为什么学"，有人仅仅为一纸文凭而学习，为一张学位证而欢呼。看似目标明确，实际是无目标。这种无理想、无目标的盲目被动学习，使学生在校期间不仅感受不到太大的压力，也丧失了学习的动力。如果大学生初入学就能对自己未来的职业进行很好的设定，就会加强学习和实践的目的性和针对性，可以根据选定职业的特点和目标岗位的需求，获取相关的知识，培养相关的技能，提高相应的素质。还可以根据社会的发展，适时进行自我调整，从而更好地为将来的就业做好相关准备。当然，职业生涯规划要根据自己的实际，根据社会的需要确定合适的目标；不能流于形式，定位后束之高阁；更不能定位过高，过于理想化。近几年，不少大学生在职业选择中一直强调大单位、大城市和高收入，甚至为了这些不惜放弃个人的专业特长，不顾个人的性格和职业兴趣，造成职业规划与现实的脱离。同样，对于那些存有"这山望着那山高"心理的学生，也是职业目标不确定的一种表现。盲目的攀高追求与选择不仅影响个人目前的就业，同样会对个体以后的职业发展造成不利的影响。

3. 个体目标实现途径定位

大学生职业规划要写在纸上，融合在学习中，落实在一步一步地前进道路上。1953 年，美国耶鲁大学对大学生进行了一次有关人生目标的调查研究。研究人员向参与调查的学生们问的第一个问题："你有人生目标吗？"对于这个问题，10%的学生确认有目标。研究人员又问了学生第二个问题："如果你们有目标，那么，你们是否把自己的目标写下来呢？"这次，总共只有 3%的学生回答是肯定的。20 年后，耶鲁大学的研究人员在世界各地追访当年参与调查的学生，他们发现，当年白纸黑字把自己的人生目标写下来的那些人，无论从事业发展还是从生活水平上看，都远远超过那些没有这样做的同龄人。这 3%的人所拥有的财富居然超过了余下的 97%的人的总和。可见把目标记录下来并努力付诸行动是事业成功的关键。如此看来，如果我们既把目标写下来，又有切实可行的配套措施，还有清晰的实现蓝图，那么，我们离成功可能就更近。

描绘自己的职业蓝图，就是要确定自己职业发展的路线，是直达目标，还是"曲线救国"？是先就业后深造，还是先深造后就业？是先择业后创业，还是直接创业？要对自己的发展绘制一个路线图。有的专业，可以直达目标，有的专业就要"曲线救国"。比如，一个应用心理学的学生不可能一毕业就成为一个心理咨询师，一个行政管理专业的学生不可能一下成为某个单位的处长、科长，要达到他心中的目标，需要走许多迂回的道路，这种道路可能是漫长的，也可能是曲折的，只有设计一个最佳的路线，才能达到预期的目的。有这么一个实际例子：一个新闻专业的毕业生，为了实现自己当编辑的梦想，整整用了 5 年时间。头两年到某报社打工，干一些收收发发的力气活，积累一些知识和人脉并小攒一笔，后三年读了清华大学在职媒体制作研究生，揣着专业对口的文凭回家，找到一报馆策划的工作，然后逐步成为编辑。他的事例告诉我们，选择了捷径，就易于进入职业发展的快车道，否则，就会耽搁在路上。而且没有一个职业发展的路线蓝图，就会走错路，走弯路，走回头路。

三、完成从学校人向职业人的转变

从学生到职业人是一种社会角色的重要转变。从小学到大学，将近20年的学生生涯。大学毕业要进入职业社会，成为职业人，这在人生中是一个重大转变，表明一个人要承担更大的社会责任。要适应这种变化，不能等临近大学毕业时才为其做准备，而应将其提前，而且越早越好。所以，进入大学的第一天就要为此做准备。为了这个转变，在大学四年中我们要完成下面三个转变：

1. 把关注的重点由知识转变为知识、能力、素质、方法并重

高中时，课上讲知识点，课后布置作业，期末组织考试，这便是典型的“中国式教学”———以知识为导向。完成从学校人向职业人的转变，首先要改变以往以知识为导向的学习目标，将能力、素质、方法与知识并重。在过去传统的学习中，学知识一直唱“主角”。在知识经济时代，核心知识更新飞快，学生光掌握知识远远不够，还要具备跟上时代发展的能力。职业活动中的效率是与一个人的能力紧密相连的。为了适应职业的需要，我们应从知识、能力、素质、方法等方面建立自己的学习目标体系。要从道德修养、人文素质、价值观、各种能力等角度，建立可操作、可度量、可评判的学习目标体系。由目标体系牵引学习内容的更新、学习方法的改变。中西教学方法的差异主要在于，中国的教学以老师教为主，注重知识点，不太考虑培养学生的能力。而西方的教育，以学生为中心，以能力素质的形成为脉络，注重学生的成长。我们应借鉴这些先进的教学思想，从职业所需的知识、素质和能力等指标出发，有的放矢地转变学习方法，更新学习内容。不仅学知识，更要培养能力，培养素质；不仅重视课堂内的学习，更要兼顾课堂外的探究与实践。

2. 把学习的重点由理论转变为理论与实践结合

大学生在课堂里学的基本上是书本知识，我们应该把书本知识变成劳动的工具，以便适应今后的工作。实际上，企业更看重实践能力，有关调查显示，用人单位招聘大学生时，“实践动手能力”排第一，“专业知识”排第二，“交流表达”排第三。因此，大学生要多去实习，可以自己找机会，经常查询一些公司的网站，关注社会上开展的适合大学生参与的各种活动。当代职业社会是一个万花筒般变幻着的复杂世界，在校大学生，不能像古人所说的“两耳不闻窗外事”，要随时关注并适当地介入火热的社会生活，在学习之余参加一些实践活动是非常必要的，这对积累工作经验、提高自身能力、了解社会环境都有很大的帮助。同时通过各种社会实践，充分锻炼自己服务社会的能力，增强对社会、对职业工作所要求的能力和素质的了解，掌握社会对职业需求的动向，从而不断调整自己的坐标和职业生涯设计的内容。

大学的课余生活是丰富多彩的，进入大学后，各种社团活动、社会工作都将向大一新生们招手。社团活动是大学的一个特点，当面对各种各样社团的时候，你应该根据自己的爱好与条件进行选择，借此培养能力、提高素质、扩展视野。

3. 把思维的重点由“消极等待”转变为“积极进取”

学校人的经历使我们形成了“要”的心态，未成年人的过去使我们形成了要的习惯。向父母要，向老师要，向学校要，向社会要。当把这种“要”的心态带到工作中时，就会要工作，要职位，要环境，要轻松的事，要各种福利待遇。要不到宁可不工作，或者逃避，继续保持“要”的心态，加强“要”的资本。成功学大师拿破仑·希尔说：“人与人之间只有很小的差异，但这种很小的差异却往往造成了巨大的差异！很小的差异就是所具备的心态是积极的还是

消极的,巨大的差异就是成功与失败。”

学习生涯一路走来,进入社会以后,必须迅速培养积极主动的心态。做了20多年社会财富和家庭财富的消费者、享用者,要尽快成为社会财富的创造者和供给者。大学生要培养主动、积极的心态,主动学习,主动创造,主动工作。要在实践中逐步克服学校人的思维定势,培养社会人的积极态度。有一位学生,在每天老师上课前,总是不声不响地为老师擦好黑板,为教室拉好窗帘,日复一日,年复一年。毕业后,老板发现,她工作中一声不响,勤勤恳恳,在学校中培养的积极心态变成了工作中的奉献、敬业。

学校是讲究严密计划的,所有的学习都是按照教学大纲安排的,教学大纲又是学校和老师拟定的,学生不需要操心教学计划,只需要按时上课、完成作业、考好成绩,而在组织中,不是所有的工作都已经安排好,也许很多工作是随机的,也许很多应该做的工作压根没人想到,一个有事业心的员工需要积极探索努力工作。

学校里是讲究宽容的,在学校里,如果和同学不能相处融洽,你仍然可以当一个不合群的“小鸭”,保持自己的个性,孤芳自赏。而在组织中,如果你不能和同事搞好关系,总有一天会被组织认为不能进行团队合作而抛弃你。在学校里,如果你不喜欢一个老师,你可以不去听他的课,可以期盼着下学期换一个老师。而在组织中,你必须适应上级的管理风格,学习上级的优点,因为上级是没有任期期限的。

职业人与学生的心态有重大不同,将“要”的心态变成“给”的心态,等待的心态变为积极进取的心态,孤芳自赏的心态变为积极适应的心态,这些是成为职业人的关键。因此,从学生转变为职业人的核心是从“要”到“给”,从被动到主动,从“自我”到适应,在大学里学会主动创造,主动协调人际关系,主动为他人和集体服务,主动与同学老师搞好关系,为走向社会创造条件。

“我要,我一定要!”便是成功心态的最重要内容。当我们在心里不断地发出这种积极声音的时候,我们生命的所有能量和积极性便被调动起来,它们会化成强大的动力,驱赶着我们体内的惰性,引导着我们奇迹般地向着所渴望的方向和目标前进。

当前,能否迅速适应新环境、新岗位日益成为企业选拔人才的一个重要标准,对于绝大多数的大学生来说,毕业后就业成为首要选择,但每个大学生从象牙塔到职场,都逃不过这个“适应期”,很多新人在初上岗的时候,没有能够快速认清环境,评估自我,调整心态,做到角色转换,从而最终影响到了个体职业的发展。因此,我们在培养有专业知识、技能的大学生时,也不能忽视培养大学生快速融入职场的心理素质。只有帮助他们掌握认识自我,调节自我的能力和手段,才能实现理想我与现实我的一致,实现个人行为与环境需要的一致,才会是社会认可、企业需要的人才。

专题小结

(1)从中学到大学,是人生的重大转折,大学生活的重要特点表现在:生活上要自理,管理上要自治,思想上要自我教育,学习上要高度自觉。尤其是学习的内容、方法和要求上,比起中学的学习发生了很大的变化。要想真正学到知识和本领,除了继续发扬勤奋刻苦的学习精神外,还要适应大学的教学规律,掌握大学的学习特点,选择适合自己的学习方法。逐步做到生活的适应、学习的适应、情感需求变化的适应。

(2)大学是社会政治、经济、文化综合发展的产物,它是现代高层次国民教育的基地、培养社会需要的各类人才的场所、思想文化的摇篮、知识创新的前沿、推动社会文明进步的重要力量。

（3）大学生活中，要逐步完成从一个中学生向大学生的转变，主动适应大学生活；要逐步完成从目标模糊向目标清醒的转变，树立远大的人生目标；要逐步完成从学校人向职业人的转变，为将来的职业生活做准备。

复习与探索

（1）俞敏洪曾经发表过一个关于“树”与“草”的励志演讲，很有价值，值得我们停下脚步来品味一下：

“人的生活方式有两种，
第一种方式是像草一样活着，
你尽管活着，
每年还在成长，
但是你毕竟是一棵草，
你吸收雨露阳光，
但是却长不大。
人们可以踩过你，
但是人们不会因为你的痛苦，而产生痛苦；
人们不会因为你被踩了，而来怜悯你，
因为人们本身就没有看到你。
所以我们每一个人，
都应该像树一样地成长，
即使我们现在什么都不是，
但是只要你有树的种子，
即使你被踩到泥土中间，
你依然能够吸收泥土的养分，
自己成长起来。
当你长成参天大树以后，
遥远的地方，人们就能看到你，走近你，
你能给人一片绿色。
活着是美丽的风景，
死了依然是栋梁之才，
活着死了都有用。
这就是我们每一个同学做人的标准和成长的标准。”

（2）谈谈你对大学学习的理解及今后的打算。

第二专题

生涯规划概论

学习目的

(1) 了解生涯的基本含义,认识生涯发展与生涯成熟对个体的重要性。

(2) 通过学习生涯发展的相关理论,能够为自己勾勒出生涯彩虹图。

(3) 掌握生涯规划的基本方法及步骤,避免生涯规划的误区。

导引案例

四只毛毛虫

毛毛虫都喜欢吃苹果,有四只毛毛虫,都长大了,各自去森林里找苹果吃。

(1) 第一只毛毛虫

第一只毛毛虫跋山涉水,终于来到一棵苹果树下。它根本就不知道这是一棵苹果树,也不知树上长满了红红的、可口的苹果。当它看到其他的毛毛虫往上爬时,稀里糊涂地就跟着往上爬。没有目的,不知终点,更不知自己到底想要哪一种苹果,也没想过怎么样去摘取苹果。它的最后结局呢?也许找到了一个大苹果,幸福地生活着。也可能在树叶中迷了路,过着悲惨的生活。不过可以确定的是,大部分的虫都是这样活着的,没想过什么是生命的意义,为什么而活着。

(2) 第二只毛毛虫

第二只毛毛虫也爬到了苹果树下。它知道这是一棵苹果树,也确定它的"虫"生目标就是找到一个大苹果。问题是它并不知道大苹果会长在什么地方。但它猜想:大苹果应该长在大枝叶上吧!于是它就慢慢地往上爬,遇到分支的时候,就选择较粗的树枝继续爬。后来它就按这个标准一直往上爬,最后终于找到了一个大苹果,这只毛毛虫刚想高兴地扑上去大吃一顿,但是放眼一看,它发现这个大苹果是全树上最小的一个,上面还有许多更大的苹果。令它更泄气的是,要是上一次它选择另外一个分枝,它就能得到一个大得多的苹果。

(3) 第三只毛毛虫

第三只毛毛虫也到了一棵苹果树下。这只毛毛虫知道自己想要的就是大苹果,并且研制了一副望远镜。还没有开始爬时就先利用望远镜搜寻了一番,找到了一个很大的苹果。同时,它发现当从下往上找路时,会遇到很多分支,有各种不同的爬法。但若从上往下找路时,却只有一种爬法。它很细心的从苹果的位置,由上往下反推至目前所处的位置,记下这条确定的路径。于是，它开始往上爬了，当遇到分支时，它一点也不慌张，因为它知道该往哪条路走，而不必跟着一大堆虫去挤破头。比如说，当它的目标是一个叫"教授"的苹果，那应该爬"深造"这条路。如果目标是"老板"，那应该爬"创业"这分支。最后，这只毛毛虫应该会有一个很好的结局，因为它已有自己的计划。但是真实的情况往往是，因为毛毛虫的爬行相当缓慢，当它抵达时苹果不是被别的虫捷足先登，就是苹果已熟透而烂掉了。

(4) 第四只毛毛虫

第四只毛毛虫可不是一只普通的虫，做事有自己的规划。它知道自己要什么苹果，也知道苹果将怎么长大。因此当它带着望远镜观察苹果时，它的目标并不是一个大苹果，而是一朵含苞待放的苹果花。它计算着自己的行程，估计当它到达的时候，这朵花正好长成一个成熟的大苹果，它就能得到自己满意的苹果，从此过上幸福快乐的日子。

案例讨论：

从这个案例中你得到哪些启示？

第一只毛毛虫是只毫无目标，一生盲目，没有自己"虫"生规划的糊涂虫，不知道自己想要什么，遗憾的是，我们大部分的人都是像第一只毛毛虫那样活着。

第二只毛毛虫虽然知道自己想要什么，但是它不知道该怎么去得到苹果，在习惯中的正确标准指导下，它做出了一些看似正确却使它渐渐远离苹果的选择。而曾几何时，正确的选择离它又是那么近。

第三只毛毛虫有非常清晰的"虫"生规划，也总是能做出正确的选择，但是，它的目标过于远大，而自己的行动过于缓慢，成功对它来说，已经是明日黄花。机会、成功不等人。同样，我们的人生也极其有限，我们必须把握时机。单凭我们个人的力量，也许一生勤奋，也未必能找到自己的苹果。如果制订一个适合自己的计划，并且充分借助外界的力量，例如许许多多的望远镜之类的物件或非物质助力（在我们的现实生活中可以理解为找个贵人帮自己），也许第三只毛毛虫的命运会好很多。

第四只毛毛虫，它不仅知道自己需要什么，也知道如何去得到自己的苹果，以及得到苹果应该需要什么条件，然后制订清晰实际的计划，在望远镜的指引下，它一步步实现自己的理想。

其实我们的人生就像毛毛虫，而苹果就是我们的人生目标——职业成功。爬树的过程就是我们职业生涯的道路。毕业后，我们都得爬上人生这棵苹果树去寻找未来，完全没有规划的职业生涯注定是要失败的。

现代社会，规划决定命运。有什么样的规划就有什么样的人生。我们的时间非常有限，越早规划你的人生，你就能越早成功。想要得到自己喜欢的苹果，想改变自己的人生，就要先从改变自己开始，做好自己的职业生涯规划，做第四只毛毛虫。

本章重点探讨生涯发展的轨迹，了解生涯、生涯规划及生涯各个阶段的发展任务，学习生涯规划的理论。重点掌握生涯发展的相关理论，并能够对自己的生涯进行大致的规划和设计。

第一节 生涯与人生

一、生涯的概念

"生涯"一词在我国最早见于庄子的《庄子·养生主》中的"吾生也有涯，而知也无涯"。

这句话的意思是“我的生命是有限的，但是我需要学的知识和进行的探索却是无边际、无止境的”。生涯即为我们每个人有限的全部的人生旅程。

美国国家生涯发展协会对生涯一词有如下的定义：生涯(career)是个人通过从事工作所创造出的一个有目的的、延续一定时间的生活模式。

美国职业理论家舒伯认为：生涯是生活里各种事件的方向与历程，它统合了人的一生中各种职业和生活的角色，是个人终其一生所扮演的角色的整个过程，由时间(个人生命的时程)、广度(扮演角色的多少)、深度(角色投入程度)三个方面构成。

霍德和班纳茨(Hood & Banathy)认为，生涯包括个人对工作世界职业的选择和发展，对非职业性或休闲活动的选择与追求，以及在社会交往活动中参与的满足感。

我国台湾学者金树人先生认为“生涯”一词涵盖了三个重点：第一，生涯的发展是一生当中连续不断的过程；第二，生涯包括个人在家庭、学校和社会中与工作有关活动的经验；第三，这种经验塑造了独特的生活方式。

从以上观点可以看出，生涯大致可以从如下几个方面来理解：

1. 生涯是不断选择和创造的

生涯是一个人的愿望和可能性之间、理想与现实之间妥协和权衡的产物，是一个不断的连续选择的结果。

2. 生涯是终身发展和连续的

生涯不是某一特定工作或者职责的时间段，本质上讲是持续一生的过程。生涯发展是一生中连续不断的过程，是一个需要终身学习、终身发展的过程。

3. 生涯是独特的和有目的的

生涯因个人的动机、抱负和目标而形成与发展，反映了个人的价值观和信念。生涯是个人依据其人生规划与人生目标，为自我实现而开展的独特的生命历程，不同的个体具有不同的生涯历程。

4. 生涯是多角色互交的综合体

生涯不仅是一个人的“职业”或者“工作”，还包含了个人的生活风格，是所有的生活角色(家长、配偶、持家者、学生)交互形成的综合体。

简单地说，生涯就是我们每个人有限的全部人生旅程。

二、生涯阶段

生涯的概念尽管不能等同于生命，但生命的成长事件却构成了生涯的不同色彩。歌德曾说：“每个人都想成功，但没想到成长。”在探讨如何才能走上成功之路的时候，我们首先要明确个体在每一个发展阶段的主要任务。

斯皮尔伯格的故事

大导演斯皮尔伯格的电影同学们都喜欢看，例如《侏罗纪公园》等等。他在36岁时就成为世界上最成功的制片人，电影史上十大卖座的影片中，他个人就有4部。在他17岁的时候，有一次去一个电影制片厂参观后，他就偷偷立下了目标，要拍最好的电影。第二天，他穿了一套西装，提着爸爸的公文包，里面装了一块三明治，再次来到制片厂。他故意装出一个大人模样，骗过了警卫，来到了厂里面。然后找到一辆废弃的手推车，用一块塑胶字母，在车门上拼出来“斯蒂芬·斯皮尔伯格”“导演”等字样。然后他利用整个夏天去认识各位导演、编剧等等，天天忙着以一个导演的生活来要求自己。从与别人的交谈中学习、观察、思考，并最终在 20 岁那年，成为正式的电影导演，开始了他大导演的职业生涯。这里面，我们可以看到他是如何确立自己的目标，并为之奋斗的。

有毅力的老人

一位 63 岁的老人从纽约市步行到佛罗里达的迈阿密。经过长途跋涉，克服重重困难，她终于走到了目的地。有位记者采访了她，记者想知道，是什么力量让这位 60 多岁的老人徒步走完了全程。老人答道："走一步路是不需要勇气的。我所做的就是这样。我先走了一步，接着走一步，然后再一步，就这样，我到了这里。"同样，我们的雅典奥运射击冠军说过这么一段话："我当然想拿冠军，但是到了赛场上，我只知道一枪一枪，将每一发子弹打好。就这样，我拿到了冠军。"

我们截取了人生的两段，如果用想象把它连接起来，可以看到人生全程的轮廓。我们可以感悟出，人生的开始阶段，目标十分重要，这一时期有无明确的目标关乎终身的发展，而且，目标确立越早越好。目标与理想并不是大人的事情，从小立志，并努力实现它，你就能拥有超人的力量。而人生的后几段需要一步一步地努力，目标的实现，需要勇气，更需要毅力。

可是，我们有些人，上大学之前，生活在老师与家长的呵护之中，不停地做功课、考试，好像只为升学。上大学之后，目标淡漠了，开始"混"大学。毕业了，稀里糊涂找个工作挣钱了。

到了 40 岁，人到中年，发现青春早已逝去，但又有很多遗憾，于是开始骂老板不识货，怪家人不体恤，埋怨政府，埋怨国家，埋怨社会……就这样在抱怨遗憾中又过了 20 年。

到了 60 岁，发现人生所剩不多，于是告诉自己，不要再抱怨了，就珍惜剩下的日子吧。于是，默默走完自己最后的岁月。到了生命的尽头，突然想起：好像有什么忘记了。是什么呢？是你的钥匙，你人生的关键。你把你的理想、抱负、目标都留在了 20 岁，没有完成。

人的生命只有一次，人生像一次不可逆的单程旅行。想一想，是不是也要等到 40 年之后，60 年之后才来追悔？想一想，我们最在意的是什么？想一想，希望将来的自己和现在有些什么不同？想一想，我们是不是可以做些什么来防止这个遗憾发生呢？

要防止遗憾的发生，我们就要明确在每个人生阶段我们应该去完成的任务，只有把每个阶段的任务完成了，我们才能无憾这一生。

1. 生涯发展阶段任务

美国心理学家哈维格斯特认为，一个人在其成长的不同年龄阶段都需要完成不同的"发展任务"，所谓的"发展任务"是社会对于个体在这一年龄阶段的期望，期望其在行为上能够达到的程度。哈维格斯特认为"发展任务"主要来自三个方面：一是生理的成熟和成长；二是文化和社会的要求或期望；三是个人的价值和期望。所谓身心发展良好，是指个体在某一年龄阶段表现出的行为符合社会对该年龄的要求，即个体能做好该年龄应该做的事。

哈维格斯特主张教育应当把人生意义和生活价值的指导放入生活知识的学习之中，不仅应当学习如何生活，而且应当懂得为什么生活，即生活的目的，将探索生存意义视为教育的主要任务。

哈维格斯特认为个体在每一发展阶段的主要任务如下：

婴儿期与儿童早期(0～6 岁)：学习走路；学习食用固体食物；学习说话；学习控制排泄机能；学习认识性别和有关性别的行为和礼节；获得稳定的肌肉运动；形成对社会和身体的简单概念；对父母、兄弟姐妹及他人产生情感联系；学习判断是非并发展良知。

儿童晚期(6～12 岁)：学习一般游戏中所必需的身体技能；形成健全的自我态度；学习

与同伴和谐相处；学习扮演适合自己性别的角色；发展读、写、算的基本技能；发展日常生活所必需的各种观念；发展良知、道德观念价值标准；发展对社会团体和制度的态度。

青少年期（12～21岁）：接受个人的体型、长相和性别角色（接受与生俱来不可改变的部分，努力去改变可以改变的部分）；与年龄相近的异性和同性建立新而成熟的关系（性别意识明显，既能谈好情又能念好书）；情绪上不再依赖父母和其他成人（学习独立，但此阶段也容易与师长、他人产生冲突）；准备适应婚姻和家庭生活（寻求爱的认同与肯定）；树立经济上独立的自信态度，选择职业并做好就业准备（了解自己的职业取向，培养能力，了解就业信息，探索职业）；发展行使公民权利所需的知识、技能和观念，发展对社会负责的行为（从承担责任中寻找自己的定位，肯定生命价值）；将自我价值建立在科学的基础之上；发展道德价值体系（个人随着成长，逐渐了解生命的意义，从社会化过程中发展自己的价值体系，是一种自我奉献的价值观还是一种自我享乐的价值观，是一种服务社会价值还是一种功利社会价值，全看此阶段的发展）。

成年期（21～40岁）：选择配偶，学习过婚后的配偶生活；开始组建家庭；抚育子女；管理家庭；开始从事一种职业；履行公民责任；参与合乎自己性格和志趣的社团活动。

中年期（40～60岁）：完成成年的公民和社会职责；建立并维持某种经济水准的生活；帮助青少年子女成长为可靠、幸福的成年人；开展中年期的闲暇活动；与配偶维持密切关系；承受并适应中年期的生理变化；与年迈父母互相照应。

老年期（60岁至死亡）：适应逐渐衰退的体力和健康状况；适应退休和收入的减少；适应配偶的死亡；与其他老年人建立密切联系；履行对社会和公众的义务；建立美满的人生。

成长是人一生的任务，每个阶段又有不同的任务和特点，把握这些特点和任务，提前规划，才能掌握人生的主动权。

2. 生物社会生命周期

生物社会生命周期是从生理变化的角度来看待人的发展，其特征为单向性和不可逆性，这使我们在生涯阶段中随时会感受到时间的紧迫感，从而进一步体现了积极主动开发、管理生涯的意义。

一个人的生物社会生命周期，包含两方面的生命内容，或者说取决于两大因素。

(1) 人体所发生的生物性变化

如一个人随着时间的推移，身体发生预期的生理变化，逐渐成长、长大，形成诸如青春期、成人期、中年期、老年期多个阶段。

(2) 与年龄相关的预期的社会文化准则

我们的社会和文化具有一种复杂的“年龄层系统”——个人应当做什么和他在不同的年龄阶段应如何行事的一系列预期。例如，儿童被预期是贪玩、好动、耍性子的；青年被预期是不定型的、精力旺盛的、好冲动的，正奋力向成年靠拢；成年人被预期有承担工作和家庭方面的责任和义务；老年人被预期精力和体力逐渐衰退，更多的沉浸在自我闲暇之中，接受自己责任水平的减退。正如孔子所说“吾十有五而志于学，三十而立，四十而不惑，五十而知天命”，这就是典型的与年龄相关的预期的社会文化准则。

正是上述生物力和随之而来的与年龄相关的预期社会文化准则，构成了一个人的生物社会生命周期。我们可以根据所处的年龄与人生阶段，了解我们所面临的问题和应解决的任务，从而更好地进行生涯规划，实现个人不断的、有序的成长。

三、生涯成熟

生涯成熟度是指在面对生涯问题时的心理发展水平，生涯成熟反映了每个人在不同生命阶段所完成发展任务的历程和状态。

下面是一组测试题，请根据自己目前的情况（不是未来的愿望）选择，“非常不同意”1分，“不同意”2分，“尚可”3分，“同意”4分，“非常同意”5分。

① 我曾想到要做些事，让自己今天或明天发展得更好。

② 我认真关心过我将来要做什么样的人。

③ 我为了将来的工作和生活做准备（如选课，收集资料）。

④ 一般在生活中，我能做出相当合情理的决定。

⑤ 对于自己的未来发展，我能独立自主地做决定。

⑥ 目前我就读的专业发展是经过慎重选择的。

⑦ 我就读的专业与我将来的预定工作、进修、家庭发展方向是有关联的。

⑧ 我了解自己的能力、专长和限制。

⑨ 我了解自己的个性、兴趣和重视的事物。

⑩ 我关心社会和时局的变迁，并考虑它对我目前及将来发展的影响。

⑪ 我会收集正确的信息，以便做决定时参考。

⑫ 我能恰当地呈现自己，让别人认识我（如让新朋友、雇主、师长、准岳父……认识我）。

⑬ 我已经计划好将来要发展的方向。

⑭ 在我待过的学校和环境，我通常适应得很不错。

分数越高，生涯成熟度越高。一般来说，在人生各个阶段，生涯成熟度越高的人越关心自己目前和将来的发展，越有自知之明，越能运用信息，越能在环境中适应并且求进步。在进入职业前，一般用职业选择来衡量心理活动发展水平；在进入职业后，虽然也存在职业发展水平问题，但还有一部分更为重要的任务，比如，如何适应工作岗位所在的组织，如何保住自己的职业，如何晋升，在面临退休时如何计划等。对于在校学生来说，其职业成熟度的衡量标准以职业选择为主。如果一个学生能根据自己的心理特点、专业能力和就业形势等进行科学的决策、做出职业选择，并采取客观可行的措施，最终获得职业，那么其职业成熟度就高，反之则低。

第二节　生涯发展

一、生涯发展论

生涯发展理论主要起源于20世纪50年代哈维格斯特的发展阶段理论和金斯博格等人的职业发展理论，舒伯集差异心理学、发展心理学、职业社会学及人格发展理论之大成，进行了长期的研究，系统地提出了有关生涯发展的观点。

二、生涯彩虹图

1980年以后，舒伯提出了一个更为广阔的新概念——生活广度、生活空间的生涯发展观。在这个理论中，舒伯加入了角色理论，并根据生涯发展阶段与角色彼此间交互影响的状况，描绘出一个多重角色生涯发展的综合图形。这个生活广度、生活空间的生涯发展图形，舒伯将它命名为“一生生涯的彩虹图”。

1. 横跨一生的彩虹——生活广度

在一生生涯的彩虹图中,横向层面代表的是横跨一生的生活广度。彩虹的外层显示人生主要的发展阶段和大致估算的年龄:成长期(约相当于儿童期)、探索期(约相当于青春期)、建立期(约相当于成人前期)、维持期(约相当于中年期)以及衰退期(约相当于老年期)。在这五个主要的人生发展阶段内,各个阶段还有小的阶段,舒伯特别强调各个时期年龄划分有相当大的弹性,应依据个体的不同情况而定。

2. 纵贯上下的彩虹——生活空间

在一生生涯的彩虹图中,纵向层面代表的是纵贯上下的生活空间,是由一组职位和角色所组成。舒伯认为人在一生当中必须扮演九种主要的角色,依序是:儿童、学生、休闲者、公民、工作者、夫妻、家长、父母和退休者。各种角色之间是相互作用的,一个角色的成功,特别是早期的角色,如果发展得比较好,将会为其他角色提供良好的关系基础。但是,在一个角色上投入过多的精力,而没有平衡协调各角色的关系,则会导致其他角色的失败。

在每一个阶段对每一个角色投入程度可以用涂色来表示,颜色面积越多表示该角色投入的程度越大,空白越多表示该角色投入的程度越小。生涯彩虹图的作用主要是对自身未来的各阶段如何调配做出各种角色的计划和安排,使人成为自己的生涯设计师。生涯彩虹图实例,如图 2-1 所示。

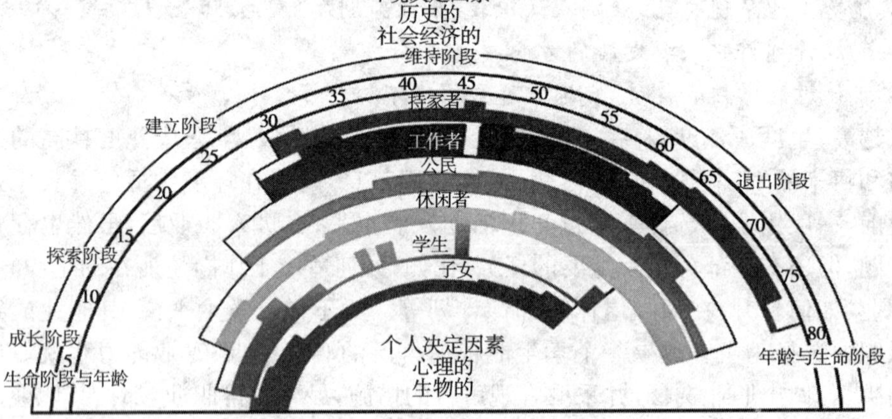

图 2-1 生涯彩虹图实例

图 2-1 中,半圆形最中间一层儿童的角色在 5 岁以前是涂满颜色的,之后渐渐减少,8 岁时大幅减少,一直到 45 岁时开始迅速增加,此处的儿童角色,其实就是为人子女的角色。因而这个角色一直存在。早期个体享受被父母养育照顾的温暖,随着成长成熟,慢慢开始同父母平起平坐,而在父母年迈之际,则要开始多花费一些心力来陪伴、赡养父母。

第二层是学生角色。在这个案例中,学生角色从四五岁开始,10 岁以后进一步增强,20 岁以后大幅减少,25 岁以后便戛然而止。但 30 岁以后,学生角色又出现,特别是 40 岁出头时,学生角色竟然涂满了颜色,但两年后又完全消失,直到 65 岁以后。这是由于在现代科技发展日新月异、知识爆炸的社会,青年在离开学校、工作一段时间之后,常会感到自身所学已不能满足工作需要,需要重回学校以进修的方式来充实自我。也有一部分人甚至等到中年,儿女长大之后,暂时离开原有的工作,接受更高深的教育,以开创生涯的第二春。学生角色在 35 岁、40 岁、45 岁左右凸现,正是这种现象的反映。

第三层是休闲者角色。这一角色在前期比较平稳地发展,直到 60 岁以后迅速增加,也许有人会惊讶于舒伯把休闲者角色列入了生涯规划的考虑之中。其实,平衡工作和休闲是一项非常重要的任务,特别是在如此快节奏、高效率的社会中,正如图 2-1 中的空白也构成画面一样,休闲是我们维持身心健康的一个重要手段。

第四层是公民。本案角色从 20 岁开始,35 岁后得到加强。65~70 岁之间达到顶峰,之后慢慢减退。公民的角色,就是要承担社会责任、关心国家事务的一种责任和义务。

第五层是工作者的角色。该当事人的工作角色从 26 岁左右开始,颜色阴影几乎填满了整个层面,可见当事人对这一角色相当认同。但在 40 多岁时,工作者的角色完全消失。对比其他角色,不难发现,这一阶段,学生角色和家长角色都有不同程度的增强。两三年以后,学生角色消失,家长角色的投入程度恢复到平均水平,而工作者的角色又被颜色涂满,直至 60 岁以后开始减少,65 岁终止工作者角色。

第六层是持家者角色,这一角色可以拆分为夫妻、父母、(外)祖父母等角色,然后分别作图。此处家长的角色从 30 岁开始,头几年精力投入较多,之后维持在一个适当水平,一直到退休以后才加强了这一角色。76~80 岁之间几乎没有了持家者的角色。

虽然个体在生涯过程中还可能承担其他角色,但对于大多数人来说,上述这些是最基本的角色。在使用"生涯彩虹图"时,可根据自身情况,在图 2-1 的基础上进行适当调整。

从彩虹图我们可以进一步分析发现:

(1) 彩虹图可以很好地表示各个角色的变化,角色之间是互相作用的,某一角色上的成功,能带动其他角色的成功,反之,一个角色的失败,也可能导致另一角色的失败。而且,为了某一角色的成功付出太大的代价,也有可能导致其他角色的失败。

(2) 人的社会任务或职业生活不断变化,角色也随之变化,从一个角色进入另一个角色。角色转换的变化从根本上说是社会权利和义务的变化。而大学生就业后的社会角色转换不是瞬间发生和完成的,而是要有一个过程的。

(3) 每一个人的生涯彩虹图都是不同的,所以,我们从彩虹图中可以看到不同的生涯规划,这就是科学的职业生涯的魅力所在。

第三节　生涯规划

一、生涯规划的内涵

生涯规划任务不仅是单一的职业目标的确立,也不仅是单一的生活事件规划,而是对许多生涯角色、生活目标的选择与建立,面临着一系列认知活动与行动的历程。

一个年轻人在高中时父母双亡,由叔叔抚养照顾。年轻人大学的时候学建筑专业,毕业的时候正好叔叔要盖一栋房子,就交给年轻人负责,他很高兴有这么好的机会可以报答叔叔的栽培,打算全力以赴,但是,过了不久,他就开始偷工减料了,把余款挪用来挥霍。到了完工的日子,叔叔对他说:"你可以自立了,这就算我送你的毕业礼物了。"年轻人非常懊悔,他怎么也没有想到,这栋有问题的房子是自己为自己造的。

学生时代就像是在为自己盖房子,从设计、建材到施工都由自己做主,细心的经营每一砖、每一瓦。完工之后,拥有努力的成果,回味起来,连汗水都是甜美的,如果偷工减料,房子经不起风雨或者地震的考验,落得无家可归就无比的苍凉了。

那么,我们的房子到底应该怎么盖?都要做什么准备呢?设计什么图纸呢?

房子建设中,应有一个建设图纸,有一个建设主线,让房子质量更好。人类生命的进程中，也应该有非常明确的生命主线，我们应该努力成长，不惜一切代价使生命变得成熟。为了成熟，我们应该去经历，经历自然、社会、人文和历史，使我们的生命变得完美。我们更需要使命感，活着不仅仅是为了活着而已，我们生命的背后有使命存在，这些使命也许各不相同，但从终极意义上来说，应该是一致的，是为了让我们和我们的后代在更加和谐的自然世界中幸福地生活。

在现实社会中，有太多的人忘记了自己需要成长，变得懒惰、无聊和平庸；有太多的人忘记了应该去经历，变得胆怯、狭隘和固执；有太多的人忘记自己承担的使命，变得苍白、迷茫和失落。看了这个故事，是否从他身上得到一点点感悟，并且重新开始思考自己生命的历程呢？大学生应尽其可能地规划未来生涯历程，在考虑个人的智能、性格、价值观以及阻力、助力的前提下，做好妥善安排，并借此调整、摆正自己在人生中的位置，以期自己能适得其所，盖一所好房子。

二、大学生生涯规划的领域

根据生涯和生涯规划的概念，生涯规划的领域应当是个体角色职责所涉及的各个领域，总体上来看，我们可以把这些归纳为八个领域，即健康、家庭、工作、人际关系、理财、心智、休闲以及心灵，如图 2－2 所示。

图 2－2　人生规划的领域

1. 健康规划

健康规划就是为身心健康而进行的规划。健康是人生事业的基础，没有健康就没有一切。许多人都会忽略健康规划，特别是青年人，总认为青年时期不需要考虑健康问题，可是人生的许多问题常常是年轻时不健康的习惯导致的。

2. 家庭规划

家庭规划主要是即时家庭，即我们离开原生家庭而组建的家庭。何时组建家庭，担当家长角色也是生涯规划的重要方面。

3. 工作规划

工作事业规划也可以看成是职业生涯规划。一个人的一生中不可能仅仅从事一种职业；每一种职业也不可能只是一种工作。职业成为事业则是更大的升华。工作规划不仅是正式职业规划，还包括我们正式职业之外的兼职。

4. 人际关系规划

进行人际关系规划就是建立人生的支持系统，营造将来的工作、生活环境。按照马斯洛的需要层次论，爱与归属的需要是人的基本需要之一，每个人总是要处于一定的组织之中。

5. 理财规划

理财规划是我们赖以生存的重要基础，现今理财的概念已经远远超出从事某项职业赚钱的概念，我们有多种渠道获得财产，例如投资基金、股票，兼职做第二份工作等。

6. 心智规划

心智规划主要是指我们的知识、技能、观念的发展规划。

7. 休闲规划

休闲规划多是指工作之外所从事的非谋生活动，主要源自个人的兴趣与爱好。在现代社会，休闲规划是一个亟待加强的课题。

8. 心灵规划

心灵规划是指思想和道德发展以及人生思想境界、信仰等方面的规划。

三、大学生生涯规划的意义

一个人整个一生所从事的职业按先后顺序可分为早期生涯、中期生涯和晚期生涯三个发展阶段。在这三个时期中，我们又可以将一个人的职业生涯分为四个阶段：探索阶段、创立阶段、维持阶段和衰退阶段。职业生涯是一个漫长的过程，而大学生正处在对个体职业生涯的探索阶段。学校让学生制订职业生涯规划不外乎于四点考虑：

一是让学生有心理准备，一开始就有危机感。

二是提前构筑就业框架，防止到大四时陷入迷茫。

三是培养学生的独立意识，更要培养他们的“早规划早打算才能立足社会”的意识。

四是按照自己的规划，按照社会的需要培养自己的全面素质。

帮助大学生寻找适合自身发展需要的职业，实现个体与职业的匹配，体现个体价值的最大化。这样，有利于大学生个人明确未来的切实可行的奋斗目标；有利于大学生更好地了解自己，进行自我定位提升应对竞争的能力；有利于人才在市场上的合理配置；有利于自己的全面发展。

生涯规划使得学生本人直接参与自己人生目标的设计，让他们对相关教育资源的利用也会更加自觉和更加充分。由“要我学”变成“我要学”，达到两促进、两提高的目的。两促进：促进探索自我，促进探索职业；两提高：提高职业规划与管理能力（自我决策、自我管理、自我调整）；提高就业和职业发展竞争力。

四、大学生职业生涯规划辅导理念与原则

职业生涯规划辅导，是以帮助个体进行职业生涯规划为主要内容的一种职业指导理论。它形成于20世纪50年代的美国，在70年代得到世界各国普遍推广。生涯规划辅导理论关心个体的长远职业发展，从职业满足的主动角度体现了鲜明的预防性理念。从生涯规划辅导所要达成的预期目标来看，它不单单追求将已形成的个人特征与预定的职业相匹配，因为简单的匹配回避不了的现实问题是“到学生就业时，社会所提供的就业机会已非常明确，学生也已经没有发展的余地，他们只能根据现有的条件在少数几种职业中作出决策；更为重要的是，它所获得的仅是一次静态的人职匹配结果”。而实际上，现代科技进步已使得社会职业的变迁与更替的周期大为缩短，一个人一生中只从事一份职业的机会已经微乎其微了。基于此认识，生涯规划辅导明确提出其目标不是教会个体为一份现成或虚构的职业做准备，而是以培养职业自我调控能力和创业素质为目标，以个体动态的职业发展和职业满足为归宿。

1. 职业生涯规划辅导理念

（1）确立“以人为本”的理念，使教育回归生活

从职业生涯教育的发展过程来看，其理念经历了一个从“以择业为本”到“以人为本”的转变。日益强调人的自我成长，强调人与环境的互动以及人职匹配，这是时代和社会发展的必然。我国高校职业生涯教育由于受传统的就业安置思维影响，目前仍然停留于狭义层面，即过分强调一次就业率。比如有些高校为了提高就业率就采取了一些措施，把压力集中到学生身上，使学生在没有充分选择的情况下，就匆忙和自己并不是很满意的单位签约，结果出现签约率高但违约率也高的现象。这种做法忽视人的主体性发展，偏离了“以人为本”的教育理念。已远远不能适应当前高等教育和社会发展的需求，更不利于学生个人的成长和

发展。基于此,高校职业生涯教育应该突破传统的"季节性促销"模式,转变以实现学生就业安置为目标的思路,坚持"以人为本",从人的全面发展的高度做好大学生的职业生涯教育。"以人为本"的发展性职业生涯教育应关注学生的前程与未来,以帮助他们获得面向社会和未来的可持续发展能力,并以此为最高目标;要致力于人的全面发展,把教育与人的成长和价值实现联系起来;尊重人的个性,满足人的潜能开发的需要,提高大学生的职业生涯规划能力和社会适应能力;承认人的天赋、性情、爱好、生长环境以及际遇的差异,帮助受教育者正确认识差异,注重实施"个性化指导"。

(2) 确立以学生为中心的理念,使选择回归学生

大学生职业生涯规划的目的在于寻找适合自身发展需要的职业,实现个体与职业的合理匹配,体现个体价值的最大化。帮助学生回答"我是什么样的人""我想干什么""我适合干什么""打算成为哪方面的人才""打算在哪个领域成才"等等。这种选择的权利应该在学生自己而不是家长与老师。要懂得,"授人以渔"比"授人以鱼"更重要,尊重学生的选择权,不代替学生决策。帮助学生建立自我效能感,增强自信心和行动力。确立生涯自主与责任意识,系统性的自我探索意识,资料收集的主动意识,个人特质分析与职业匹配意识。

(3) 确立社会需要的理念,兼顾社会需求

我们重视人的发展,但不片面强调个人的需要,而是找到个人需要与社会需要的结合点。不但根据本人的兴趣,择己所爱,根据本人的特点,择己所长,还要根据社会需要,择己所需。

社会需要是指社会对其发展条件的需要。大家知道,社会是由人构成的,所以社会需要本质就是人类需要,它反映的是人类需要的共性,是体现全社会共同利益和愿望的需要,是对人类个体需要的集中和概括。社会需要的这种整体性,使得满足社会需要的各种职业活动也具有整体性。尤其是在我国这样一个以公有制为基础的社会主义社会,每一项职业活动的成就,都渗透着其他职业活动的贡献;社会的每一步发展,都是各种职业活动共同作用的结果。因此,作为国家培养的一名大学生,在选择职业时,首先要把社会需要作为出发点,把个人意愿和社会需求结合起来、统一起来。当个人利益与国家利益、集体利益发生冲突时,要顾全大局,服从社会需要,服从国家分配。

2. 生涯规划应遵循的原则

从生涯规划辅导的实施计划和过程来看。生涯规划辅导具有四大原则:

(1) 及早性

这是生涯规划辅导的最重要的特征之一。从20世纪70年代开始,美国联邦教育署甚至规定生涯教育必须从幼儿园开始。

(2) 全程性

全程指导是指对大学生职业生涯的规划和就业的指导工作,贯穿于整个大学阶段,贯穿于一年级到四年级大学生活的始终。进行差异性辅导,使每一个学生的职业生涯规划指导都不同于他人。生涯规划辅导强调要贯穿于个体的成长、求学阶段和整个职业生涯过程。

(3) 全员性

生涯规划辅导大力倡导其公共性概念,指出必须有教师、学生、家长和社会的共同参与。

(4) 系统性

要按照相关的既定步骤逐一实施,每个阶段都有不同的任务和要求。以生涯理论的诞生地美国为例,美国联邦教育总署专门界定了"生涯教育是一种综合性的教育计划,其重点

放在人的全部生涯，即从幼儿园到成年，按照生涯认知、生涯准备、生涯熟练等步骤，逐一实施，使学生获得谋生技能，并建立个人的生活形态”。这阐明了生涯规划辅导不是某个部门的临时行政服务性工作，而是一项涉及全局的不可或缺的综合性教育环节和重要育人战略。

五、大学生生涯规划误区

生涯规划的重要性不言而喻，但在现实中，很多学生仍然没有认识到这一点，理论与现实脱节的现象还广泛存在。在进行规划时，我们不但需要掌握科学合理的生涯规划，同时，还要克服思想上出现的对生涯规划的一些不良认识。主要有以下八个误区：

(1) 犹豫不决

许多人在面临职业生涯选择时犹豫不决，如果你总是犹豫不决，就永远无法在职业生涯上有所作为，在其他许多重要方面也成不了什么大器。

关于人们这种逃避现实的倾向，有人这样描述道：“假设把生活比作开火车，如果让人们完全按照本性去生活一天，我担保每列火车都会走上岔路。”

(2) 拐杖支撑

许多成年人仍旧没有摆脱父母的支配和管教，包括某些童年时建立起来的“家规”的约束。这无疑将使之对世界和对自己的认识受到局限。

早期所接受的负面或限制性的“家规”使许多人成年后在不少方面仍无法依靠自己的力量做出抉择。谁是你要取悦的人呢？是自己还是别人？喜剧明星范尼·布莱斯曾说过这样一段话：“你就是你，不是别人眼中的你。如果你习惯了拿别人的意见当拐杖，当某一天这根拐杖消失了，你该怎么办呢？”

(3) 一次完成

现在好好规划，以后就不用了！有人觉得，现在趁着大学里的空余时间多，多花些时间在生涯规划上，省的以后还要去做。实际上，由于时代在变，自我也在变，所以对环境及自我的探索是不可能一劳永逸的。生涯规划除了探索、抉择和行动之外，还有一个重要的环节，那就是生涯反馈与调整。正确的生涯规划是盯紧近期目标，展望长期目标，在必要时及时调整中长期目标。

所以，生涯规划的最终目的不在于你找到了多么完美的人生目标，而在于你了解自己和环境多少，实现了多少近期目标，积累了多少人生资源。因而生涯规划不是一劳永逸的。

(4) 自我局限

人们总是习惯于低估自己，结果往往是弄假成真。对此，心理学家罗洛·梅总结道：“许多人觉得，在命运面前，自己的力量微不足道，打破现有的框架需要非凡的勇气，因而许多人最终还是选择了安于现状，这样似乎更舒适些。所以在当今社会，‘勇敢’的反义词已不是‘怯懦’，而是‘因循守旧’。”

(5) 马上决定

为了怕别人说自己懦弱而急促决定，实际上拿不准不作决定是可以接受的，只要能多了解自己，充实和储备人生资源，机会到来时才能做最好的选择。

(6) 虚无主义

船到桥头自然直。这世界变化太快，生涯规划只是一时的流行，很多事情既然无法预测，再规划也是枉然，有人这样认为。实际上，规划不在于很快找到目标，而在于对自我和环境的不断探索。通过生涯探索，更多地了解自己和环境，那就可能作更充分的准备，也更可能有意识地发挥出自己的潜能。以积极准备的态度面对人生，随时知时、知势、知己，自己才不会被淘汰。正是由于时代变化太快，生涯规划才有必要，计划时代和铁饭碗时代是不用生涯规划的。

（7）阳春白雪

规划属于成功人士，平凡人不用规划。实际上，规划不分贵贱，目的是突破障碍、激发潜能、自我实现。你可以实现当作家的梦，就如同我可以实现当导游的梦一样。生涯规划是不分贵贱的，是属于每一个踏实的人。想得到的不一定做得到，想不到的一定做不到。不探索自己和环境的现状与未来，不积极准备人生，就有可能落后于时代。

（8）兴趣万能

有人认为，只要找到我的兴趣，我就一定能够成功。实际上，找到自己的兴趣，不见得一定能成功，但至少做起来快乐。如果培养做自己感兴趣的事情的能力，更可能会使自己成功。

兴趣和能力是两码事。有兴趣而无能力，只会增加挫折感；无兴趣而有能力，心中缺乏满足与喜悦。因此，兴趣和能力要同时考虑。兴趣是调料，能力是主菜，所以我们应该了解自己的兴趣，加强自己的能力。

专题小结

（1）生涯：一个有目的、延续一定时间的生活模式。个人终其一生所扮演的角色的整个过程，是个人一生职业、社会关系、人际关系的总称，即个人终身发展的历程。

生涯是生活中各种实践的演变方向和历程，它统合了人一生中的各种职业和生活角色，由此表现出个人独特的自我发展形态。是人一生一连串有酬和无酬职务的综合，还包括与工作有关的角色，如学生、退休者。

（2）人的一生有若干发展阶段，生涯发展阶段划分为五段，即成长—探索—建立—维持—衰退。每个不同的阶段又有不同的发展任务，发展任务来自生理和心理的成熟，社会的要求和期望，个人的价值和期望。

（3）生涯彩虹图——生活广度、生活空间的生涯观——发展阶段与角色交互的综合图。

生活广度包括：成长期（约相当于儿童期）、探索期（约相当于青春期）、建立期（约相当于成人前期）、维持期（约相当于中年期）、衰退期（约相当于老年期）。

主要角色包括：儿童、学生、休闲者、公民、工作者、夫妻、家长、父母、退休者。

（4）生涯规划：一个人尽其可能地规划未来生涯历程，在考虑个人的智能、性格、价值观以及阻力、助力的前提下，做好妥善安排，并借此调整、摆正自己在人生中的位置，以期自己能适得其所。生涯规划包括：健康规划、家庭规划、工作规划、人际关系规划、理财规划、心智规划、休闲规划及心灵规划。

复习与探索

（1）案例分析：小李因为工作优秀，新近升为公司的技术经理。在和小李深入交流时，发现他已经30岁了却还没有交过女朋友，在谈到将来的梦想时，他希望自己做IBM公司那样的总裁，却没有谈到任何生活和家庭的因素。使用彩虹图理论分析小李存在的主要问题。

提示：小李没有从生涯规划的角度进行职业规划，因此其最大的问题在于角色缺失——万一做不了IBM公司那样的总裁，给他的打击将是致命的。

（2）生涯规划对我们个体有着怎样的重要意义？我们为什么做生涯规划？可以采取的规划方法有哪些？

第三专题

价值观及其调整

学习目的

(1) 了解价值观的概念及对人生的意义。

(2) 通过价值观调整明确自己到底想要什么，走出价值观困惑，树立全面的价值观。

(3) 了解职业价值观——选择职业时的一种内心尺度，择业时加以考虑。

(4) 了解职业理想——个人渴望达到的职业境界，确立自己职业的前进方向。

(5) 了解职业精神——与职业活动联系、具有自身职业特征的精神，培养自己与社会相适应的职业品质。

导引案例

课堂上的小游戏

课堂上，老师给出了一个选择清单(42个项目)并提出了游戏规则：

(1) 先排列这些项目在自己心中的优先地位，①表示最重视，㊷表示最不重视。

(2) 经过综合权衡，选出你最看重的1～3个项目。

(3) 你选择的这些项目是你穷其一生所追求的，要认真思考，慎重决策。

(4) 全班竞选，每个项目优先分给在个人的选项单中排号靠前的人，若排号相同，则按其对该项目的理解由全班评议确定，依次类推。选择清单如下：

① 报效祖国；② 创业成为巨富；③ 参加"三支一扶"、到农村去建功立业；④ 一个和谐幸福的家庭；⑤ 一门精湛的技艺；⑥ 一个小岛；⑦ 一座宏大的图书馆；⑧ 一个很有名气的心理咨询机构；⑨ 一只温顺忠实的宠物；⑩ 三五个知心朋友；⑪ 去军队服兵役、为国防建设服务；⑫ 饭店服务员；⑬ 一张免费旅游世界的机票；⑭ 为他人服务；⑮ 直言不讳的勇敢和百折不挠的真诚；⑯ 一个大公司人力资源总监；⑰ 某政府机关处长；⑱ 某跨国公司总经理；⑲ 某国贸公司业务处处长；⑳ 一个让你十分愉快的业余爱好；㉑ 名垂青史；㉒ 成为本行业的专家；㉓ 理想的职业；㉔ 事业有成；㉕ 服务人民；㉖ 永恒的爱；㉗ 模范父母；㉘ 身心健康；㉙ 成功申请出国留学；㉚ 追求美感与艺术气氛；㉛ 独立自主，依己意进行；㉜ 被班上每个人喜爱；㉝ 有成就感；㉞ 提升个人领导组织能力；㉟ 与志同道合的伙伴一起工作；㊱ 能选择自己喜欢的生活方式；㊲ 为父母争光；㊳ 实现自我价值；㊴ 仕途顺利、官越做越大；㊵ 有房有车无房贷；㊶ 威望与尊严；㊷ 自我实现。

竞选过程中，全班引起了激烈的争论。对“健康”“情有独钟”“爱情是最令人快乐的体验”“威望使人高人一等，受人尊敬”“诚实是美德”“自我实现是人的最高境界”“人生自古谁无死，留取丹心照汗青”等的讨论非常精彩，每个人都有心中的目标，每个人都有自己充足的理由。

也许，让你选择，你可能选择这几项或那几项，但你想过没有，你为什么选择这几项或那几项，在你内心深处，有一张无形的网在控制你，这就是价值观。本专题将与你一道探索价值观——引导我们前进的指路明灯。在这一专题里，你将了解价值观的含义，通过价值观调整明确自己到底想要什么，走出困惑，树立全面的价值观。在此基础上，了解职业价值观、职业理想、职业精神，培养自己与社会相适应的职业品质。

第一节　价值观概述

一、价值观的含义

价值观，是指一个人对周围的客观事物（包括人、事、物）的意义、重要性的总评价和总看法。它形成一系列基本的信念，这些信念按在心目中的主次、轻重的排列次序形成一个体系，是决定人行为的基础。价值观是人生的基石，是成功的前提，是行动的准则，拥有正确的价值观意味着一个人可以在大是大非的问题上做出正确的抉择，使之指向一定的目标或带有一定的倾向性，这意味着他是一个值得信赖、值得托付的人。

作为现代大学生，只有拥有正确的价值观，才能健康地成长，才能为社会做出贡献，才能达到真正的成功。这种成功法则其实是中国社会几千年来一直提倡和推崇的。例如，《大学》中说：“古之欲明德于天下者，先治其国；欲治其国者，先齐其家；欲齐其家者，先修其身；欲修其身者，先正其心；欲正其心者，先诚其意。”这段话点明了树立正确的价值观（“正心”和“诚意”）对于为人处世乃至建功立业的重要性。

价值观是一种内心尺度，它凌驾于整个人性之上，支配着人的行为、态度、观察、信念、理解等，支配着人的自我认识、自我定向、自我设计等；也为自认为正当的行为提供充足的理由。我们这里考察价值观，一是探讨如何在大学阶段调整自己的价值观，二是探讨在职业选择和职业生活中，优先考虑哪种价值观，三是探讨以价值观为指导树立正确的职业理想与职业精神。

二、价值观的特性

价值观是后天形成的，是通过社会化培养起来的。家庭、学校、所处工作环境等对个人价值观念的形成起着关键的作用，其他社会环境也有重要的影响。在形成过程中，价值观具有以下特性：

1. 主观性

价值观是个人对一般事物的价值进行评价时所持有的内部标准和主观观念。这种主观观念受每个人的先天条件和后天环境的影响，都带有不同的烙印，由于人生经历的不尽相同，每个人的价值观的形成会受到不同的影响。因此，每个人都有自己的价值观和价值观体系。在同样的客观条件下，具有不同价值观和价值观体系的人，其动机模式不同，产生的行为也不同。

2. 选择性

价值观是经过选择获得的。它是一个人反复比较权衡的结果，这种选择必须是自由的而不是被迫的;是从可选择范围内进行的,选择时必须同时具备其他可选择的内容;是经过慎重考虑后的选择。

3. 稳定性

价值观是人们思想认识的深层基础,它形成了人们的世界观和人生观。它是随着人们认知能力的发展,在环境、教育的影响下,逐步培养而成的。人们的价值观一旦形成,便是相对稳定的,具有持久性。价值观是个体具有的一种相对持久的信念,个体用这个信念可以判断某种行为方式或结果状态的好与坏、适当与不适当、对与错等等,这种较稳定的信念可使个体的行为都一致地朝向某一目标或带有一定的倾向性。

4. 社会历史性

个人价值观是习得的,是长期社会化的结果,不同的社会环境和文化背景使人们形成了截然不同的价值观,因此价值观总是对时代精神的反映,价值观总是与时代的脉搏相呼应。

5. 发展性

价值观在特定的环境下又是可以改变的。由于环境的改变、经验的积累、知识的增长、态度的改变,人们的价值观有可能发生变化;随着人们各方面的成熟,对社会问题理解得加深,各种需要和目标都在发生变化,价值观也在发展变化。

6. 导向性

价值观是人们行为的最基本的内部指针,对行为具有强烈的导向功能。个体价值观的形成,除了选择以外,还必须喜爱和赞赏,并按该选择行事,把它作为生活方式反复履行,因此它是指导各种行为的标准,对行为决策起着指导作用。

7. 系统性

价值观不是孤立的、单个的存在着的,而是按照一定的逻辑和意义联结在一起,按一定的结构层次或系统而存在的。

三、价值观与大学生成才

首先,作为大学生,正处在价值观形成的关键期,树立正确的价值观,对于大学学习、个人成长、职业选择、社会适应、人生发展都具有十分重要的作用。价值观是个性的核心,对个体行为具有导向作用,影响人们对行为方式、手段和目的的选择。大学生的人生价值观是其素质形成与提高的"心理过滤器",是导致大学中期大学生明显分化的主要因素。任何教育信息被接受、认同和内化,都必须通过个体心理的识别和过滤。"过滤",意味着有选择地取舍,选择的依据来自于主体的需要和价值取向。大学生的人生价值观是其对人生价值的稳定、综合、持续的看法或取向,是大学生价值观念体系中的核心内容,是大学生成长的根基。

其次,价值观的不同又导致职业价值观的不同,职业价值观是人生目标在职业选择方面的体现,对职业选择、职业适应、职业发展都具有重要影响。

最后,当代大学生职业理想的缺乏,职业精神塑造的不够,也直接导致在职业生涯中不能很好发展。大学生必须以价值观为基础,着眼于社会需求、自身特点、未来发展,科学地确立职业理想,同时,中国大学生也急需塑造现代职业精神,这也离不开正确的价值观的确立。

第二节 价值观调整

一、价值观分类

价值观是一个多元化的复杂系统。该系统包含许多成分。每个人或多或少都具有各种成分，只是相对强弱不同、主导价值观不同。学者和专家从不同的侧面提出了不同的分类方法，以下是常见的两种分类方法。

1. 斯普郎格的分类

德国哲学家斯普郎格提出了六种类型的价值取向：经济型、理论型、审美型、社会型、政治型和宗教型。这一理论影响很大，心理学家 G. W. 奥尔波特等人据此编制了《价值观研究量表》，用于测量和研究价值观。下面是六种价值观取向的人的特点。

经济型：强调有效和实用，追求财富，具有务实的特点，对有用的东西感兴趣。

理论型：具有智慧、兴趣、求知欲强、富于幻想的特点，重视用批评和理性的方法去寻求真理。

审美型：追求世界的形式与和谐，以美的原则如对称、均衡、和谐等评价事物。

社会型：强调对人的热爱，热心社会活动，尊重他人价值，利他和注重人文关怀。

政治型：追求权利、影响和声望，喜欢支配和控制他人。

宗教型：认为最高的价值是统一和整体，相信神话和命运，寻求把自己与宇宙联系起来。

斯普郎格的分类及据此编制的《价值观研究量表》，可用于测量和研究价值观，从而树立适合社会的职业价值观。

2. 米尔顿·洛克奇的分类

美国社会心理学家米尔顿·洛克奇将价值观分为两大类：终极型价值观和工具型价值观，每一类由 18 项价值信念组成。终极型价值观：一种期望存在的终极状况，偏重人对于生命意义及生活目标的信念，它是一个人希望通过一生而实现的目标。工具型价值观：偏爱的行为方式或实现终极价值观的手段，偏重人对生活手段的想法及行为方法的信念。洛克奇编制的“价值调查表”用来测量工具型价值观和终极型价值观中诸因素的相对强度。他提出了两类价值系统：① 终级型价值观，内容有舒适的生活、兴奋的生活、成就感、世界和平、美的世界、平等、合家安宁、自由、幸福、内心平静、成熟的爱、国家安全、享乐、拯救灵魂、自尊、社会承认、真正的友谊、智能；② 工具型价值观，内容为有抱负、心胸宽广、有才能、快活、整洁、勇敢、宽恕、助人、诚实、富于想象、独立、有理智、逻辑性、钟情、服从、有教养、负责任、自控。价值调查表中，每种价值后都有一段简短的描述。测试时，让被试者按其对自身的重要性对两类价值系统分别排列顺序，将最重要的排在第 1 位，次重要的排在第 2 位，依此类推，最不重要的排在第 18 位。该量表可测得不同价值在不同的人心目中所处的相对位置，或相对重要性程度。这种研究是把各种价值观放在整个系统中进行的，因而更体现了价值观的系统性和整体性的作用。米尔顿·洛克奇的分类，有助于我们进行价值观调整，从而确立科学的价值观。

二、价值观调整

大学生就业难，这个话题已经谈了好多年了。但是，从就业难的地域分布来看，广大农村和西部欠发达地区一直存在着大量的职位空缺等待大学生的光临，这里并不存在明显的大学生就业难问题。因此，真正存在问题的是在城市，大学生就业实际是在高密度和高竞争中出现了困难。在一定意义上说，中国面临的大学生就业难只是“局部难”“片面难”。因此，有人说，调整大学生的价值观比调整专业和课程设置更重要、更紧迫。应该说，我们现在的教育体制本身就是以城市为指向的，其培养目标、专业设置、教学内容等方面明显带有为城市服务的特点。学生在这种城市指向的教育体制下学习，受到的引导，掌握的知识技能绝大多数也是城市指向的。因此,价值趋向城市,知识结构适合城市的大学毕业生不愿意在农村就业,越来越多的大学毕业生拥挤在城市,即便是在城市自愿失业也在所不惜。大学生的价值观导向上存在一定的问题。

很多大学生价值观没有明确,没有分析过,什么是对我们最重要的。只是人云亦云,跟着潮流走,结果,给我们的人生带来很多困扰。为了拥有一个高品质的人生,我们必须要明确和调整好自己的人生价值观,使自己拥有真正想要的生活方式。运用米尔顿·洛克奇的分类调整好自己的价值观,对于大学生成长具有十分重要的意义。

1. 分清终极型价值观和工具型价值观

有人认为一生中对他很重要的是家庭、朋友和金钱。而这三项都不是一种感觉,它们都属于工具型价值观。任何人一生中所追求或逃避的都是一种感觉。我们所要的不是家庭、朋友、金钱等这些外在的表面事物,而是这些事物所能给你带来的感觉。你所要的可能是家庭给你带来的爱、幸福、快乐,朋友给你带来的关心、肯定、协助,金钱给你带来的安全、自由等等的感觉。这些背后的感觉,我们称之为终极型价值观。这两类价值观有着非常重大的区别,而很多人并不了解,所以他们的人生过得非常没有方向,享受不到快乐。其实,我们所追求的不是这些表面的东西,而是这些东西背后所带给我们的一种感觉,而大多数人都是在穷其一生去收集那些大大小小的工具,以为拥有了这些工具就等于是幸福、快乐、成功,却忽略了内心真正的需求。很多大学生毕业后很长一段时间都是在追求金钱、住房、汽车,由于这些无法达到,总觉得不如意、不幸福,以至于走向颓废,找不到成功的感觉。实际上,感觉是一种终极的心境,而金钱、住房、汽车只是达到这种心境的工具而已。工具只是阶段性的事物,它与幸福和快乐并不能画等号。"工具"缺乏的"蚁族"一样觉得快乐、幸福,朝气蓬勃地去追求理想,关键在心境。所以,我们可以积极主动地拥有我们想得到的那些终极型价值观,把追求心灵的幸福与快乐,国家安全与富强作为自己的目标,而不被一些蛊惑人心的外在事物所迷惑,你就可以获得心灵的自由与和谐。你就可以找到自己事业的立足点。当然,工具型价值观和终极型价值观二者应是相辅相成的。在达到终极价值的过程中,我们需要通过工具型价值观修炼自己。同时,我们也不能完全排斥工具型价值观,某些工具型的价值观,如诚实守信、勤俭节约等,虽然不能直接达到心灵满足的感觉,但对社会有益。

2. 定义好自己的价值规则

价值规则,通俗地讲,就是对价值观的定义,个人对价值观的认识,它也可能成为行为准则。人的一生,到底什么原因让我们经常觉得不愉快?这些负面情绪从何而来?事实上就来自于那些我们自己所设定的规则。这些规则就是我们对价值观的定义,比如,一个人追求成功,那么他对于成功的定义是什么呢?也就是他认为什么事情发生时,才觉得成功?这就是"成功"这一价值观的规则。两个人可能会拥有同一个价值观,但是他们对于这一价值观的定义即"价值规则"未必一定相同。比如,对于成功,有的人的规则是要挣到 1000 万元才等于成功,而有的人却是只要每天活得健康、快乐就认为成功了。这是对同一个价值观的两种完全不同的定义,也可以说是完全不同的信念。在这一价值规则的指导下,这两个人的生活会一样吗?每个人对每种价值观的规则都有所不同。你对价值观所定的规则越简单,越容易达成,那么就越容易符合你的价值观而得到你想要的感觉,你的人生也就越容易幸福快乐。在我们的生活中,若对一些重要的价值观所定下的价值规则太过苛刻,使得我们很难达成,甚至永远都无法达成,那么这些规则也就成了我们人生中的包袱与限制了,需要进行修正或调整。

某人对自己追求的价值观定义如下：

成功：毕业十年内赚到500万元，有房有车无房贷。

成就感：自己努力，别人肯定，领导喜欢，达到目标。

很显然，第一条太严格而无弹性，十年达不到就找不到幸福的感觉，这是一个常人无法达到的目标，也是一个可能永远找不到的“成功”，并且不能在赚钱的过程中拥有，整个过程都充满了痛苦，找不到成功的感觉。第二条在肯定自己努力的同时，把对成就感的评价交给了他人，自己完全没有自主权，自己很难掌控，可能很难找到成就感。

从这个例子里，我们可以感受到：对价值观所定的规则愈简单，愈容易达成，那么就愈容易符合你的价值规则而得到你想要的感觉，你的人生也就愈容易幸福快乐，我们切不要作茧自缚，把自己关在痛苦的笼子里。要学会在过程中拥有，在快乐中一步一步达到目标，每时每刻都享受幸福。幸福的决定权要掌握在自己手中。

3. 树立多元的成功观

大学生对成功的理解十分敏感，而对成功的感悟十分不够。有人说，成功就是过平衡式的生活，成功的最高境界是心灵的宁静。平衡就是事业、家庭、健康、财富各方面不能偏废。宁静就是在成功这个过程之前、之后、之中都能拥有一颗宁静的心灵，无论身处何境，都能够淡然处之，不起波澜，真正做到“不以物喜，不以己悲”。以平和的心态面对人生中的是是非非，这才是智慧的人生。这些话是有一定道理的。大学生树立多元的成功观应注意以下四个方面：

(1) 成功是多元的，不能用一种模式判断

我们往往用一种标准衡量成功，这是伟人成功学，每个人的成功都是个性的，独特的，我们要走出自己的成功道路，结合自己的特点，活出自己的人生。成功之路有许多条，成功的定义也有许多种，只要在理想的指引下，真正做了自己想做的事，真正实现了自己的人生价值，就是一种成功，就应该为此感到自豪和快乐。一元化的成功会让许多人失去正确的奋斗方向。真正的成功有很多种，不要轻易走入一元化成功的误区，而应主动选择最适合自己的成功道路。

(2) 成功是自己的，不能生活在别人的标准里

不要总是去羡慕别人的成功，不要总拿别人的成功复制自己，你最需要的是把自己的生活过好，工作做好，把自己的道路走好。成功就是不断超越自己，就是“做最好的自己”。一个成功的人，是能不断完成自己目标的人。成功是一个广泛的话题，用事业有成或金钱来衡量一个人是否成功显然已经不被现代人接受，每个人都有自己的正确观点，但成功的人，一定是可以不断完成自己目标的人。其实，我们不要去和别人比，这样很容易让我们偏离自己的目标，到头来空自后悔。我们只需按照自己的计划一步步行动，当完成了一个个目标时，我们已经是一个成功的人了。

(3) 成功是不断的，不能只用最终结果衡量

成功是一个过程，我们不能只注意结果而不注意过程，毕竟成功需要相应的环境与条件，今天的努力可能会成为明天成功的条件。也不要忘记，成长与成功密切相连，成长是一个寻找自己的过程，让自己的心灵有一个空间去向某一个目标伸展的过程。成功在人生当中可能只是昙花一现，但是成长是一个持续的过程，成功很大程度上依靠外在和别人对你的评价，但成长却是内在的，你可以真实地感受内心的愉悦，一旦成功，你可能会担心失去，但如果你成长了，没有任何人可以剥夺。有时失去成功的速度比退潮还快，但是缓慢的成长却

可以让你充满自信。如果我们这个社会能够把人生成长的过程作为一种成功的标志，那么我们每一个人都可以是成功者。那么成功的定义也将不再那么狭隘，成长的过程也将会是一种成功。

(4) 成功是心灵的，不能只用外在因素判断

曾经风靡一时的成功学，其核心观点在于认为成功是一种客观现象，有规律可循，有方法可依。搜集成功的实例，分析成功的过程，总结其中的规律，就能得到具有普遍意义的成功方法，只要重复这个方法，就必然有特定的成功结果出现，亦所谓“复制”。但是，现在蔚然成风的“心灵学”似乎有着与之极为近似的思考模式，只是把“成功”替换为“幸福”，将外在的追逐转换为内在的探寻。只要你依循而为，幸福似乎触手可及。有人问了这么一个问题：孔子是否成功？孔子的时代是春秋乱世，他的成长背景是平凡而穷困的，他没有达到当时显赫的位置，也没有我们现在所推崇的“重大成果”。如果孔子算成功的话，他只是在一切不利因素的考验之下，激发了生命的潜能，展现出“人”的完美典型。他的言论以及具体行动，并无神秘色彩，因而是人人可以向往与效仿的，并且只要持之以恒，也将产生让人满意的效果。如果这种内心充实的人生模式可看作成功，那么，它是心灵的。“成功学”的流行反映了现代人对财富、地位的渴求，“心灵学”的出现则是映射出人们对内在幸福、身心和谐的关切。从“成功学”到“心灵学”，这将是当代社会心理的一个重大转向，也是我们可以借鉴的。

第三节 职业价值观

一、职业价值观的定义

职业价值观是职业人生的方向标，它的确定无论是对个人还是对社会都至关重要。职业价值观是一个人对各种职业价值的基本认识和基本态度；它表明了一个人通过工作所要追求的理想是什么：为了钱，为了权力，还是为了一种情感关系等等；它是人们在选择职业时的一种内心尺度。职业价值观包括正确的职业价值取向、科学的职业理想、合理的职业价值目标和科学的职业发展观。它对促进大学生个人的全面发展和未来职业发展都具有重要作用。职业价值观是影响大学生职业选择的核心心理因素，对这一问题的深入探讨对于引导大学生转变择业观念，树立正确的职业价值观尤为重要。职业价值观作为价值观的重要成分之一，表现出内涵的丰富性、层次的多样性、个体体验的差异性等特点，是一种非常复杂的心理现象，与人的需要、目的、态度、信仰等有着广泛的联系。职业价值观是会受到文化价值观与社会价值观影响的，是一般价值观在职业生活中的投射。

二、职业价值观分类

每个人在工作时，都有自己在乎的部分，这就是个人的职业价值观。它对于我们面临职业选择，或选定未来一生的目标时，具有很大的影响力。从 1951 年开始，就有许多学者投入到“职业价值观”的研究当中，目前可归纳出以下十五种价值观：

① 利他性：工作的目的或意义就是提供一个机会，让自己为他人或社会尽一份心力。

② 美的追求：致力使工作或这个世界更具美感，更有艺术品位。

③ 创意的追求：不墨守成规，欣赏与众不同和别出心裁，追求工作的创造性。

④ 智慧的激发：工作的目的或价值在于提供独立思考、学习成长和找寻规律的机会，通过调研、思考来解决问题。

⑤ 独立性：看重以自己的方式或步调来开展工作，工作时不希望被过多地干涉或指导。

⑥ 成就感：能看到自己工作的具体成果，这些成果能得到自己内心的认可，或者得到别人的赞赏，并因此获得精神上的满足。

⑦ 声望：做这份工作的目的或意义是提高个人身份或名望，这种声望是来自于他人的敬佩，而非来自于权利与地位。

⑧ 有管理的权力：指挥别人做事，通过组织赋予的权力来统筹、分配、组织、监督工作进度及其他员工。

⑨ 经济的报酬：看重经济回报，希望获得优厚的酬劳，使个人有能力购买他所想要的东西。

⑩ 安全感：看重工作能提供安定生活的保障，工作很稳定，即使经济不景气时也不受影响。

⑪ 工作环境：看重工作环境，包括舒适的物理环境，更包括融洽、和谐的精神环境，期待个人身体、心灵在舒适的环境下工作。

⑫ 与上司的关系：看重能与主管、领导平等、融洽地相处。

⑬ 与同事的关系：能与志同道合的伙伴一起愉快的工作。

⑭ 变化性：看重工作丰富多样的变化性，让人挑战不同的工作内容。

⑮ 生活方式的选择：工作和生活是平衡的，工作不会影响到生活质量。

当然，我们不能期望用一个固定的标准把人的职业价值明确而具体的划为哪一类，因为价值观往往是一个系统。同时，随着形势的发展，人们的职业价值观也在不断发展。

三、职业价值观发展趋势

1. 改革开放之初职业价值观的发展

职业价值观不仅是大学生价值观的重要组成部分，而且是极其活跃、极不稳定的部分，随着社会的发展而不断变化。例如，新中国成立后我国青年职业价值观的演变，就从 20 世纪五六十年代的“社会型”、70 年代的“政治型”发展到八九十年代的“经济型”。国外学者的研究结果也表明，20 世纪 80 年代的青少年与六七十年代的青少年相比，对个体的物质成就与经济利益的关心胜过对哲学与社会问题的关注。据最新数据显示 21 世纪青少年的职业观是以个人发展为目标，以经济利益为导向，以就业地区选择为保障，带有明显的功利色彩。

改革开放之初，随着思想的解放、社会的进步，以及我国社会主义市场经济体制的确立和不断完善，大学生的职业价值观出现了显著的变化。大学生的职业价值观在市场竞争日益激烈的大背景下，出现的自主意识、风险意识、竞争意识、发展意识、超前意识等都在明显地增强，随着大学生分配制度的改革，大学生择业观念日趋成熟和理性，择业的主体意识增强，择业观呈多元化发展趋势。同时，大学生的职业价值观也出现了一些值得注意的问题，主要表现在：

(1) 功利性职业价值观挑战发展性职业价值观

有些大学生的职业价值目标过分追求舒服、实惠、经济，择业时，他们首先考虑的是个人利益，很少考虑社会需要，追求的是职业的舒适、安逸、实惠、稳定、经济收入的高低，避艰苦、避风险，择业时，首先考虑的是工作岗位和生活环境等“硬件”是否舒适，待遇是否丰厚。“高收入”是他们最重要的择业目标。物质生活的舒适安定成为某些大学生职业价值观的重要内容。在职业追求上，受利益驱动的影响，部分大学毕业生过于追求经济利益，而忽略远大的职业理想，忽视个人的发展，缺乏系统而长远的职业规划。对职业的认识在很大程度上依然停留在谋生的低层次阶段上，未能从人生发展的意义去思考、去规划。

(2) 个人本位职业价值观挑战社会本位职业价值观

随着社会的发展，大学生在择业时没有更多的束缚，敢于积极追求个人价值、尊严和利益，自我意识、成就欲望、自我责任明显增强，这无疑是社会发展与时代进步的表现。但一些大学生过分强调自我实现，把个人兴趣、爱好、发展等个人功利因素放在第一位，对理应包含其中的社会价值缺乏必要的考虑，忽视择业的社会责任感。由于没有对社会、对职业的理性认识，他们必然缺乏良好的职业社会价值观，导致他们既不能很好地认识社会，也不能很好地认识自己。由于缺乏对就业主观因素和就业客观因素的自觉分析，缺乏自觉的人岗匹配意识，他们也就无法从职业生涯的高度上来选择、规划自己的职业。这种不良的职业价值观既影响了社会人力资源的成功配置，也深刻制约了个人在职业上的自我实现。

(3) 多元化职业价值观挑战一元主导职业价值观

主导社会价值观是一个时期社会大多数人的理想、信念和精神风尚的集合体。从“一元”到“多元”，大学生的职业价值观呈现出多元化的趋势。在这个多元化职业价值观体系中，据有关调查，“充分发挥能力”“创造性”“收入”被排在前三位，“地位名声”“成长为领导者”“冒险”被排在后三位。可以看出，追求多元化，但个人化特征非常明显：重视个人价值而忽视社会价值，奉献意识淡漠，国家观念缺乏。这些必然导致职业价值观念的混乱。我们应该清楚，社会主义市场经济倡导的主流价值取向是在不否定个人价值的前提下，仍要弘扬为国家、为民族的振兴而奉献青春、奉献社会。

2. 当前职业价值观发展的现状

随着改革的不断发展，当前，社会职业价值观出现了可喜的变化。

(1) 从“个人”向“社会”的转变

许多人逐步认识到，一个人只有将个人的成才与社会需要紧密结合起来，满足社会需要，才能成为受社会欢迎的人。如果忽视了从宏观与社会的角度了解自己择业时的社会经济发展形势，某一职业在经济形势中所处的位置及未来发展的趋势，这种职业的特点及对从业人员特质的需要，就很难从真正意义上把个人特质同社会的需要、职业的需求相匹配，找到个人与社会的结合点。大学生择业必须将个人价值实现与社会需要相结合。对大多数人来说，找到两全其美的工作并不是一件容易的事。因此在择业时，如果二者不能两全时，毕业生应该把服从社会需要、成就事业放在第一位，在某种情况下，必须放弃一些眼前利益。从这个意义上说，个人在职业活动中必须充分考虑当时的社会历史条件和职业特点，以实现在职业活动中的个人—职业—社会的成功匹配，达到人与职业、人与社会的和谐发展。将自己的职业生涯和社会的整体发展结合起来，在追求整体和谐的基础上来规划自己的职业生涯，努力使自己具有为社会服务的思想境界，使自我发展和社会发展相统一，个人价值和社会价值相统一。

(2) 从“金钱”向“意义”的转变

越来越多的人认为有意义的工作正逐步取代金钱成为成功的标准。钱是生存的工具，但是现在许多人想从工作中得到比支票更多的东西。一个菲律宾人说：“金钱可以买到一幢房子，却买不到一个家；金钱可以买到药品，却买不到健康；金钱可以买到娱乐，却买不到幸福；金钱可以买下一个教堂，却买不到天堂。”现代大学生虽然仍然认为金钱重要，但更看重能在工作中得到成长，体现他们的价值，确立他们的领先地位。他们想要充满激情地工作。他们对意义的追求表明今天人们想从工作中得到更多。世界正由“生存”价值转向“自我表达”的价值。活出生命的意义来，成为当代大学生的梦想。

(3) 从“安逸”向“奋斗”的转变

当代大学生逐步树立了积极进取、乐于奉献的职业价值观。过去，许多大学生的职业理想趋于短期化、保守化和庸俗化，满足于找到一份安逸、稳定、高薪的工作，并以此作为人生奋斗追求的目的。在这种职业理想的支配下，许多大学生不愿吃苦受累，不愿去基层和贫穷落后的地方。而现在，那种甘于吃苦、乐于奉献、为人民服务的崇高的职业理想已逐步在大学生心中扎根。“三支一扶”“大学生村官”等岗位已得到大学生的欢迎。

四、职业价值观测量

我们这里研究职业价值观测评，在于测评自己的职业价值观现状，在于探讨我们在职业选择和职业生活中，在众多的价值取向里，优先考虑哪种价值。每一种工作都能满足人的需求，但其侧重点不一样，例如，从事科研工作能满足获得智力刺激、成就感、独立性和社会地位等价值，但不能满足经济报酬、社会交往、安逸舒适等价值；成为一名公司白领可获得经济报酬、社会交往以及成就感，但可能无法实现独立性、安全感等价值。没有一种职业能完全满足一个人所重视的各种价值，因而，了解自己各种价值的权重排序是非常必要的一件事情。

职业价值观是大学生价值观的重要组成部分，是影响个体职业选择与生涯规划的主要因素，能够有效地预测大学生在将来的工作中能否获得工作满意感。对大学生职业价值观的研究不仅有助于澄清大学生的职业理想，更有助于对其职业生涯的发展与规划加以引导。Lofquist 和 Dawis（1975）编制了《明尼苏达重要性问卷》（Minnesota Importance Questionnaire），从成就、利他主义、自治、舒适、安全和地位六个维度，按照重要性来测量人的职业价值观。编制的《职业价值观问卷》，从认知、情感和工具三个维度二十四项，采用六级积分来测量价值观。

第四节　职业理想

一、职业理想的概念及其意义

职业理想，是个人借想象而确立的奋斗目标，即个人希望达到的职业境界。它是人们实现个人生活理想、道德理想和社会理想的手段，并受社会理想的制约。职业理想是人们对职业活动和职业成就的超前反映，与人的价值观、世界观、人生观密切相关。职业理想是人们以社会需要为导向，以个人条件为基础，对自己将要从事职业的设计和追求。大学生应着眼于社会需求、自身特点、未来发展，科学地确立自己的职业理想。

有人发现，中国孩子和日本孩子在职业理想方面，有着巨大的差异，这种差距反映了一个我们应该重视的问题。调查发现，中国孩子的职业理想都很大，不是科学家、音乐家，就是外交官、总经理。而一海之隔的日本孩子志向则似乎很小，无非是司机、护士、售货员、加油站的加油员，等等。这能否说明日本人没有职业理想呢？不能，许多中国人到日本后发现，日本人一般很少豪言壮语，但都能认认真真做自己的工作。他们对工作的执著和认真态度，在工作中精益求精、务求完善的精神，就是具有职业理想的表现。这提出了一个问题：职业价值观“大”好还是“小”好？“宏伟”好还是“实际”好？

目前部分大学生不受社会欢迎，与缺乏切合自己实际的职业理想有关。有的大学生往往好高骛远，职业理想不适合社会实际；有的大学生不了解自己的性格、能力，动辄要求较高的管理岗位，职业理想缺乏可操作性；有的大学生缺乏切实的职业理想，“理想”虚幻在半空中，学习、奋斗没有目标。这些直接导致大学生奋斗目标的模糊与偏离。目前社会存在的就业困难，在一定意义上说，不是绝对困难，而是相对困难。一方面，很多大学生找不到工作，而另一方面，又有很多岗位没有人去做，造成所谓的“结构性失业”。

实践证明，一个人没有正确的职业理想，就会浑浑噩噩过日子，甚至违法犯罪。马加爵临刑前接受《中国青年报》记者崔丽采访时说：“我觉得没有理想是最大的失败。这几年没什么追求，就是很失败。”“小时候想过当科学家，长大后就没有什么理想了。”“理想这个词，可能在初中就消失了。理想很重要，后来不知道为什么，我成为没什么理想的人了。”“平时，我与周围的人，浑浑噩噩过日子。学习不怎么努力，也没有想过为社会国家做什么贡献。想到的、关心的都只是自己的那点心事。”这可能是马加爵犯罪的根本原因。这也是我们当代青年应该深刻反思的一个重大问题。

美国心理学家戴维·麦克莱兰的研究认为，人们最重要的需要是成就需要（理想信念）。他认为：高成就需要，渴望将事业做得完美；追求克服困难，努力奋斗；注重成就感，不看重物质奖励。他用中小学课本中关于成就需要（理想信念）的语词数量的多少来预测这个国家未来 20 年的经济发展水平。根据戴维·麦克莱兰的调查，1925 年英国国民经济情况很好，当时英国拥有高成就需要的人数，在 25 个国家中位列第五。但他的调查也发现当时英国中小学课本中关于成就需要（理想信念）的语词数量已急剧减少，青年一代中追求理想信念、追求成就的人很少了，他警告英国政府，1950 年代中期英国将面临极大危机。

进入 1950 年代，麦克莱兰的预言得到了证实：第二次世界大战以后，英国经济一蹶不振，朝鲜战场上英国兵的战斗力最差，甚至不如土耳其、卢森堡这些国家的兵。到 1950 年，麦克莱兰再次调查表明，英国具有高成就需要的人数，在 39 个国家中已下降到第 27 位。戴维·麦克莱兰的研究方法许多专家不认可，但他的研究结果及预测的准确性却令那些专家们信服。由此可见，这种具有高成就需要（理想信念）的人才对国家发展的重要作用。

二、职业理想的作用

职业理想包括职业种类——希望做什么工作；职业意义——希望职业对自己和对社会有什么意义；职业成就——对未来职业发展的意义的成果期待，它具有以下作用：

1. 导向作用

理想是前进的方向，是心中的目标。人生发展的目标是通过职业理想来确立，并最终通过职业理想来实现。俄国的托尔斯泰曾说过：“理想是指路的明灯。”没有理想就没有坚定的方向，就没有生活。很多同学在学习生活中深切地感受到，一旦学习目的不明确，学习的热情就会低落，学习的效果就不明显。因此，有了明确的、切合实际的职业理想，再经过努力奋斗，人生发展目标必然会实现。职业理想将在我们的生涯中起积极的导向作用。

2. 调节作用

职业理想在现实生活中具有参照系的作用，它指导并调整着我们的学习和工作。当一个人在学习中偏离了理想目标时，职业理想就会发挥纠偏作用，尤其是在实践中遇到困难和阻力时，如果没有职业理想的支撑，人就会心灰意冷、丧失斗志。此外，如果一个人只把自己的追求定位在找个“好工作”上，即便是将来有实现的可能，也不能算是崇高的职业理想，因为，这样的理想一旦实现，他就会不思进取，甚至虚度年华。总之，一个人只有树立正确的职业理想，无论是在顺境中还是在逆境中，都会奋发进取，勇往直前。

3. 激励作用

职业理想可以激励我们克服困难，增强我们生涯发展的动力，激励我们实现人生价值，没有一帆风顺，不经过努力，不用经受任何挫折的职业理想。职业理想源于现实又高于现实，它比现实更美好。为使美好的未来和宏伟的憧憬变成现实，人们会以坚韧不拔的毅力、顽强的拼搏精神和开拓创新的行动去为之努力奋斗。12 岁时，周恩来就发出“为中华之崛起而读书”的誓言，表达了他从小立志振兴中华的伟大志向。然后，为实现这个目标坚持不懈、奋斗不止，为人民、为国家做出贡献，这样的人生才有意义。

三、树立职业理想的原则

正确的职业理想必须建立在符合现实，符合社会发展和社会需要，符合个人发展的基础上。因此，正确的职业理想标准体现为三个层次。

1. 造福人类是职业理想的最高追求

职业的存在，本身就是社会分工的产物，从事职业的根本目的是为社会发展服务，把造福人类作为职业理想的最高追求是由人类社会属性所决定的。职业的形成与发展是人类社会发展的缩影，职业本身就是为协调社会生活、发展社会而存在的，它的本质是从属于社会的，而不是从属个人的。在目前和相当长的一段时间内，职业还是人们谋生的手段，但树立崇高职业理想的人，总是把造福人类作为自己奋斗的根本目的，因而他们也受到人们的尊敬。

2. 实现人与职业的合理匹配是树立正确职业理想的客观基础

人的生理、心理特点不同，适应的职业范围也不同；职业本身的特点，对人的要求也存在客观差别。从人与职业两个方面来说，人选择了能发挥自己特长的职业，其潜能就会得到最大限度的发挥，在同样的劳动时间内比其不适应的职业效率高、贡献大；职业与适应其特殊需要的人相匹配，就能发挥出应有的社会功能。由于受到各种因素的影响，自己期望的职业往往是本人不能适任的职业。这就需要大学毕业生充分认识自我，把握自己身心特点，把职业理想建立在能够胜任的基础上，不断调整使之符合社会的需要。

3. 生存是人发展的基础

职业是人赖以生存的手段，在我们确定目标和进入发展通道时，不但要从经济、社会发展的角度来选择，还要理解生存是发展的基础，职业发展是实现职业理想的途径，当我们刚踏上生涯道路时，期望值一定不能过高，远大目标可以分阶段实施，在现实与理想有距离时选择生存。人生是马拉松，当你到达终点时，才可能达到你的目标，笑到最后的才是胜利者。不要期望在刚毕业的时候就找到最好的工作，不要相信所谓不能输在起跑线的话。艰苦的环境反而更能磨炼人的意志。如果你能够坦然地接受不理想的工作，那么，你离成功就近了一步。

四、确立职业理想的过程

1. 了解自己

你能做什么人，最能看清楚的是自己。我们要脚踏实地，确立合乎自己实际的职业理想。许多大学生容易把自己放在很高的起点去观察我们的周围环境，思考我们的职业未来，甚至还想将来所从事的工作条件要比别人好一些，付出的劳动比别人少一些，拿的工资却要比别人高一些，地位比别人更显赫一点。显然，这种失去“自我”的职业憧憬是“空中楼阁”，是“水中月亮”，永远是可望而不可即的。只有从自身出发，从自己所受的教育、能力倾向、个性特征、身体健康状况出发，才能够准确定位，瞄准适合自己的岗位去不懈努力。

2. 了解职业

并非所有的职业都适合你，你也并非能胜任所有的职业岗位。每种职业都有与之相适应的职业能力要求。除了具备观察、思维、表达、操作等一般能力之外，一些特殊行业还有特殊要求。对于会计、出纳、统计等职业来说，从业人员必须具备很强的计算能力；与图纸、建筑、工程等打交道的工作，对空间判断能力的要求较高；从事美术装潢、平面设计等工作对于美的感受应有较高的领悟。因此，有选择地、有针对性地培养自己的能力，主动去适应并接受职业岗位的挑战是十分重要的。人无全人，不是每个职业都适合你。

3. 了解社会

职业的存在和发展与社会的需求是紧密联系的。了解社会的需求是成功择业并就业的关键。了解社会主要是要了解社会需求量、竞争系数和职业发展趋势。社会需求量是指一定时期职业需求的总量。这是一个动态的又相对稳定的数量。例如，有的职业有很高的社会名望，但需求量很少；有的职业不为多数人看好，但有发展前途，且需求量较大。竞争系数是指谋求同一种职业的劳动者人数的多少。每个职业都有追求者，但有多有少，在其他条件一定的情况下，竞争系数越大，职业概率越小。社会地位高、工作条件好、工资待遇优的职业，想要谋取的人数多，相应的竞争系数就大。职业发展趋势是指职业未来发展的态势。有些职业一时需求量大，竞争激烈，但随着社会的发展将日趋衰落；有些职业暂时处于冷落状况，但随着社会的发展会日益兴旺。因此，加强对社会职业需求的分析和预测，了解社会职业岗位需求情况是极其重要的。

4. 树立正确的职业观

职业观是人们在选择职业与从事职业所持的基本观点和基本态度，是理想在职业问题上的反映。职业观具有三个基本要素：一是维持生活，二是发展个性，三是承担社会义务。在三个基本要素中哪一个要素占主导地位，将决定一个人职业观的类型与层次。不同的人会有不同的排序、不同的侧重，正确的职业观是把三个基本要素统一起来，以承担社会义务作为主导方向。

由此可见，有不同的职业观，就有不同的职业理想。一份调查显示：在小学，有80%以上的孩子有自己的“职业理想”；在初中，有职业理想的人降到50%，到高中降低到不足20%，很多高中生不知道自己在哪些方面有特长，未来应该朝哪个方向发展，也不了解社会上对人才的要求标准以及有多少职业类型。调查发现：高中生很少有职业规划意识，在志愿填报时，缺少了职业理想的高中生往往说：“等上了大学再说。”然而，真等到“上了大学再说”时，就变成了“盲人摸象”。《2015年普通高校毕业生就业状况》显示：2015年大学生毕业人数达到749万，而2000年高校毕业生人数为107万，2015年的毕业生人数是2000年的7倍多，就业形势十分严峻。人是为事业而活，不是为工作而活。很多人一生中会换很多次工作，不必要把找工作看得太重要。工作是外在的，是随季节换装的衣服，事业才是人生的支柱，理想才是人生的价值。在忙忙碌碌找工作的过程中不要失去了自我。有时间停下来，好好问问自己，我这一生想做什么，想怎么度过，为社会做点什么？人的一生要有社会重任意识，要有自我成长意识，要在不断地为社会服务中找到快乐、发展自己。

当代大学生正处于社会激烈变革的时期，社会发展为大学生择业带来了新的机遇，同时也面临着严峻的挑战。树立正确的职业理想，对大学生顺利就业以及在职业实践中实现职业理想和完善人格具有重要的意义。

第五节 现代职业精神

一、我国需要塑造现代职业精神

职业精神是人们在对职业理性认识基础上的职业价值取向及其行为表现，是对职业理念、职业责任、职业使命的认识、理解与相应表现出的行为。职业精神是一个人在工作中的职业道德、理想、态度、责任、作风等的综合表现；职业精神是企业发展的需要，是企业竞争的需要，也是个人生存的需要。古今中外，职业精神一直为人类所推崇。这不仅仅是因为职业精神有益于企业，更重要的是这种精神还有益于我们自己。有了这种精神，企业就会发展，个人就会进步。总之，职业精神是一个人工作的立身之本，是一个企业发展的立业之魂。

社会主义职业精神是社会主义精神体系的重要组成部分，其本质是为人民服务。我国是一个缺乏商业组织传统的社会，对于我国的几乎所有的劳动者来说，工作前从未接受过任何关于如何成为一名职业化员工的培养和训练，对于在职场中应有的工作态度、工作意识和工作技能知之甚少。正是缺乏各行各业职业精神的塑造，许多员工认识不到自己与公司之间一荣俱荣、一损俱损；不懂得如何处理职场关系，如何理解上级意图，员工之间，个人与公司间潜在冲突便会有愈演愈烈的趋势。从而造成员工不主动控制成本、缺乏主动性和创造性、对公司的成败荣辱置身事外、工作积极性不高、情绪低落等等。职业专家指出，从现代职业生涯发展理论的角度来解读，正是这些隐形的、精神的因素决定着职业行为、工作效率和工作品质。职业精神事实上就是一种对职业的深情投入、一种专注度，这将在很大程度上决定一个人的职业水平和职业成就。只有爱岗敬业、沉醉其中时，方能敬业乐业；只有不断钻研、沉淀积累后，才能有所创新，获得成功。职业精神作为一笔宝贵的精神财富，对企业、社会和整个国家发展的推动作用是不言而喻的。因此，无论时代如何变迁，提倡职业精神都不会过时。

21 世纪以来，一个奇怪的现象在中国企业界、出版界出现。那就是一些宣扬职业精神的书惊人的畅销，如《致加西亚的信》《细节决定成败》等书动辄销售上百万册，各个企业趋之若鹜，纷纷抢购，企业界对职业精神的巨大需求确实让人震惊。但冷静思考一下，实际上这种需求也是必然的，因为我国企业正处于塑造现代职业精神的阶段。在和平建设年代，我国曾经出现过诸如“两弹一星”等时代精神，改革开放以来，受西方“金钱至上”等思想影响，在当代大学生中，艰苦奋斗的精神逐步淡漠了，懒懒散散、漠不关心、马马虎虎的工作态度，对于许多人来说似乎已经变成常态。据《中国青年报》报道，重庆理念科技产业有限公司招聘了 21 名大学生。在随后不到 4 个月的时间里，该公司陆续开除了其中的 20 名本科生，仅仅留下了一名大专生。据该公司反映，这些大学生被开除的主要原因是他们的自身素质和职业修养不能胜任公司的人才需求。这从一个侧面说明职业精神对一个人的重要性。

二、现代职业精神的特色

随着西方工业革命的兴起，价值观念也发生了一些变化。一种尊崇职业甚至赋予职业神圣意义的西方职业观念逐步形成。在西方人的理解中，职业是天职，所以职业是神圣的、美好洁净的、不容推脱必须完成的；职业是天职，那么就应该以虔敬、勤奋、忠诚、主动、追求卓越等高尚的人类精神来对待工作，而那些懒惰、疏忽、萎靡不振、不履行道德操守的所有工作表现，都将会受到谴责和惩罚。西方职业精神对于西方企业和个人的成功，起到了不可忽视的推动作用。这种真正地热爱工作，将自己的生命、热情和自我实现都融进工作的职业观是人类的共同精神财富。改革开放之后，在一段时间里，我们一部分人出现了缺乏生命追求和人生动力的情况。随着改革的深入，一种新的职业精神逐步出现，并且在中国传统文化的土壤中、在社会主义建设的实践中逐步生根，社会主义职业精神不同于其他社会制度下的职业精神，它是社会主义精神体系的重要组成部分。人们的社会生活分为三大领域，即家庭生活、职业生活和公共生活。社会主义职业精神就是职业领域内社会主义精神的特殊要求。这种职业精神的主要特色是：

1. 将职业与生命信仰融为一体

现代职业精神就是以生命信仰为基石的职业观，它不仅把工作当做人生的使命，而且将工作与生命信仰的实现完全融为一体，在工作中体验爱、美、和谐、意义与永恒。我国改革开放正处在一个重要的历史阶段，实现中华民族的伟大复兴，需要伟大的精神来支撑。西方市场经济的发展是靠资本主义精神来推动的，而我国发展市场经济，同样需要相应的精神来支撑和推动。如果仅仅靠经济的增长和对发达国家经济表象的借鉴，是不能真正获得有力的精神资源的。在这个历史的关口，时代要求我们的课题之一就是树立和塑造现代职业精神。社会主义职业精神提倡各行各业的从业者，放眼社会利益，努力做好本职工作，全心全意为人民服务，把生命、信仰与从事的职业有机结合。

2. 将职业与自我实现融为一体

自我实现是人们为了满足自己的生存、享受和发展的需要，自己设定目标并通过实践实现目标、发展才干、实现自身价值的社会实践活动过程，是人发展的主体能动形式。我们提倡以人为本，尊重人、依靠人、发展人，由于人具有能动性和自觉性，因此任何人的职业实际上都具有自我实现的性质，都是自我实现过程的一部分。在计划经济条件下，人们的自我实现意识并不明确和强烈。社会主义市场经济的建立使人的自我实现问题日益凸现出来。市场经济强化了人们的自主意识和自我发展意识，但是，这种自我发展只有与职业融为一体才能实现。这时，人们不仅把职业作为谋生的手段，还融入了自己的理想和信念，不断寻求自我价值实现的方法和途径。

3. 将职业与自我超越融为一体

我们可以把工作当做“职业”，也可以把工作当做“事业”，还可以把工作当做“志业”。当做“职业”，是谋生的手段，遵循职业的规范就是一个好的职员；当做“事业”，是谋生与兴趣的结合，会让人无限地投入，乐此不疲；而当做“志业”，则是带有无限情感色彩的，会让人愿意奉献自己的一切，包括生命。一个人的生命有三层含义，即生理生命、内涵生命、超越生命。成功需要超越：超越他人，超越自我。没有这么一种执著与钻劲，即使是天才，也无法达到超越。超越自我不仅是一种重要的人生态度，也是一种积极的工作态度，是我们工作高绩效和生活高质量的重要保证。但是，超越自我并不是强调只注重个人的成长与进步，而忽视单位的生存与发展。因为，单位是我们成就事业的舞台，我们的成功与单位的成功密不可分。只有单位整体发展了，我们才能得到发展。单位是我们自我超越的舞台，因此，每一位职业人士必须树立与单位共赢的思想和观念，任何脱离组织去追求个人成功的，很难成为大赢家。与单位共赢，应该成为每一个人的奋斗目标。倘若一个人的职业同时是他的志业，会自然体现出最高的职业精神：不计较酬报、不在乎功名，所做的一切，只为追求一个完美的境界。在这样的境界之中，他会发现自己生存的意义，感受到活着的幸福和自我满足。

三、大学生应树立的职业精神

上述所讲的职业精神，包括对职业责任和职业使命的认识与理解，也包括对职业观念、职业态度、职业情感、职业作风的认识与理解。总之，这些是构成职业精神的基本内涵。作为未入职场和刚入职场的大学生还不可能理解各个行业的职业精神的全部，但对以下几个方面应重点把握并在学校中注意养成。

1. 主动精神

一家公司挑选一位管理人员，经过考核，旗鼓相当的有6人，总经理发话：他要一个个地“面谈”。第一个叫去与总经理面谈的小伙子在走进总经理室时，看见一把扫帚横在地上，他因为急于要见未来的上司，便对那扫帚视而不见，一步跨了过去。后来的几个人都和第一个人大同小异。只有最后一个人从容地把地上的扫帚拾起来，轻轻放到一边。最后的结局大家已经清楚：这位拾起扫帚的应聘者成功了。

对于总经理来说，横在地上的这把扫帚其实是一件测试应聘者综合素质的“道具”。因为最后这位应聘者不但懂得要做好自己的分内事，而且懂得对于分外事也应当妥善处理，他的文明程度高过其他人，所以他成功了。

这个案例从一个侧面说明了一个人的主动精神无时无刻不在影响着一个人的思维、态度和行为，只有主动做好每一件看似平常的小事，才能使自己成为一个受欢迎的人，一个有所作为的人。主动就是不用别人说就会出色地完成任务。它指的是随时准备把握机会，展现自己高于他人要求的工作表现，以及拥有“为了完成任务，必要时定会有所突破”的智慧和判断。主动不需要任何借口和理由，主动就是要自动自发地去完成任务。

2. 使命精神

使命多比喻为重大的责任。一个人既受命而承担了重大责任，就应该敬畏使命，真正把使命作为一个非完成不可的任务，真正把使命作为自己孜孜不倦的追求。受领使命不怀疑，执行使命不抱怨，敬畏使命不消极，落实使命不懒散，完成使命不含糊。敬的是使命的责任，畏的是使命的神圣。敬畏确立信心，敬畏产生力量，敬畏明晰方向。敬畏是完成使命的前提，反之，缺乏这种意识，一开始就把使命当做儿戏的人，是绝对不可能圆满完成使命的。使命精神就是要避免找借口推卸责任，视工作为生命的本能，把工作做到最好。心怀使命将使你赢得一切，使命精神体现了一个人以做事业的态度对待职业，把自己的职业当成自己的事业，认真对待每天的工作，认真做好每件工作的每个环节，在完成任务的基础上，多一些创新的意识和创新的实践，把自己个性魅力注入工作当中，通过工作展现自己的魅力。使命精神与责任意识密切相连。使命与责任是一对双胞胎，使命的完成与否相当一部分归因于是否愿意主动承担自身的责任。责任心不仅体现在使命的成败，也决定着人生的成败，它是一种意识，一种动力，能够激发勇气克服困难，发挥超常的作用。有责任心的人，不论处在什么样的职位，什么样的工作，其工作和人生都是快乐而成功的，而没有责任心的人，处在任何位置，也只能在计较和抱怨中遗憾完成自己的人生。

3. 敬业精神

敬业是职业精神的重要实践内涵，是一个人对自己所从事的职业的尊敬和热爱。敬业本质上是一种文化精神，是职业道德的集中体现，是从业者希望通过自身的职业实践，去实现自身的文化价值追求和职业伦理观念。职业精神所要求的敬业，承载着强烈的主观需求和明确的价值取向，这种主观需求和价值取向构成从业者实践活动的内在尺度，规定着职业实践活动的价值目标。白求恩大夫的行为体现了敬业以及对工作极端负责任、对同志和人民极端热忱的职业精神；雷锋“钉子”精神的内涵则是正确对待平凡的工作岗位，默默无闻地钻研和奉献。《致加西亚的信》一书中，罗文身上体现的是军人的职业精神，其精神内涵就是高度的责任感、敬业和忠诚。

《致加西亚的信》的梗概：美西战争爆发后，美国必须马上与西班牙反抗军首领加西亚将军取得联系。加西亚将军隐藏在古巴辽阔的崇山峻岭中——没有人知道确切的地点，因而无法送信给他。但是，美国总统必须尽快地与他建立合作关系，怎么办呢？

有人对总统推荐说："有一个名叫罗文的人，如果有人能找到加西亚将军，那个人一定就是他。"于是，他们将罗文找来，交给他一封信——写给加西亚的信。罗文如何拿了信，如何在3个星期之后，徒步穿越一个危机四伏的国家，将信交到加西亚手上，这些细节都不是我们现在需要关注的，我们强调的重点是：罗文接过信后，并没有问"他在哪里？""我怎么送到？"而是立即采取行动，全心全意去完成任务——"把信送给加西亚"。

这是一种强烈的敬业精神——对上级的托付，不讲价钱，不讲条件，不讲困难，用自己的全部身心去完成任务。在大学里，我们所需要的不仅仅是学习书本上的知识，也不仅仅是聆听他人的谆谆教诲，而是需要一种敬业精神的培养与领悟。敬业精神是现代社会所倡导的，也是所有公司企业生存所必需的。

4. 勤业精神

古人说"业精于勤"，职业精神必须落实到勤业上。毛泽东在《纪念白求恩》一文中对"勤业"给予了充分的肯定和高度的评价。他指出，"白求恩同志毫不利己专门利人的精神，表现在他对工作的极端负责任，对同志对人民的极端热忱"，白求恩同志"以医疗为职业，对技术精益求精，在整个八路军医务系统中，他的医术是很高明的。这对于一般见异思迁的人，对于一般鄙薄技术工作，以为不足道、无出路的人，也是一个极好的教训"。勤业，一个很重要的方面是树立精益求精的作风。中国道家创始人老子有句名言："天下难事必作于易，天下大事必作于细。"意思是做大事必须从小事开始，天下的难事必定从容易的做起。海尔总裁张瑞敏说过，"把简单的事做好就是不简单"。伟大来自于平凡，往往一个企业每天需要做的事，就是每天重复着所谓平凡的小事。一个企业有了再宏伟、再英明的战略，没有严格、认真的细节执行，再英明的决策，也是难以成为现实。"泰山不拒细壤，故能成其高；江海不择细流，故能就其深。"可以毫不夸张地说，现在的市场竞争已经到细节制胜的时代。不论是从企业的内部管理，还是外部的市场营销、客户服务，细节问题都可能关系到企业的前途。有一份材料披露：上海地铁一号线是由德国人设计的，看上去并没有什么特别的地方，直到中国设计师设计的二号线投入运营，才发现其中有那么多的细节被二号线忽略了，结果二号线的运营成本远远高于一号线。中国的设计者没有德国人聪明？中国现在的设计水平还不如过去的德国？未必。关键在于长期养成的对待工作的认真和精细。很多中国人绝不乏聪明才智，缺的就是对"精细"的执著。做事就好比烧开水，99℃就是99℃，如果不再持续加温，是永远不能成为滚烫的开水。所以我们只有烧好每一个平凡的1℃，在细节上精益求精，才能真正达到沸腾的效果。从点滴做起，以认真的态度做好工作岗位上的每一件小事，以认真负责的心态对待每个细节，烧好每一个平凡的1℃，才能最终达到成功的目的！

5. 协作精神

协作精神是以事业心为核心，以谦虚好学为基础，以和谐为原则，在合作完成任务的基础上产生的一种优良品质。在这种精神的指导下，在和谐相处的人际环境中，自己的个性才能得以充分发挥，才能获得个人的成功。现代社会中，分工越来越细化，对合作的要求也就越来越强烈。大学生在增强自我竞争能力的同时，也需要培养团结合作的职业精神。只有懂得尊重、关心和团结他人才能更好地得到社会的承认；只有学会分享与协作才能完成一个人难以完成的工作；只有树立团体至上意识，积极融入到团队之中才能铸造完美的团队。当今科技飞速发展，各门科学又相互渗透，科学上的重要课题都牵涉到许多方面，个人的力量总是有限的，极难单独完成。因此，为了完成一项任务，特别是大型工程，必须培养相互尊重、乐于协作的科学品德，大学生作为未来社会主义建设的主力军，这一点尤为重要。

6. 发展精神

人在职场贵有自知之明，明白自己想做什么，会做什么，长处是什么，短处是什么。在职场中定位准确，在工作转变、职能转换和职位变迁时快速调整自己，“充电自我”，顺利度过职业疲劳和职业倦怠期，挖掘自身潜力，提高自身能力，在职场中持续发展。

7. 创业精神

创业是要有破釜沉舟的勇气、孤注一掷的决心和持之以恒的坚韧，要拥有敏锐的眼光、建立新目标的雄心和敢于冒险的精神。大学生在人生职业发展的“黄金时期”，应勇于拼搏，积极进取，从小事开始培养创业能力。

专题小结

(1) 价值观是一个人对周围的客观事物的意义、重要性的总评价。这种评价在心目中的主次、轻重的排列次序，就是价值观体系。价值观和价值观体系是决定人的行为的心理基础，是世界观的核心，是驱使人们行为的内部动力。它支配和调节一切社会行为，涉及社会生活的各个领域。

(2) 我们必须要明确和调整好自己的人生价值观，使自己拥有真正想要的生活方式。事实上，只要我们明确了价值观的定义，深刻地思考过价值观的顺序之后，应该怎样做决定，方向如何，就很明确了。

(3) 我们必须对成功作出正确的诠释，应该知道：成功是多元的，不能用一种模式判断；成功是自己的，不能生活在别人的标准里；成功是不断的，不能只用最终结果衡量；成功是心灵的，不能只用外在因素衡量。

(4) 职业价值观是大学生价值观的重要组成部分，是影响个体职业选择与生涯规划的主要因素，能够有效地预测大学生在将来的工作中能否获得工作满意感。价值观测量有助于了解自己的职业价值观。

(5) 职业理想是人们在职业上依据社会要求和个人条件，借想象而确立的奋斗目标，即个人希望达到的职业境界。职业理想具有导向作用、调节作用、激励作用，可以激励我们克服困难，增强生涯发展的动力，激励我们实现人生价值。

(6) 职业精神的主要特色是：将职业与生命信仰融为一体；将职业与自我实现融为一体；将职业与自我超越融为一体。超越自我不仅是一种重要的人生态度，也是一种积极的工作态度，是我们工作高绩效和生活高质量的重要保证。在这样的境界之中，我们会发现自己生存的意义，感受到活着的幸福和自我满足。

复习与探索

(1) 拓展案例。

有价值的人生

天空蓝得醉人，海面风平浪静。时间还是上午，一个渔夫悠闲地坐在海边，一边抽烟，一边凝视着大海，身旁是他的渔船。他看起来满足而自在，心中了无牵挂。这时，一个大富翁走了过来。

富翁说："这么好的天气，你为什么不出海打鱼呢？"

渔夫说："我已经出过一次海了，捕到了好几条大鱼。"

富翁说："那你为什么不多捕一些呢？时间还早呀。"

渔夫反问道："我为什么要捕那么多呢？"

富翁说："看来你不懂得规划自己的人生。你每天多花一些时间去捕鱼，有钱了去换一条大船，然后雇一些帮手，这样你就可以捕到更多的鱼，赚更多的钱，买更多的船，拥有船队。到时候，你不必把鱼卖给鱼贩子，而是直接卖给加工厂，你所获得的利润会更多。"

渔夫说："你的设想好像很有意思。但是，我要那么多钱干什么呢？"

富翁说："有钱还不知道怎么花吗？最起码你可以造一幢豪华的海滨别墅，悠闲自在的享受日光浴了。"

渔夫笑着说道："你说得很有道理。但是，我现在不是已经在享受日光浴了吗？"

俗话说："人各有志。"这个"志"表现在职业选择上就是职业价值观，它是一种具有明确的目的性、自觉性和坚定性的职业选择的态度和行为，对一个人职业目标和择业动机起着决定性的作用。请你谈谈在职业选择上的"志"是什么？

（2）活动练习：价值观想象。

① 假如我有一百万，我________

② 我曾听过或读过最好的概念是________

③ 我想改变世界的一件事是________

④ 我一生中最想要的是________

⑤ 我做得最好时是当我________

⑥ 我最关注的是________

⑦ 我时常会幻想的是________

⑧ 我想我父母最希望我________

⑨ 我一生中最大的喜乐是________

⑩ 我是________

⑪ 对我了解的人认为我是________

⑫ 我相信________

⑬ 假如我只有二十四小时生命，我会________

⑭ 我最喜爱的音乐是________

⑮ 最能和我一起工作的人是(可有多项)________

⑯ 我的工作必须给我________

⑰ 我给我子女的忠告会是________

⑱ 最好的电视节目是(可有多项)________

⑲ 我暗地里希望________

⑳ 在学校里我做得最好时是当________

㉑ 假如在大火中我只能保存一样东西，那将会是________

㉒ 假如我能改变自己的一样东西，那将会是________

（3）你认为，你想从事的职业的职业精神是什么？你将在学校学习中如何培养。

第四专题

性格及其培养

学习目的

(1) 了解性格的概念,认识性格培养的重要性,了解性格培养的方法与途径,从而在大学生活中自觉地培养自己优良的性格。

(2) 通过职业测评,了解自己职业性格的类型,为自己职业的选择奠定基础。

(3) 通过学习,对自己的性格特征与职业相适应程度进行分析,并根据自己选定的职业目标培养自己良好的职业性格。

导引案例

刘邦与项羽

两千多年前的乌江边,霸王项羽,怀着壮志未酬的悔恨之情倒了下来。那边的胜者刘邦终于在这一刻结束了楚汉分割天下的局势,打下了这片得之不易的江山,乌江畔流传着霸王的慷慨悲歌。

刘邦与项羽,在历史的烽火台上演绎着可歌可泣的楚汉战争。然而,刘邦最终战胜了项羽? 绝不是偶然,而是必然的。

刘邦与项羽在年少时,刘邦几乎可以冠上“不学无术”的名头。刘邦根本不读书,也不肯参加一般的劳动,只是沛县一个小小的亭长,而项氏家族世代为将,项羽少年时就熟读兵书,在楚汉战争初期屡战屡胜。

两人性格有很大区别,刘邦生性洒脱,貌如长者,善于广纳博众。项羽发怒的时候,“千人皆废”,而关键时刻又优柔寡断,与几次绝好除去刘邦的机会失之交臂,最典型的例子当数“鸿门宴”上的“项庄舞剑,意在沛公”。而刘邦善于把握机会,并能随机应变。

刘邦手下猛将如云。刘邦自己也说:“三者皆人杰,吾能用之,此吾所以取天下者也。”而项羽却中反间计,气死了谋士范增,失之左膀右臂!

当然,刘邦也有几次差点便误入歧途,甚至死里逃生。但刘邦毕竟目光长远,采纳了正确的意见,范增曾对项羽分析:沛公居山东时,贪于财货,好美姬;今入关,财物无所取,妇女无所幸,此其志不在小。刘邦克服了致命的缺点,向目标更近了一步。

刘邦入关中时,便“约法三章”,不复秦朝暴政,无为而治,这也是汉朝初期推行的“无为政策”。

项羽确实会打仗,也确有英雄气概,项羽引兵渡河作战,破釜沉舟,只留下三天粮食,别的东西都被烧了,以示决心。这种悲壮情怀,相信刘邦是没有的。但有人评论,这只是将军的勇猛,坐在龙椅上的人只需任用这种所向披靡的将军,而无需自己也去像他们那样冲锋陷阵。项羽起事以来,一直用杀人来解决问题。可以想象当时天下的老百姓早已痛恨秦朝杀人的暴政,自是民心所向宽厚的刘邦了。

项羽越战越孤立,到垓下之战,已是四面楚歌。项羽到乌江边的时候身边只剩二十六骑。当然即使被汉军追杀,西楚霸王一行人仍是杀得勇猛,锐不可当。项羽在生命的最后时刻觉得愧对江东父老,拒绝渡江,确实死得英雄。只是项羽至死也不明白自己为什么会输给"明明不如自己的刘邦",高呼:"此天之亡我,非战之罪!"

案例讨论:

(1) 你认为,刘邦与项羽各自的优势与不足是什么?

(2) 从这个案例中,试分析才能与性格在人成功中各占有什么地位。

(3) 从这个案例中,你得到哪些启示?

从这个案例的讨论中,我们可以悟出很多道理,最起码可以看出:

性格决定命运,优良的性格是人成功和幸福的基础。在一定意义上说,才能与性格相比,性格对于人的成功更具有决定作用。

人的性格可以在实践中逐步培养。

纵观古今中外历史,有人提出,性格决定命运。这是有一定道理的。作为初入校门的大学生,人生观、价值观、世界观已经初步形成,每个人的性格在成长的近 20 年里已渐渐成形。从我们踏入大学的那一刻开始,社会已把我们当做成年人看待,给予成年人的责任、负担以及信任。但事实上,这个时候,大学生性格仍然处于需要雕琢、修剪状态。大学生活中,我们应该掌握自己的命运,不断修炼自己,培养优良的性格。

本专题与你一起探讨性格的内涵,性格培养的重要性以及培养的途径。重点介绍与职业选择密切相关的职业性格,引导大家利用职业性格测量方法,更好地了解自己,从而确立适合自己的职业目标。

第一节 性格概述

一、个性的概念

性格是人个性的一部分,要想了解性格,首先需要了解个性的含义。

心理学上,个性是指一个人的整个精神面貌,即具有一定倾向性的心理特征的总和。主要包括:

1. 个性倾向性

个性倾向性是人的个性结构中最活跃的因素,它是一个人进行活动的基本动力,决定着人对现实的态度,决定着人对认识对象的趋向和选择,决定着人奋斗的方向。它以人的需要为基础、以人的世界观为指导,主要包括需要、动机、兴趣、理想、信念、世界观等。

2. 个性心理特征

个性心理特征是个体在其心理活动中经常地、稳定地表现出来的特征,指人的多种心理特点的一种独特结合,它是人与人区别的一个显著标志,主要是指人的能力、气质和性格。其中能力指人顺利完成某种活动的一种心理特征;气质是指个人生来就有的心理活动的动力特征，表现在心理活动的强度、灵活性与指向性等方面，具有明显的天赋特点，基本上取决于个体的遗传因素；性格是指一个人对人对己对事物（客观现实）的基本态度及习惯化了的行为方式，性格的本质特点是态度体系与行为方式的有机结合。

武汉琴台大剧院的节目已经开始了，俄罗斯杂技团的精彩演出倾倒了观众，剧场中几乎座无虚席，舞台上演员的热情奔放和观众席上的鸦雀无声构筑了一幅和谐的画面。工作人员关闭了剧场入口，以维持剧场的秩序。有四个晚到的观众被挡在入口处。他们以不同的方式表达了自己的想法，采取了相应的处理方式。

A 与检票员争执起来，力图强行进入。

B 跑到楼上去找另一个检票口，力图寻找捷径。

C 心想，先到小卖部转转，中场休息再进去，就去了小卖部。

D 口喊“真倒霉，好不容易看一回，还这么不顺利”，转身回家。

从四个人的表现我们可以分析他们的性格特点：

A 直率热情、易激动，心境变化快。

B 活泼好动，反应迅速，注意力容易转移。

C 安静、稳重，情绪不外露，忍耐力强。

D 孤僻、自卑，多愁善感。

从这个案例我们可以看出，每个人对同一件事，都有自己特定的态度，形成了自己习惯化了的行为方式。

二、性格的特征

性格是人对现实的态度和行为方式中较为稳定的个性特征，是个性的核心部分，最能表现个别差异，具有复杂的结构。从人整个行为的表现看，人的性格不仅表现在做什么、追求什么、拒绝什么的活动动机和目的上，而且也表现在怎样做、怎样实现自己所追求的目的、怎样实现自己的愿望或理想的活动方式上。它是态度与行为的有机结合。在大学生择业和就业过程中，性格不仅影响学生对职业的选择，也对人生发展产生深远的影响。对大学生影响较大的性格特征主要包括以下几个方面：

1. 对社会、集体、他人的性格特征

这些特征主要表现在自尊心、集体主义、热情、关怀、正直、坦率等，以及与此相反的一些性格特征，如自卑感、缺乏同情心等。每个人的活动都是在集体中进行的，如果大学生在这方面的性格不完善，就会在集体活动中无所适从，对将来的工作也会产生负面效应，这是一个重要的性格特征，将决定自己在社会中如何立足。

2. 对劳动、工作、学习方面的性格特征

这些特征表现在以什么态度对待劳动、工作与学习，如何工作与学习。如大学生在学习中是否认真，是否刻苦，将直接影响学习效果；是否勤奋，有没有责任心和义务感，将直接影响工作效率。有的大学生对自己担负的工作做得井井有条、整洁而有秩序；有的大学生消极、冷漠、懒散、马虎，完成作业草率，做事杂乱无章。在这方面的性格特征中，创造精神非常重要，这种精神使学生朝气蓬勃，具有追求与钻研问题的求知欲。缺乏这种精神的学生则表现出怠惰、消极、得过且过、精神萎靡。

3. 对自己的性格特征

对自己的性格特征包括谦虚谨慎与骄傲自满、自尊与自卑、自信与自馁、大方与羞怯、自我批评与自我放纵。这方面的性格中重要的是大学生是否能对个人作出比较恰当的自我评价，大学生是否能清醒而准确地认识自己的优点和不足，能否客观地看到自身和他人的差距。消极的评价将导致成功心理的缺乏；积极的评价能使自我积极地调整，以更高标准要求自己，以更积极的态度投入社会。

4. 在行动中表现出来的性格特征

在行动中表现出来的性格特征指能根据一定的原则自觉地控制自己的行为，并采取适当的手段克服障碍时所表现的特征。这种特征包括多个方面，如自觉性与盲目性、独立性与依赖性、果断性与优柔寡断、坚定性与懈怠、自制与放任、沉着与鲁莽、勇敢与怯懦、纪律性与散漫等。

5. 性格的理智特征

性格的理智特征指人在理智活动，如记忆、想象、思维等认识过程中表现出来的态度及行为方式上的特点。理智与非理智，在认识与行为上有很大差别。如在感知方面，有的人细致入微、有的人粗心大意；有的人属于分析型，有的人属于综合型；有的人主动，较少受环境的干扰，有的人被动，易为环境所左右等。

性格特征在一个人身上不是孤立存在的，而是成为一个统一的整体。性格一旦形成就不易改变，这是性格一贯性、统一性的表现，同时，性格又是在长期的实践中形成的，并且可以通过实践逐步改变，这就为性格的培养提供了依据。因此，大学生对自己的主要性格特征要有所了解，根据自己性格的现状，因势利导，培养其优良的性格，调控和改造不良的性格。

三、大学生应具备的性格

在大学生性格修养中，应形成一个优秀性格的目标，使人自觉地向这个目标前进，产生将性格趋于完美的激情。大学生性格培养的几个着重点是：

1. 自信

自信是指个体对自己持一种积极肯定的态度。自信是成功的第一秘诀。凡有成就、有影响力的人物身上，都表现出强烈的自信。自信心是心理素质中最基础、最核心的东西。二战时期，三巨头之一的美国总统罗斯福很早就半身不遂，行走不便；英国首相丘吉尔，少年时说话口吃，表情木讷；斯大林则出身卑微。他们都凭着自己的能力，成了一国军队的最高统帅。一个人的成功与否，关键是相信自己、规划自己、塑造自己、发展自己。美国西点军校一位校友说了这么一句话："若想在自己内心建立信心，即应像洒扫街道一般，首先应将相当于街道上最阴湿黑暗之角落的自卑感清除干净，然后再种植信心，并加以巩固。"

美国总统罗斯福是一个有缺陷的人，小时候脆弱胆小，在学校课堂里总显露出一种惊惧的表情。他呼吸就好像喘大气一样。如果被喊起来背诵，立即会双腿发抖，嘴唇也颤动不已，回答问题，含含糊糊，吞吞吐吐，然后颓然地坐下来。由于牙齿的暴露，使他更没有一个好的面孔。像他这样一个小孩，自我的感觉一定很敏感，常会回避同学间的任何活动，不喜欢交朋友，成为一个只知自怜的人！然而，罗斯福虽然有这方面的缺陷，但却有着奋斗的精神——一种任何人都可具有的奋斗精神。事实上，缺陷促使他更加努力奋斗。他没有因为同伴对他的嘲笑而减少勇气。他喘气的习惯变成了一种坚定的嘶声。他用坚强的意志，咬紧自己的牙床使嘴唇不颤动而克服他的惧怕。凡是他能克服的缺点他便克服，不能克服的他便加以利用。通过演讲，他学会了如何利用一种假声，掩饰他那无人不知的暴牙，以及他的打桩工人的姿态。虽然他的演讲中并不具有任何惊人之处，但他不因自己的声音和姿态而自甘失败。他没有洪亮的声音或是威严的姿态，也不像有些人那样具有惊人的辞令与口才，然而在当时，他却是最有力量的演说家之一。

由于罗斯福没有在缺陷面前退缩和消沉，而是充分、全面地认识自己，在意识到自我缺陷的同时，能正确地评价自己，在顽强之中抗争。不因缺憾而气馁，甚至将它加以利用，变为资本。在他晚年，已经很少有人知道他曾有严重的缺陷。在挫折与困难面前，胜利的天平总是向自信的一方倾斜。

2. 坚毅

世上凡有成就的人必定是强者，一切成就与懦夫无缘。在学习和事业面前，只有那些性格坚强、一往无前、不怕挫折、不怕牺牲的人，才有希望到达成功的彼岸。诺贝尔奖大家都知道，也可能知道诺贝尔是个亿万富翁，逝世之后创立了举世瞩目的"诺贝尔奖"，奖励那些为人类作出重大贡献的科学家、文学家，但很少有人知道他为了一项发明与死神搏斗的故事。

诺贝尔在发明液体炸药时，为了控制恶性爆炸事故，他敢于和死神搏斗。在一次一次的控爆实验中，他的几个助手和弟弟被炸死了，他的父亲被炸成半身不遂，他自己常常死里逃生，但他还是坚持实验。以至于当时瑞典政府和邻居都称他是"炸神"，纷纷来提抗议，勒令他停止实验。诺贝尔没办法，就用一条大船，开到大湖的中央去做实验。终于，有一天一声爆炸以后，诺贝尔血肉模糊地从实验室爬了出来，他狂喊："我成功了！我成功了！"他为自己掌握了控爆技术而激动得忘了受伤和流血……这样，他的炸药，为以后开矿、修路奠定了基础。

可以这么说，诺贝尔的成就是他用坚强不屈的性格换来的。其实，何止一个诺贝尔，凡是为人类做出重大贡献的科学巨匠、艺术大师莫不如此，都不能离开人的坚强性格。坚强与自信像一只大鸟，它会驮起大学生上进和腾飞。

3. 进取

拥有进取心，是成功人生必备的心理素质。进取心不仅仅是主动去做应该做的事，应该说，进取心是一种"不满足"之心。这种进取心与"贪婪"是不同的。贪婪是一种对个人利益的不厌追求，进取心则是一种对事业、对人生成功的不断追求。有一篇报道中说了这么一句话："拥有同样的阳光、空气和水，未必都能长成参天大树，如果没有破土而出的渴望和勇气，永远是一颗深埋泥土中的种子。"个人进取心是一种激励我们前进的、最有趣的且又最神秘的力量，它存在于我们每个人的生命中，就像我们自我保护的本能一样。正是进取心和意志力——这种永不停息的自我推动力，激励着人们向自己的目标前进。这种内在的推动力从不允许我们"休息"，它总是激励我们为了更好的明天而奋斗。可以说，进取心这种伟大的激励力量，会使我们的人生更加美好、更加崇高。作为大学生，首先，要有"永不满足感"。人生就像爬山一样，你必须有到达山顶的雄心壮志，否则，永远过不了"十八盘"，无法爬到顶端。如果你感到"不满足"，总有探索的欲望，就可能发现许多发展的机会。这些可能性起初似乎是一些模糊的"梦想"，但这些"梦想"恰恰是由"不满足"而来。可见，不满足—梦想—目标—行动—坚持，这一连续过程造就了人类伟大的成功。"不满足"的激情，产生改变现状的"进取心"，激励我们去追求完美。这既是人们争取成功动力的最初源泉，也是人类进步的奥秘。"进取"能激励人们从弱者变成强者，从失败走向成功，从苦难走向幸福，从贫穷走向富裕。

4. 责任

责任心是指个人对自己、他人、家庭、集体、国家和社会所负责任的认识、情感和信念，以及与之相应的承担责任和履行义务的自觉态度。责任心与义务不同，责任心是非强制性的，是主体内部持有的一种自觉的、主动的态度。"责任、荣誉、国家"六个大字，这便是西点军校的校训。它是西点精神的结晶，是西点军人引为骄傲的座右铭。"责任、荣誉、国家"，最基础的是“责任”，责任心是做好一切的前提，更是大学生成才的根基。大学生的责任心可分为国家责任心、社会责任心、学校责任心、家庭责任心和自我责任心五个部分，也可粗分为自我责任心、他人责任心、社会责任心。

首先，自我责任心是基础，它构成了主宰、支撑整个生命的成长，是获取幸福人生的决定因素，倘若缺失了这些因素，人的其他部分的成长和发展就会受到影响和限制。由此可见，人的生命的完整性，决定了责任心培养的统摄性，具有了责任心的性格，你就会收获一个金色的人生。我们应当立足于人完整生命的塑造，培养自我责任心。一位企业高管说：“一名新员工在一家企业的前程，基本上可在第一个月看出端倪，而其中背后的依据就是他对工作的责任心。”事实上，国外已有大量研究证明，使用责任心测量可以较好地预测绩效。在西方发达国家，大部分的企业都使用责任心测验作为管理者甄选、录用、安置员工的依据。这就说明，现在企业在招收新人时，已不再将能力作为唯一标准，而更看重其对工作的责任心，下面还要讲到，很多企业逐步重视责任心，他们认为，能力是可以培养出来的，而责任心则是习惯养成的。责任心意味着有自信，有条理，有上进心，可依赖，爱思考，追求成功，能够自律。

其次，他人责任心是一个人的入世态度，是一个人在心理和感觉上对其他人的伦理关怀和义务。没有人可以在没有交流的情况下独自一人生活。所以我们一定要有对其他人负责的责任心，这样才能使社会变得更加美好，人与人之间变得更加和谐。对他人责任心的核心是同情心，关心和关注他人的困难。

著名外科医生裘发祖，是武汉同济医科大学老校长，全国著名的“一把刀”，他小时候看见路边躺着衣衫褴褛的难民害病呻吟着，痛苦不堪。他问妈妈这些人为什么不去看病，妈妈难过地说：“他们很穷，没钱看病。”小裘发祖很难过，当晚做了一个梦，梦见自己穿上了白大褂，给穷人看病去了……谁知他的医学生涯和崇高事业，就是这样在同情心的土壤里，在一次偶然经历中播下了种子。

第三，社会责任心是责任心的最高境界，是人在社会化过程中表现出来的。社会责任心是指个人为了建立美好社会而承担相应责任、履行各种义务的自律意识和人格素质，是个人通过对社会观点同化、内化而形成的对价值观、良知、信仰等的认同，是个人价值观、态度和信念的表现。

古往今来，敢于并勇于承担社会重任的人，必是中华的脊梁，必是满腔热血志、铁肩担道义者，我们可能听说过杨济源（浙江工业大学化学与材料工程学院 2007 级学生，2009 年 12 月 31 日在见义勇为抓小偷时被刀捅伤，不治身亡，年仅 22 岁）。教育部追授杨济源同学“全国见义勇为优秀大学生”荣誉称号。在各类媒体的深入报道中，我们看到，这个用热血和生命来诠释人生价值的青年大学生，在他有限的人生历程中写满了“责任”。杨济源的生命之搏，让我们真切地看到了时代青年责任心的体现。“男人可以没才，可以没钱，但不可以没责任心。”这句发自其肺腑的豪言，激励了许多当代大学生。然而，毋庸讳言，“越是强调和重视的东西，缺失越严重”。于是，在扼腕痛息英雄早逝的同时，全社会发出了一个同声的呼唤——责任心。这里主要指的是社会责任心，包括热爱祖国的责任心和推动社会和谐进步的责任心。

接受高等教育的大学生是幸运之人，是社会的栋梁，是社会的精英，他们有可能成为完满和完善之人。可是，在课堂的调查中，在学习动力问题上的四个选项：① 实现自我价值；② 报效祖国；③ 服务人民；④ 为父母争光。许多同学毫不犹豫地选择了①和④，很少选择③，几乎没人选择②。在某些大学生眼中，自己上大学的目的主要不是为了报效祖国，而是为了自己，为了能够得到一份稳定轻松且收入丰厚的工作，为了充分实现自己的个人价值；为了替父母争光，报答父母的养育之恩；为了求得现实的世俗幸福，得到金钱、地位和美女。而不是为他人和社会作贡献，不是为了追求崇高的理想，不是为了实现人类的根本利益和长远利益。

强化大学生的社会责任心，就应该使大学生懂得承担社会责任是其实现自我价值的必由之路。只有全面正确地对待个人与集体、个人前途和社会发展的关系，大学生的自我价值的实现与社会整体利益的实现才不至于对立起来。其实，社会整体利益是个人利益的"源"，个人利益是社会整体利益的"流"。个人价值要实现，唯一的途径在于推动社会整体利益的发展，在于每个人主动地承担起社会责任。

5. 自立

具有独立性，极少依赖性，这是成才的自我保证。成功者总是自我意识强，相信自己的力量，又有主见，能独立处理事情。据说美国许多跨国财团、亿万富翁，一般经过数十年，至多一二百年后，其家族就衰落了。但有个叫洛克菲勒的家族却几个世纪经久不衰，亿万巨富还是亿万巨富。那又是什么原因呢？研究他们的家族史发现，他们特别注意培养孩子的独立意识和独立能力，要求孩子自立、自主、自强，以保证不当败家子，一代代都是如此。从这里，我们可以受到很多启发。无独有偶，继浙江开出"富二代"培训班后，上海交通大学也开出上海高校中的首个"富二代"培训班。据说，现在有些富一代也发觉自己的子女生长在温室里，缺乏在社会上独立生存发展的能力。为了使子女能够学会为人处世，把他们送到其他企业从底层工作开始磨炼他们的意志，锻炼他们的能力。这样，他们才能够放心地把自己一生努力的事业交给子女。

不管如何，现在越来越多"富二代"主张自强自立，这是非常值得赞赏的现象。在经历了自己独立生存发展的艰辛后，他们才能更加懂得珍惜拥有的一切，才更加能够真正继承"富一代"的产业并使其得到持续发展，才更深地体会普通工薪阶层的生活艰难，才更能主动承担富豪们在社会发展中应该肩负的社会责任。

第二节　性格培养

一、大学生性格培养的重要性

人才的标准是什么？这是每个人都在关注的问题。社会发展到现在，把学历和资历作为衡量人才唯一标准的做法，已经逐渐被实践所否定。有人说，人能否成才，性格第一重要。古希腊的一位哲人曾说过"性格就是人生"，可见，性格在人生中的重要性。

香港十大首富，大多是初中毕业生，上过高中的都少，只有一人上过大学，幼时家境贫寒者居多，其中不乏自幼丧父或父母离异的。而美国的第一批首富也与他们大同小异。这不是偶然的巧合。研究其原因，可以推断：他们相似的经历与童年生活环境，客观上形成了他们自促奋进的性格机制。他们无人依赖，无法推托责任，自立、自主是唯一选择；他们没有后路，只能勇往直前；他们总怕做错，因而勤于自省；他们没有"安全感"，总需要不断努力，充实、发展自己，在新的成就、新的胜利中找到自己新的平衡与稳定。他们的成功，不能不说明性格在人成才方面的重要作用。

具有良好性格对于学习、工作、生活的方方面面都有重要影响。一个具有良好性格的人更有可能成为一个成功的人，对社会有用的人。具有了良好的性格特征，也就有了面对生活、驾驭成功的能力。每个大学生都应有这样一双翅膀，在生活的天空自由飞翔！所以，在大学生涯中培育优良性格十分重要。教育的实践证明，人的性格尤其是大学生的性格具有很大的可塑性。一个人具有强烈的自觉能动性，就能主动采取行动培养自己的性格。爱因斯坦说："优秀的性格和钢铁的意志，比智慧和博学更重要。"最新的研究表明，智力的成熟，很大程度上是依靠性格的，这点往往超出人们通常的认识。但应验了"勤能补拙"的古训。20 世纪初，美国心理学家特尔曼和他的助手在 25 万名儿童中选拔了 1528 名最聪明的孩子，测定他们的智商，调查他们的个性品质，然后一一记录在案，进行长期观察和跟踪研究，结果，在这些被研究对象中，多数人在事业上取得不同程度的成功，成为专家、教授、学者、企业家或有各种专长的人，但也有罪犯、流浪汉、穷困潦倒者。据分析，排除机遇等社会因素外，失败者几乎都存在着某些不良的性格品质，有的意志薄弱，有的骄傲自满，有的失去积极进取精神，有的孤僻而不善于处理人际关系。总之，这些失败者主要是因为非智力因素欠缺，所以他们落伍了，甚至走向成就的反面。这一研究对我们的启发是很大的。社会上有不少少年犯都比较聪明，至少是小聪明，但他们性格品质不良，结果聪明反被聪明误。

这些事例说明：性格是一个人非智力心理品质的核心，也是一个人区别于另一个人的独特的心理特征。卓越的人一般是具有良好性格的人。一个人要成就一番事业，仅有聪明才智是不够的。导引案例中的项羽，按照当时的标准，不能说不聪明，但要把聪明才智发挥出来，还有待于良好的性格的支撑。而被认为不聪明的刘邦，由于有相对项羽优良的性格，从而成就了霸业。所以说，要想成就大事，就必须塑造良好的性格，使自己的聪明才智得以充分发挥。在现代社会，良好的性格不仅可以为成功提供强大的精神动力，而且有助于克服事业上的各种困难，战胜前进道路上的挫折；有利于增强个人的活动能力等；还有利于自己建立良好的人际关系，获得多方面的帮助和支持。可以这么说，良好的性格对一个人来说，就如古希腊哲学家赫拉克里特说的："人的性格就是他的命运。"根据林语堂原著改编的电视剧《京华烟云》中，曾家 3 个儿媳妇，3 种性格造成了 3 种不同的命运。大媳妇虽善良老实却极其懦弱，逆来顺受，因而一生悲苦。二媳妇自私、贪婪、嫉妒、冷酷，所有的人都厌恶她，同样是悲惨的命运。三媳妇木兰性格最好，她勤劳、善良、开朗、贤惠、富有同情心，顾全大局，所以颇受人尊敬，使他人快乐，自己幸福，家庭美满，所以人的性格与命运紧紧相连。

二、大学生性格培养的途径

大学生应调动自己追求完美性格的自觉动力，使对性格的修养变成一种自觉自愿的、持续的、自然而然的行动，变成自己的精神需要。在实践中性格自我培养有以下方法：

1. 充分分析自己的性格

人贵有自知之明，对自己的性格特征进行科学的分析与评价，才能使自己不断地对性格进行磨炼，从而逐渐形成良好的性格。分析的过程，是一个深化自我认识的过程，是性格不断完善与发展的过程。

看一看镜子中的人

查理的工厂宣告破产了，他丧失了所有的财富，成了一个名副其实的穷光蛋，只好四处流浪，像乞丐一样活着。他无法面对残酷的现实，心里沮丧透了，几乎想自杀。有一天，他想到要去见牧师。在牧师面前他流着泪，将自己如何破产、如何流浪对牧师细细说了一遍，诚恳地请求牧师给予指点，帮助他东山再起！牧师望着他，沉默了一会儿说："我对你的遭遇深表同情，也希望我能对你有所帮助，但事实上，我也没有能力帮助你。"

查理的希望像泡沫一样一下子全部破碎了，他脸色苍白，喃喃自语道："难道我真的没有出路了吗？"牧师考虑了一下说："虽然我没有办法帮助你，但我可以介绍你去见一个人，他可以协助你东山再起。""这个人会是谁呢？他真的有神奇的力量让我重振雄风吗？"查理满腹狐疑。

牧师带着查理来到一面大镜子前，用手指着镜子中的查理说："我介绍的就是这个人。在这个世界上，只有这个人能够使你东山再起，你必须首先认识这个人，然后才能下定决心如何做。在你对这个人作充分剖析之前，你不过是一个没有任何价值的废物。"查理向前走了几步，怔怔地望着镜子中的自己，用手摸着长满胡须的脸孔，看着自己颓废的神色和迷离无助的双眸，他不由自主的抽噎起来。

第二天，查理又来见牧师，他从头到脚几乎是换了一个人，步伐轻快有力，双目坚定有神，他说："我终于知道我应该怎么做了，是你让我重新认识了自己，把真正的我指点给我了，我已经找到一份不错的工作，我相信，这是我成功的起点。"

这个故事告诉我们，只有对自己的性格不断进行分析与评价，才能使自己不断地对性格进行批判与磨炼，从而逐渐形成良好的性格。

2. 充分发挥集体的作用

一个好的集体是锤炼并完善一个人的大熔炉，只有当一个人长时间地参加良好的集体生活时，性格才能培养起来，尤其对于具有孤僻、冷漠性格倾向的大学生来说，集体的作用更为重要。教学实践证明，有益的课外活动，能使学生及时发现自己的闪光点，从中找到荣誉感和成就感；良好的师生关系，团结互助的良好氛围能使人形成积极乐观、乐于助人、热爱集体的良好性格特征；良好的集体舆论环境也能对学生产生影响，班风是班集体在情感上、行为上的共同的价值观，是一种潜移默化的无形的教育力量。实践证明，良好的班风有助于大学生形成自制、守纪律、坚强勇敢等良好的品质。当在班集体里感受到他人的喜爱、信任、关注、赞扬时，就会获得心理上的满足，激发出向上的力量和信心。这种积极的情感体验能使他们形成关心人、照顾人和朝气蓬勃、积极向上的乐观性格。我们每一个大学生都应投入丰富多彩的大学集体生活中，有目的地培养自己的性格。人的性格会从对集体的态度中表现出来，个人性格的弱点也往往会在集体中表现出来。所以，性格的培养与塑造离不开集体，而且需要在集体生活中汲取思想营养，获得精神动力，接受监督和帮助。因此，我们应该使自己置身于集体的监督之中，主动地、真正地接受集体的帮助和监督，把自己与集体紧紧地联系在一起。

3. 充分发挥榜样的作用

榜样的力量是无穷的。其影响可延续到一个人的性格的诸方面，榜样的力量在一个人成长方面起着重要的激励作用。因此，在性格培养中要注意学习古今中外的优秀人物，从这些优秀人物身上汲取营养。培养良好性格的一个重要途径是培养良好的习惯，因为良好习惯的形成有助于改变性格的内在品质和结构。培养良好的习惯，可依据现实生活中有良好性格的人所具有的特点，取其精华作为自己的目标。要从眼前的每一件事做起，要有锲而不舍、滴水穿石的恒心、毅力和耐心。在榜样的激励下，经过长期艰辛的锻炼和考验，才能实现自己确定的性格培养目标。

4. 充分发挥实践的作用

性格体现在行动中，因而要通过实际行动来塑造，特别要注重在艰苦生活中，培养一种乐观向上的精神，培养不怕困难、勇于斗争的生活品格，经过自己顽强的训练，逐渐改变不良性格，培养和形成良好的性格。如由懒惰变为勤劳，由粗心变为细心，由自卑变为自信，由懦弱变为坚强，由骄傲变为谦虚，由急躁变为沉着等。大学生参与实践锻炼对学生的全方面发展有重要的意义，学生参加社会实践的过程就是与社会接触的过程，在真实的情境中去了解社会远远好于老师的叙述。只有把培养与社会生活联系起来，参加社会实践，以及其他各种有益活动，在需要吃苦耐劳、努力创造的实践中经受锻炼，获得生活的经验，才能培养出社会需要的人才。

5. 充分发挥自我修养的作用

所谓性格的自我修养，是指个人为了培养优良性格而进行的自觉的性格转化和行为控制活动。自我修养在性格发展的过程中起着重要的作用，它决定着性格的发展方向。古语说："玉不琢，不成器。"人的性格也是如此，不经过认真的自我修养，就不可能自然而然地达到优良高尚的境界。那么，应该怎样进行性格的自我修养呢？心理学家认为，要做到以下两个方面：

(1) 加强性格自我修养的自觉性

性格自我修养是一种改进和完善自己的自觉行动，所以，有无性格修养的自觉性，将决定着这种修养的成效。为了加强性格自我修养的自觉性，首先要对自己的性格缺陷有清晰的认知。如果一个人把性格缺陷看成是无关紧要的，那他就会对性格修养失去热情。其次，还取决于人对自己严格要求的程度。鲁迅说："我的确时时解剖别人，然而更多的是更无情面地解剖自己。"我们应该认识到：

① 性格成熟的进度与性格修养的认真程度成正比。

② 性格的自我修养是一个自觉的性格转化和行为控制的过程。

③ 性格修养的自觉程度取决于对自己严格要求的程度。

(2) 加强性格自我修养的坚持性

性格是人从出生之日起，经过许多年的培养形成的。因此，性格的自我修养，也非一朝一夕所能奏效。必须有坚强的意志，并进行持久的努力。在进行性格自我修养时，应时时在意、处处留心，在每件小事上一点一滴地约束自己的言行，在潜移默化中逐步改变自己的不良性格。

我们应充分认识性格培养的渐进性，包括：

① 从改变坏习惯到改变性格，是培养良好性格的重要途径。有人把习惯比作人的"第二天性"。实际上，人们性格中的很大部分所表现的正是一个人习惯化了的行为方式。所以，塑造性格的关键在于努力培养自己良好的生活习惯。如果我们能从每一件小事做起，能时时处处做到严谨、认真、有序，久而久之，就养成了习惯，就有了严谨的性格。

② 从控制情绪到转化性格。情绪是性格的反映，不同的性格产生不同的情绪。另一方面，情绪对性格也有反作用，也可以感染性格。某种情绪持续的时间越长，对性格的感染作用越明显。比如，情绪冲动、暴躁、易怒，容易被情绪支配。如果能逐步控制冲动，实际上他已经在逐步改变急躁易怒的性格了。

③ 从临时到稳定状态塑造性格，培养自己良好的性格。每一种性格在人的身上都表现为两种状态，即临时状态和稳定状态。比如自信心，一种作为性格特征的自信心，一种是完成某一任务的自信心。前者是自信心的稳定状态，后者是自信心的临时状态。无论何人，在一定范围、限度和时间内保持某种性格的临时状态是不难的，我们可以把这作为一个好的起点，保持积累，并逐步将这种临时状态转化为相对稳定的性格特征。

6. 充分发挥意志的作用

如果把成功比作大厦，那么顽强的意志、坚韧不拔的毅力，就是人成才成功的柱石。原子说的创造者道尔顿说："如果我有什么成绩的话，那不是我有才能的结果，而是勤奋和毅力的结果。"意志对人来讲，比天资聪明更重要得多。因为，一切创造与发明和事业的成功，绝不是一帆风顺的，要经历千辛万苦，克服重重困难，才能实现。俗话说："宝剑锋从磨砺出，梅花香自苦寒来。"另外，意志也是反常行为，要求克制自己的欲望、爱好，去做自己不喜欢但又必须要做的事，即我们常说的，要战胜自己。高尔基说："哪怕对自己的一点小小克制，也会使人变得强有力。"古语说的好："幸福的人不是随意支配金钱的人，而是能随意支配自己的人。"人的精力与蒸汽一样，若能控制，就能成为轮船、火车的动力，若任其发展就会造成危害。意志使人的行动更为自觉，能在活动中独立的完成任务。

第三节　职业性格

一、职业性格的含义

职业性格是人们在长期特定的职业活动中所形成的同职业相联系的比较稳定的个性心理特征。例如，有的人对待工作总是一丝不苟，踏实认真；在待人处事中总是表现出高度的原则性，果断、活泼、负责；在对待自己的态度上总是表现为谦虚、自信、严于律己等，所有这些特征的总和就是他的职业性格。比如，如果要从事医生这个职业，那么就需要有悬壶济世、救死扶伤的人道主义精神，需要有高度的责任心和同情心，并要有一丝不苟的工作态度；如果要从事教师这个职业，就要有为人师表和严于律己的作风，同时，还要有爱心。如果没有这些职业性格，不管是做医生还是做教师，都不会是一个好医生或好教师。从事每一种职业都需要具备一定的职业性格，好的职业性格有助于在相关的职业中更好地完成工作。和职业性格相对应，职业也可以分成不同的类型，每一种职业类型都对人的性格有不同的要求。只有达到了这些要求，从事相关的职业，才会有更多的成功机会。为了更好地了解性格与职业的关系，我们看下面一个案例：

发挥性格优势，做到人尽其才

一位老板想让值得信任的甲、乙、丙三位助手分别负责管理财务、推广业务、策划的工作。这位老板想了解三位助手的性格特点，根据性格分配适合的工作，于是他安排三位助手下班后留在公司与他一起研究问题。在这期间，他故意制造了一起假火警，以便观察他们三人各自的性格特点。

在火警面前：

甲说："我们赶快离开这里再想办法。"

乙一言不发，马上跑到屋角拿出灭火器去寻找火源。

丙坐着不动说："这里很安全，不可能有火警。"

老板通过三位助手各自的行为表现，找到了满意的答案。他认为甲首先离开危险区，立于不败之地，表现出了客观、谨慎、稳重、老练的特点；乙积极向危机挑战，抢先救火，忠于公司，表现出了勇敢、大胆、敏捷、果断、敢于冒险的特点；丙对公司的安全早有了解和信心，甚至可能是才智过人，或者早已看出这是一出戏，表现出了沉着冷静、深谋远虑、胸有成竹的特点。老板通过自己的观察，根据他们的性格特征，分别将甲、乙、丙安排在不同的岗位上，发挥他们的性格优势，以做到人尽其才。

甲——财务管理，乙——业务推广，丙——筹划和后勤。

尽管这个故事描绘的三个人的性格特征还不足以作为职业选择的依据，但是我们可以看出三个人确有各自的特点，而这些特点与从事相应职务所需要的品质有一定的关联。性格与职业的匹配，为我们人才选拔与培养提供了一条可行的路径。

二、职业性格的分类

近年来，一些教育学家和心理学专家将职业性格分为9类，可在选择职业时作为参考。

变化型：追求多样化的活动，善于转移注意力和工作环境，喜欢工作内容的丰富性和多样性，喜欢具有刺激性的工作。比较适合从事的职业类型：记者、推销员、演员等。

重复型：可以连续不停地从事同样的工作，能严格按计划或进度办事，喜欢有规则的、有标准的职业，勤恳、踏实、守规矩。比较适合从事的职业类型：各类专业技术工种。

服从型：可以严格按别人的指示办事，不愿自己独立作出决策，喜欢听从上级的指挥，愿意对上级负责。比较适合从事的职业类型：办公室职员、秘书、翻译等。

独立型：喜欢计划自己的活动，工作中具有更多的独立性，在独立、较少受限制和富有职责的工作环境中感到愉快，喜欢对将要发生的事情作决定。比较适合从事的职业类型：管理人员、律师等。

协作型：在与人协同工作时感到愉快，想得到同事们的喜欢。愿意与人交往，具有为他人服务的欲望。比较适合从事的职业类型：社会工作者、咨询人员等。

劝服型：对于别人的反应有较强的判断力和敏感性，且善于影响他人的态度、观点和判断。有影响他人态度与行为的魅力。比较适合从事的职业类型：辅导人员、行政人员等。

机智型：在危险的状况下能自我控制和镇定自如，能出色地完成任务。平时工作中机智灵活。比较适合从事的职业类型：商务谈判人员、应急处置人员等。

好表现型：喜欢能够表现自己的爱好和个性的工作环境。愿意表现自己。比较适合从事的职业类型：各类艺术工作等。

严谨型：倾向于严格、努力地工作，以便能看到自己付出努力后完成的工作效果。比较适合从事的职业类型：会计师、精算师等。

当然，以上只是一些粗略的分类，实际上，每个人、每种工作需要的个性特质可能有交叉。但无论如何，正确分析自己的个性特点，再结合自己的专业能力状况、实践经验等，在求职、就业竞争中，可以恰当地调整自己的期望值，便于自己找到满意的工作。

三、职业性格的匹配

一份安逸、待遇优厚的工作，对一些人未必合适；一份艰辛、充满挑战的工作，却可能给一些人提供发挥潜能的巨大舞台。一个待遇丰厚却无法提高自身能力的岗位有些人可能趋之若鹜，一个条件艰苦却有较大发展前途的工作却得到另一些人的青睐。大学生就业的过程，就是认识自我、评价自我、适应社会的过程。大学生在求职择业中，要科学地认识和把握自我，真正实现人与岗位的匹配。比如，对于公务员职业来说，“有个性”在某些时候可能会给一个人平添一些“性格魅力”，在另一种情况下，“有个性”又意味着一个人无法适应公务员这样的职业环境，无法适应他可能担任的领导岗位。有人认为，“有个性”只是一个作家、艺术家的优秀素质，却不见得是一个领导者或管理者的必备素质，因为过于张扬“有个性”，更容易使一个人在领导的岗位上成事不足、败事有余。一个人的职业生涯中，从事的工作不可能一成不变。由于不同的工作岗位的内容、环境、前景等都有区别，需要大学生不断进行选择、匹配和自我脱节，才能最终找准自己最合适的岗位。在选择的过程中，要客观认识自己的个性特点，认识自己的优势和不足，尽量选择适合自己性格的工作。

每一种工作都对从业者的性格有特定的要求。如公众服务人员，一般要求具有亲切、热情、周到、体贴他人的性格，才能做好服务工作。一位工程技术人员，则一般要求具有严谨认真、一丝不苟、精益求精、善于合作的性格。在职业心理中，性格影响着一个人对职业的适应性，一定的性格适于从事一定的职业，一定的职业又要求人具有一定的性格。因此，在选择职业时要考虑自己的职业性格特点。当然，职业对性格具有反作用，如果自己有意从事某一类型工作，也要有目的地培育相应的性格特点，并在这样的环境中磨炼自己的性格。

第四节　性格分析与职业选择

一、职业选择

诱人的职位，难以选择的尴尬。一旦选择了错误的轨道，未来再要转行，恐怕要付出的不仅是人力、时间的成本，更重要的是自身的职业积累。在选择初期，一定要认真分析，慎重决策，注意以下四点：

第一，我们要充分认识性格在职业生活中的位置，性格是职业发展的领航者，一般而言，性格决定职业。一个人的性格决定了其职业发展的长远，一旦忽略了职业发展中的性格因素而发生性格与职业发展的错位，职业失败在所难免。

第二，要进行自我性格分析和职业定位。要清楚地了解自身的职业性格，必须要对自身性格进行准确的评估。在过去，用传统的方法测评都不是非常的精确，而现在，可以运用更加先进的专业测评软件，准确地对测评者的个性进行评估。现代的心理测评技术，可以方便地像测量温度一样测量人的个性。一旦对自身的个性有了足够的了解，就可以对自身适合何种职位进行准确定位。

第三，要努力实现性格与岗位的匹配，每个人都有属于自己的职业轨道，就好比每颗行星都会有自己的运行轨道一样。性格本身并无好坏，重要的是要看与职位的契合度，看我们怎样发挥自己性格的优势，规避性格的劣势，走出适合自己性格的道路。我们要努力选择适合自己的职业，描绘好自己的职业轨道。

第四，要注意职业性格的多面性与可塑性。在职业与性格的匹配中，要克服片面性和绝对化的看法。多面性是指某种职业可能需要多种性格的人，许多性格不同的人也可能适合同一职业，在职业与岗位的匹配中，没有绝对的行与不行，而只能具有相对的适应性。可塑性是指岗位可以塑造自己的性格，我们也可以为了某种自己追求的职业而努力培养自己相应的性格。我们提倡根据自己的性格选择适合的职业，也提倡为了社会的需要从事可能与自己性格不相适合的工作，而在这个过程中，努力通过学习和实践培养自己的相应性格。

二、性格分析

对性格的测评，世界上已有了多项研究成果和较为成熟的方法，这里简要介绍全球著名的 MBTI 性格测试。MBTI 人格理论始于著名心理学家卡尔·荣格先生的心理类型的学说，后经深入研究而发展成型。

30 年来，这种理论在全球范围得到了广泛的运用，公司利用它进行招聘选拔、人岗匹配、组织诊断、改善团队沟通及人际关系；学生利用它进行职业生涯规划，提高学习、成才效率。这种测试，能有效反映人们的心理特性，主要应用于职业发展、职业咨询等方面，是目前国际上应用较广的人才甄别工具。

这种理论的基本观点是，人的性格倾向，就像分别使用自己的两只手写字一样，都可以写出来，但惯用的那只写出的会比另一只更好。每个人都会沿着自己所属的类型发展出个人行为、技巧和态度，而每一种也都存在着自己的潜能和潜在的盲点。根据性格特点，MBTI把人格类型分为四个维度，每个维度有两个方向，共计八个方面，即共有八种人格特点，具体如下：

1. 我们与世界相互作用方式

我们与世界相互作用方式分为外向(E)与内向(I)。

外向：关注自己如何影响外部环境，将心理能量和注意力聚焦于外部世界，愿意与他人交往，例如：聚会、讨论、聊天，从人际交往中获得能量。喜欢外出，表情丰富、外露，喜欢交互作用，合群，喜欢行动多样性(不能长期坚持某项工作)，行为方式上，喜欢自由沟通，讲、然后想，易冲动、后悔、受他人影响。

内向：关注内部环境的变化对自己的影响，将心理能量和注意力聚焦于内部世界，注重自己的内心体验，例如：独立思考、看书，避免成为注意的中心，从时间中获得能量。行为方式上，喜静、多思、冥想(离群、与外界相互误解)、谨慎、不外露。表现为独立、负责、细致、周到、勤奋。

2. 我们获取信息的主要方式

我们获取信息的主要方式分为感觉(S)与直觉(N)。

感觉：关注由感觉器官获取的具体信息，相信看到的、听到的、闻到的、尝到的、触摸到的事物，注重真实的存在；关注细节、喜欢描述、愿意使用和琢磨已知的技能；脚踏实地做事、能忍耐、可做重复工作(不喜新)、不喜展望。

直觉：关注事物的整体和发展变化趋势，喜欢通过第六感觉洞察世界，相信灵感、预测、暗示，重视推理与想象；具有独创力，喜欢学习新技能，但容易厌倦；讨厌细节，好高骛远，喜欢新问题，凭爱好做事，对事情的态度易变。

3. 我们的决策方式

我们的决策方式分为思考(T)与情感(F)。

思考：重视事物之间的逻辑关系，喜欢通过客观分析作决定评价。行为方式上表现为理智、客观、公正。

情感：以自己和他人的感受为重，将价值观作为判定标准，具有同情心，表现为善良、和睦、善解人意，考虑行为对他人情感的影响。

4. 我们的做事方式

我们的做事方式分为判断(J)与知觉(P)。

判断：喜命令、控制，反应迅速，喜欢完成任务，不善适应。

知觉：好奇，喜欢收集新信息而不是做结论，喜欢观望，喜欢开始许多新的项目，但不完成，优柔寡断、易分散注意。

每个人的性格都在四个维度相应分界点的这边或那边，我们称之为“偏好”。例如：如果你落在外向的那边，称为“你具有外向的偏好”；如果你落在内向的那边，称为“你具有内向的偏好”。在现实生活中，每个维度的两个方面你都会用到，只是其中的一个方面你用的更频繁、更舒适，就好像每个人都会用到左手和右手，习惯用左手的人是左撇子，习惯用右手的人是右撇子。同样，你的人格类型就是你用得最频繁、最熟练的那种。

根据相应的测评软件或测试量表，可以得出每个人偏向哪一面，从而得出每个人的“四字母”，“四字母”的不同组合形成16种性格类型特征。根据“四字母”，可以得出自己的性格特点和适合的岗位。

专题小结

（1）性格是指表现在人对现实的态度和相应的行为方式中的比较稳定的、具有核心意义的个性心理特征，是一种与社会最密切相关的人格特征，在性格中包含有许多社会道德含义。性格在大学生人生发展中具有重要作用，成熟的性格是一个人独特的稳定的标志，具有优良性格能最大限度地发挥自己的精神力量并与环境建立和谐关系，是决定人能否成功的重要因素。性格是行为的主要决定因素，并在各种各样的情境下影响着人的行为，决定着人的行为方式、处世态度、奋斗目标。

（2）性格是在后天的社会环境与教育中形成，并随着个人的实践活动不断发展和变化的。由于人们的生活道路不同，每个人的性格会有不同的特征，它一经形成便影响和制约着人所从事的实践活动，也可以控制、支配与调节人的人格特征。人的性格一旦形成，就很难改变，但是这并不是说人们只能顺其自然，人们仍可以通过自身的努力，充分发挥自己性格中的优势，避免或减少性格中的劣势对事业的影响。在一定条件下，性格是可以培养的，要认真分析自己的性格，提出明确的要求，制订努力的目标，确定自我教育的途径与方法，培养自己的优良性格。

（3）在职业心理中，性格影响着一个人对职业的适应性，一定的性格适合从事一定的职业；同时，不同的职业对人有不同的性格要求。职业与性格的匹配对一个人的成功有着很大的影响。如果一个人从事的职业与他的个性相适应，工作起来就会得心应手，心情舒畅，容易取得成功。如果性格与职业不相适应，这种性格就会阻碍工作的顺利进行，使从业者感到被动，缺乏兴趣，倦怠，力不从心，精神紧张。

（4）要清楚地了解自身的职业性格，必须要对自身性格进行准确的评估。一旦对自身的个性有了足够的了解，就可以对自身适合何种职位进行准确定位。对性格的测评，MBTI测评是广泛被采用的测评方法，能帮助你了解自己属于哪种性格类别。

在注意职业与性格匹配的同时，也要注意职业性格的多面性与可塑性。“多面性”是指某种职业可能需要多种性格不同的人，许多性格的人也可能适合同一职业，在职业与岗位的匹配中，没有绝对的行与不行，而只能具有相对的适应性。可塑性是指岗位可以塑造自己的性格，我们也可以为了某种自己追求的职业而努力培养自己相应的性格。

我们提倡根据自己的性格选择适合的职业，也提倡为了社会的需要从事可能与自己性格不相适合的工作。在职业与性格的匹配中，要克服片面性和绝对性。

复习与探索

（1）为什么说性格决定命运？试分析自己性格的优势与劣势并制订你的性格培养方式。

（2）为什么说性格培养是一个渐进的过程？试总结几项你成功培养优良性格的有效方法。

（3）钢铁大王卡内基15岁的时候，便对他那9岁的小弟弟汤姆谈论他的种种希望和志向。他说假如他们长大些，他要组织一个卡内基兄弟公司，赚很多的钱，以便能够替父母买一辆马车。他们天天玩着“游戏”，自然而然地在他们的内心便保持着许多梦想。这种“假如”的游戏，总是催促他努力工作；等到机会真正来了的时候，他便在现实中抓住，正如他在理想中抓住一样，最后他终于将理想变为现实，成了举世闻名的“钢铁大王”。从这个故事中，你可得到哪些启发，你认为，大学生应确立哪些优良的性格？

(4) 按 MBTI 的测评体系，得出你的性格特征、职业偏好和你的性格组合“四字母”。对你的性格的基本特征、存在的盲点、适合的领域与职业进行分析，写出分析报告。

在写报告时请注意：

——报告对你的人格特点进行了详细描述，它能够帮助你拓展思路，接受更多的可能性，而不是限制你的选择。

——报告结果没有“好”与“差”之分，但不同特点对于不同的工作存在“适合”与“不适合”的区别，从而表现出具体条件下的优势、劣势。

——你的动力、人格特点由遗传、成长环境和生活经历决定，不要想象去改变它，但却可以通过有效利用，扬长避短，更好地发挥个人潜力。

——报告展示了你的性格偏好和做事的动力状况，而不是你的知识、经验、技巧。

第五专题

能力、素质发展

学习目的

(1) 理解能力的基本含义，认识个人能力与职业发展之间的关系，了解自己具备哪些有利的职业能力。

(2) 了解培养职业能力的有效途径，培养自己的职业能力，从而能够更好地进行职业选择，使将来的职业发展更加顺利。

(3) 通过学习，了解现代职业对个体能力及素质的要求。

(4) 了解情商在职业发展过程中发挥的作用，努力培养个体的情商能力。

导引案例

潘广楠的成才

潘广楠是某公司董事长兼总经理，某学校2009届大学毕业生。在采访她的时候，她说："真不好意思，我太年轻了，跑业务时，我只能说是业务员。"她是如何从总经理助理、办公室主任而很快进入创业领域的呢？

采访时，她说："首先，我要摆明我的观点，我比较赞同在自我认识的基础上进行有计划的自我实践。所谓有选择，是说实践要有目的计划，时刻知道自己在做什么以及这样做的原因和自己想得到什么。举例来说，做服务生，做促销员，做发单员都可以，这类的实践我不排斥。但是那应该是在涉入社会的起步阶段，如果你从大一开始一直到大三、大四都还在从事这类的社会实践，那么只能说明你停滞不前了。以我个人的实践思路来给大家举个例子，当然我不是说我这样的想法就一定是最好的，但是我个人觉得是最适合我这个人的。

大一观察和熟悉了学校周围的情况后，我选择的第一份社会实践是学校对面酒吧的服务员，当时在2号门有一个酒吧，因为靠近的是学校，所以里边并没有社会酒吧那样的喧哗和人气，很多大几届的学长学姐经常过来坐坐，也有一些周边企业的员工下班了来这里喝酒聊天，并不乱，但是可以接触到的人群不仅仅是大学生，这是我当初选择来酒吧打工的主要原因。在这个酒吧，我认识了很多洋酒，了解了很多酒的产地、历史品评方法，也学了简单的几款鸡尾酒的调制方法；更为重要的是，我因此结识到了一些社会朋友，直到现在我在当时认识的这些朋友也依旧是我重要的'老师'，而对于鸡尾酒之类的认识也成了我后来工作上跟客户朋友在一起的谈资。在这个酒吧我工作了不到两个月，要说没有遇到过骚扰也是不可能的。但是我始终认为这也是我需要学习的宝贵经验，并不可怕，在此不做过多交流。

大二时，我将自己的大部分精力和时间奉献给了广播台和各类文艺演出、比赛的组织策划与主持。而这一年多的经历是我在大学期间最引以为豪，也是让自己每每想起都觉得很窝心的经历，在这段时间既培养了自己的组织管理能力又结交认识了很多朋友。因为有这样的校园经历，我似乎觉得更加自信，也终于觉得没有愧对我的大学生活。

大三的时候，我突然开始有危机感，因为走在校园里不再觉得脚步轻盈，'我学到了什么？''我以后要怎么走'这类问题一直在我身边萦绕着，后来，我决定一定要靠自己考取心理咨询师的证，给自己所学的专业一个交代，给自己的大学四年一个交代。经过选择后，我找到了一家比较合适的报名机构，报名后距离考试一共还有5个月的时间，我用了3个月的时间每天学习，背诵着3年来的教科书和考试资料，因为是一次性学习，所以一瞬间很多知识都串成了线，自己做了很多表格帮助记忆，3个月的时间非常有效，为了更好的记忆以及学习，我开始在网络从事心理咨询的工作，也因此认识了很多心理咨询的朋友，更重要的是，我看到了很多很典型的病例，这些症状加强了我对所学的记忆。在网上，我在咨询师、当事人中间穿梭。一开始的心理咨询工作很笨拙，书上说要开放式提问，第一句应该说××××××，我就按照书上写的一句句打给来访者，来访者的回话我也尽量按照书上写的方法分析，这样时间一长很多方法自然也就会熟练应用，看到一个问题也可以马上有自己的一些想法，这样的经历我觉得非常实用。这在我后来的工作中也起到了很大的作用，例如有一次去见一个老总，我看到他的办公桌、椅子、日历就连笔都是纯木制作的，这个细节让我了解到此人非常注重根源性的东西，所以跟他交流的时候就更应该避免那些表面的东西直接说中心就可以了。越到后来大三的生活越觉得紧凑、忙碌，我放弃了学校广播台的工作，给自己半年的时间开始进行找工作前的自我丰富。把更多的精力用在培养自己的面试技巧和简历制作，我和朋友分工合作各显所长，几乎用了3个月的时间，一份我们都觉得很满意的简历出炉了，当然还参考了很多老师的意见，简历制作完自然就是找工作，作为在校大学生必然是有它的弊端的，所以我们更多地把面试当做一种经验的总结，我们买了西装、手袋，下载打印了很厚的面试技巧、面试提问这类的面试材料，相信这类的工作多做一点并不吃亏，毕竟都是前人的经验，能够有别人的经验借鉴总还是给自己增加了几分信心。面试了也将近半年，自己感觉也算经验丰富了。

大四的时候，顺利地找到了一份自己觉得比较满意的工作（虽然这份工作使我每天要坐5个小时以上的公交车），做总经理助理半年后，在大四毕业的时候做到了办公室主任，这段打工经历给我提供了宝贵的经验，这也是我当时最为或缺的。例如，支票等票据的填写、报价单的格式、公函的作用、一般公对公的办公流程、客户的宴请、酒桌的文化，等等。再后来自己开了家公司，趁着现在业务量没有特别大的时候报名学习了会计，自己制作财务报表，想着将来没工作了还可以代代账。下一步的计划除了把手头的项目做好，再就是寻找机会多做些项目，自己学学开车，我觉得不论驾驶还是财会这类属于直接应用型的知识非常实用，不像心理学的理论是要脑子分析，自己琢磨，所以能有一技在手就尽量别放过。”

案例讨论：

(1) 你认为，潘广楠成才的关键是什么？

(2) 从潘广楠身上，你学到了哪些优点？

从这个案例的讨论中，我们可以悟出很多道理：

① 生活可以给我们提供很多施展才能的机会，但并不是每个人都能把握住这些机会。

要想在自己的职业领域里有所建树，除了相关的专业知识，更重要的是看自己是否具备完成此项工作的能力。

② 能力不等于学历，也不等于兴趣，它更加强调个体在完成某项活动或工作时的心理条件，它会直接影响到活动的效率，决定活动能否顺利完成。

③ 每个个体的能力都存在着结构和种类上的不同，这就使我们每个人在工作时具有了长处和短处之分，为了更好地完成自己的工作，使工作效率更高，我们应该了解自己在职业能力上具备哪些优点和缺点，并根据这一基础，为自己将来的发展找准方向。

④ 在各种能力中，“自我效能感”是不可忽视的一种，它往往直接决定着一个人做事的成败，以及对自我评价的客观真实程度。无论是在工作还是在生活中，我们都应该注重对“自我效能感”的培养。

我们可以根据自己的兴趣来选择职业，也可以借助他人提供的帮助来获取机会，但并不是每个人都能将自己的选择发展得很好，也不是每个人都能在抓住机会后取得好的结果。导致这些不良后果的原因，就是每个个体对自身能力的了解不够透彻，不够深入。在择业时，不清楚自己能做什么，只是根据专业对口或随大流的原则是不可取的。“能做什么”就是我们平时所说的能力，它是我们择业的重要依据。

在本专题中，将向大家介绍能力的内涵和分类，分析职业发展时所需要的能力，介绍能力评价的方法和能力培养的途径。通过介绍，了解现代职业对于个体能力素质的要求，并探讨情商在职业发展中发挥的作用和意义。

第一节　能力概述

一、能力的含义

从心理学的角度讲，凡是直接影响人的活动效率，促使活动顺利完成的个性心理特征都叫做能力，它是人顺利完成某种活动的必要的心理条件。能力是保证活动取得成功的基本条件，但不是唯一条件。活动的成功与个体的态度、知识、技能以及整个个性特点均有关，但在其他条件相同的情况下，能力强的容易获得成功。顺利完成某种活动，不是单一一种能力所能胜任的，常常需要几种相关能力配合起作用，才能保证活动顺利进行。

能力往往与具体活动紧密相连，表现在活动当中，并在活动中得到发展。例如，一个具有绘画能力的人只有在绘画中才能施展自己的能力；一个有管理能力的人只有在领导一个企业或学校的活动中才能施展自己的才华。倘若一个人不参加某种活动，就难以确定他具有什么能力。离开了具体活动既不能表现人的能力，也不能发展人的能力。同时，能力也是从事某种活动必需的前提。能力影响活动的效果，能力的大小只有在活动中才能比较。比如，在其他条件（知识、技能、花费的时间）相同的情况下，做数学运算时，甲比乙能更快地了解题意，采用简捷的方法，准确地进行计算，于是，我们说甲的数学能力强于乙的数学能力。但是影响活动效率的因素是多种多样的，在活动中表现出来的心理特征并不都是能力。如在解决数学难题时，如果一个人过于紧张，他的解题效率就会受到影响，但这种心理特征对解决问题的影响不是直接的，而是间接的，故不能称为能力；而观察的精确性、记忆的准确性、思维的敏捷性等都是完成许多任务所不可缺少的，这些心理品质就应该称为能力。

二、能力与相关概念辨析

1. 能力与知识的关系

能力与知识既有区别又有联系。我们先看一个例子：

四川省的一名女高中生以比较高的分数考入了中国科技大学物理专业。入学后，她高超的计算能力受到了老师和同学们的一致称赞。可是，她做实验的能力非常差，一连三周下来，她竟未能完整地做好一个实验，这又使她的老师大为恼火。

这是一个典型的高分低能的例子，在我们的日常生活中，这种例子还很多。比如某省的高考状元到了大学求学的时候，离开父母照顾，生活居然不能自理，等等。而相反，很多我们熟悉的科学家、伟人，例如爱因斯坦、爱迪生，还有牛顿、达尔文、托尔斯泰、瓦特、拿破仑、贝多芬、罗丹、丘吉尔，均属于"低分高能"的人物。这些世界一流的人才却得不到学校的认可。从这些实例中我们不难看出能力不等同于知识、也不等同于技能。能力与知识、技能之间既有区别又有联系。

能力与知识的区别表现在两个方面：① 两者分属不同的范畴；② 两者的发展是不同步的。因此，两者不能等同，知识多不一定能力就强。

能力与知识、技能的联系也表现在两个方面：① 知识、技能是能力发展的基础，能力形成与发展依赖于知识、技能的获得。但并非所有知识、技能都可转化为能力，那些能广泛应用和迁移的知识、技能才可转化为能力。② 能力高低影响掌握知识、技能的速度和质量。能力强的人只要付出较小的努力就可以获得同样的知识和技能，而能力差的人则需要付出更大的努力。

2. 能力与智力的关系

按照以往观点，智力是各种认知能力的综合，抽象思维能力是其核心。最新的观点认为，智力是多元的，既包括认知因素，也包括非认知因素。能力是综合的大概念，除包含各种认知能力和目前已涉及的非认知因素外，还有操作能力、组织管理能力等，是个体完成当前活动速度与质量的综合表现。因此，智力是能力的重要组成部分、必要基础。智力较差，必然会影响能力发展水平和完成活动的速度与质量。

3. 能力与才能、天才的关系

几种相关的、结合在一起的能力统称才能。如果一个人的各种能力在活动中达到了最完备的发展和结合，能创造性地完成某一领域的多种活动任务，通常被称为天才。天才是高度发展的才能。例如：

武汉交响乐团一名乐手的孩子舟舟为唐氏综合征患者，智商相当于四岁左右的儿童。1999 年 1 月 22 日，唐氏综合征患儿舟舟在北京保利剧院首次登台指挥中国歌剧院芭蕾舞剧院交响乐团演奏《瑶族舞曲》和《拉德斯基进行曲》，一举成功。

2000 年 9 月，唐氏综合征患儿舟舟随中国残疾人艺术团赴美巡演，指挥美国国家交响乐团等著名乐团演奏《自新大陆》交响曲第四乐章等三首乐曲，获得极大的成功！

这位先天愚型的孩子现在已经成为了一名中国乃至世界知名的指挥……

舟舟可以算作是音乐领域的天才，他的指挥才能在指挥的活动中发展到了极致。但我们也应该看到，天才也离不开社会历史发展的要求，离不开个人勤奋和努力。

4. 能力与技能的关系

能力是指顺利完成某一活动所必需的心理条件，是直接影响活动效率并使活动顺利完成的个性心理特征。技能是指人们通过练习获得的动作方式和动作系统。技能是一种个体经验，是通过肢体活动或心理活动方式进行经验的累加，与作为掌握和运用知识、技能的条件的能力有较大的区别。

5. 能力与兴趣的关系

兴趣即兴致，是个体对事物喜好或关切的情绪表现，是人们力求认识某种事物和从事某项活动的意识倾向。它表现为人们对某件事物、某项活动的选择性态度和积极的情绪反应。兴趣以需要为基础，在人的实践活动中具有重要的意义。兴趣可以使人集中注意，产生愉快紧张的心理状态。这对人的认识和活动会产生积极的影响，有利于提高工作的质量和效果。

能力与兴趣在人们从事相关活动的过程中有着种种密切的联系，但二者并不能等同。我们在从事某项行为或某项活动的时候，起初往往是根据自己的兴趣来进行选择和评判的，但在选择了之后，却很少有人会去考虑自己是否适合这个选择，是否能够胜任这项任务或活动。这其中就隐含着兴趣与能力的区别。而在实际的活动中，我们不仅应该明确自己的兴趣，更应该了解自己的能力，这样才能使得选择与发展相协调。我们把兴趣和能力的关系归纳于表 5 - 1。

表 5 - 1　能力与兴趣关系图

能力 兴趣	有	无
有	胜任愉快	徒劳无功
无	胜任乏味	痛苦不堪

三、能力的分类

1. 根据能力的范围分类

根据能力范围分类，能力可分为一般能力和特殊能力。

一般能力通常包括注意力、观察力、记忆力、思维能力和想象力等。一般能力是人们顺利完成各项任务都必须具备的一些基本能力。而思维中的抽象概括、逻辑推理能力，是智力的核心。创造性地解决新问题的能力是智力的高级表现形式。个人的能力总是在活动中形成和发展起来的，并在活动中得到表现的。另一方面，从事某种活动又必须有一定的能力作为条件和保证。

特殊能力是在某种专业活动中表现出来的能力，它们由该项活动中几种密切相关的心理因素构成。特殊能力是指从事各项专业活动的能力，也可称为特长，如计算能力、音乐能力、动作协调能力、语言表达能力、空间判断能力等。人要顺利完成某一活动，既需要一般能力又需要特殊能力。一般能力愈发展，就愈能为特殊能力的发展提供有利条件，而各种专业活动中特殊能力的进步，反过来又促进一般能力的提高。

2. 根据能力的形成方式(创造性程度)分类

根据能力的形成方式分类，可以分为模仿能力(再造能力)和创造能力。模仿能力使人迅速地掌握知识、适应环境；创造能力使人超越平常的思考，善于创新。模仿能力是创造能力的前提，创造能力是人类进步的源泉。

3. 根据能力的特殊功能分类

根据能力的特殊功能可分为认知能力、操作能力和社交能力。认知能力，即我们一般所讲的智力，指加工、存储信息的能力。操作能力是指人们操作自己肢体完成活动的能力。社交能力是在人们交往中表现出的能力。作为应用型人才，除要有一定的智力外，更强调操作能力和人际交往能力。

四、能力发展与个体差异

1. 能力发展的一般趋势

能力的发展表现为能力种类扩大和能力水平提高。在人生不同时期能力的发展速度也不尽相同。例如，智力会在18～25岁间达到高峰。一般来说，能力随着生理年龄的增长，呈现出以下的趋势。

童年期和少年期：某些能力发展的重要时期，从三四岁到十二三岁，智力的发展与年龄的增长几乎等速。

18～25岁：智力达到顶峰，但智力的不同成分达到顶峰的时间是不同的。

成年期：是能力发展的稳定时期，常出现富有创造性的活动。

个别差异：能力发展趋势有个体差异。能力高的发展快，达到高峰时间晚；反之，发展慢，达到高峰时间早。

2. 能力的个体差异

每个个体之间在能力表现上存在着显著的个体差异，这种差异主要表现在三个方面。

(1) 能力发展水平上的差异

即通常讲的人的能力有大小：有的人聪明，有的人愚笨，而大多数人属于中等。例如，智力超常者与智能不足者，超常者是智力高度发展，而智能不足者表现为智商在70分以下。

(2) 能力表现早晚上的差异

这主要是指人的能力充分发展有早有晚。有些人在少年儿童时期就表现出优异的能力、聪慧超群，这叫"人才早熟"；有些人的能力表现较晚，甚至到了晚年，能力才充分发挥出来，这叫"大器晚成"。

(3) 能力结构类型上的差异

指能力中的各种成分的构成方式不同。例如，在智力中，有的人观察能力和记忆能力强，而思维能力和想象能力弱；有的人模仿能力强，但却缺乏创造能力，而有的人既具备较强的模仿能力又拥有较强的创造能力。具体来说，个体在观察能力、记忆能力和思维能力等方面，也有结构上的差异。比如在记忆方面，有的人主要是形象记忆，有的人主要是语词的抽象逻辑记忆。

(4) 能力的性别差异

主要是由于性别因素引起的能力差异，体现在男女的数学能力、语言能力、空间能力等方面。当然，性别群体间的差异远远小于个体间的差异。

五、能力形成的原因和条件

能力的形成和发展受多方面因素的影响，主要概括起来有以下几个方面：

1. 遗传的作用

遗传因素是能力发展的自然基础，决定着能力发展的可能性。每个人都有一定的遗传优势和不足，我们可以发现自己的优势并很好地利用它，同时也可以发现自己的不足，通过努力去克服或者通过其他方式去补偿改变。

2. 环境、教育对能力形成的影响

这里的环境主要是指客观现实，包括自然环境和社会环境两个方面。心理学的研究表明，每个人从遗传基因中所得的潜在的能力不同，但这种潜能开发到何种程度取决于环境。越来越多的心理学研究都证明：早期环境，对能力的形成和发展具有重要影响。胎儿的产前环境(在母体内的环境)对胎儿的生长发育和出生后的智力发展有着重要的影响。父母在儿童1～3岁时期采用的教育方式会决定孩子一生的主要性格特征，从而影响孩子能力的发展。学校教育对能力形成和发展所起的作用是系统性的，学生通过系统地接受教育，能力也会不断得到发展。

3. 人的主观能动性对能力形成的影响

人的各种能力是在社会实践活动中最终形成和发展起来的。虽然，掌握知识对于能力发展是重要的，但是越来越多的科学家也认识到，个人直接经验的积累在人的能力发展中有着不可替代的重要作用。这就要求每个个体充分地发挥自己的主观能动性，积极参与各种社会活动，在活动中积累自己的个人经验，从而使自己在各方面的能力得到锻炼。

同时，在实践活动中，优良的个性品质对能力的形成和发展也同样具有重要的意义，如勤奋、谦虚和坚强的毅力等都有助于能力的形成和发展。有些人虽然天资聪慧，但由于缺乏勤奋，最终事业无成；有些人虽然天生智力并不优越，但通过勤学苦练，也会取得事业的成功，这种例子在我们身边比比皆是。

第二节　职业能力

职业发展和能力高低之间，有毋庸置疑的直接关系。能力高低，不是抽象的素质，它可以通过职业角色得以表现。陈力就列，不能者止。做自己能够做的事情，可以增强自信心，体验成就感与幸福感。能力，是一个人能否进入职业的先决条件，是能否胜任职业工作的主观条件。无论从事什么职业，总要有一定的能力作保证。没有任何能力，根本进入不到职业工作，对个人来讲也就无所谓职业生涯可言。

一、职业能力的内涵

职业能力是指在职业活动中需要具备的能力。职业能力直接影响职业活动效率和职业活动能否顺利完成。

Jim最初步入职场时只有大专学历，和他身边的人一样，Jim一毕业就进了一家国有汽车制造公司的车间做技术员，勤奋好学的他很快表现出精湛的技术和与众不同的思想，在不断地探索中，Jim对车间的一道工序进行了改良，被车间主管看在眼里。

除了把技术搞好之外，Jim还利用业余时间学习英语。Jim一直都想进外企看一看，感受一下那里的工作氛围和管理制度。功夫不负有心人，两年之后，Jim的英语已经达到了六级水平，口语对答也基本上流利，Jim瞅准了机会，毅然辞谢了原公司的挽留，跳到一家外企做技术员。在这里，不但他的技术水平获得了赞誉，而且管理能力也显露出来。在从普通的技术员到车间主管的4年间，精力充沛的Jim还自学了一个本科学历，真正的学历、能力双丰收。

案例中的Jim从最初的一个大专生发展成一名著名外企的中层主管，实在是不容易。从中也看出今天的企业特别是在外企，更看中的是能力。现在很多博士找不到工作，大专生却可以做到一个企业的市场经理，可见实际的能力在一个人职业发展生涯中是举足轻重的。更加值得注意的是，并不是说学历不重要。学历是基础，公司招聘看的是一个人的综合素质，相关的教育背景、学历程度也占到比较重要的位置。至于能力、学历在工作中到底扮演什么角色，要看具体的职位。像研发、注册师以及一些技术类型的工作，包括科技含量高、复杂程度高的产品推销，需要工作人员有扎实的技术背景，这时候学历是衡量应聘者的重要指标。但如果是一般的产品推销、行政管理或者客户服务等，需要的是实际操作经验和悟性，那么能力就比一纸文凭重要多了。更何况对于招聘公司来说，如果是要聘一个行政助理，博士生未必做的比大专生要好，显然大专生的“性价比”高多了。案例中的主人公 Jim 的教育背景与他所从事的工作基本匹配，但是他学历并不高，而能发展到这个程度，更多是得益于他过人的能力。因此，我们在校学习期间，不仅要学好专业知识，还要努力培养自己的职业能力。

二、职业能力的分类

1. 专业技能

专业技能是指具体的、专业化的、针对某一特定工作的基本技能。例如教师讲课、医疗专业人员解释心电图等。这些技能涉及学科的主题，如历史学、政治学、经济学、机械设计、医学等。专业技能最显著的特点是：它们需要经过有意识的、专门的学习培训，在通过记忆掌握特殊的词汇、程序和学科的基础上获得。专业技能可迁移的可能性比较小，专业技能是一个人成为职业化人士的基本条件。

2. 可迁移能力

可迁移能力就是可迁移的通用技能。可迁移能力指的是在某一种环境中获得，并可以有效地移用到其他不同环境中去的技能，是个人能够持续运用和最能够依靠的技能。例如某人从事保险推销员工作时练就的善于与人沟通交往的技巧，在其当上公司的销售经理时，也极有可能移用这些技巧去同客户打交道，建立良好的关系。可迁移能力主要在日常生活活动中获得并能不断得到改善，并且在许多领域里都可以得到进一步地完善和增强。

总体上看，可迁移能力具有可迁移性、普遍性和实用性。具体可以分成以下几类：

① 交流表达能力：通过口头或者书面语言形式，以及其他适当形式，准确清晰地表达主体意图，和他人进行双向(或者多向)信息传递，以达到相互了解、沟通和影响的能力。包括倾听提问的技巧、提供信息、让别人接受自己的观点、自信独特地表达自我等。

② 数字运算能力：运用数字工具，获取、采集、理解和运算数字符号信息，以解决实际工作中的问题的能力。

③ 创新能力：在前人发现或者发明的基础上，通过自身努力，创造性地提出新的发现、发明或者改进革新方案的能力。

④ 自我提高能力：在学习和工作中自我归纳、总结，找出自己的强项和弱项，扬长避短，不断加以自我调整改进的能力。

⑤ 与人合作能力：在实际工作中，充分理解团队目标、组织结构、个人职责，在此基础上，与他人互相协调配合、互相帮助的能力。包括正确认识自我，能尊重与关心别人，能对他人意见、观点、做法采取正确的处理方式。

⑥ 解决问题能力：在工作中把理想、方案、认识转化为操作或工作过程和行为，并最终解决实际问题，实现工作目标的能力。包括分析问题、处理抽象问题、对于一个问题提出多种解决方法并挑选出最合适的一种、运用批判性的思考方式来看待各种因果关系、设置并达到目标、创造性思考。

⑦ 组织策划能力：计划、决策、指挥、协调、交往。

⑧ 信息处理能力：运用计算机技术处理各种形式的信息资源的能力。

⑨ 外语应用能力：在工作和交往活动中实际运用外国语言的能力。

⑩ 学习能力：善于发现并记录，坚持不懈克服困难、继续学习的能力。

⑪ 管理能力：包括管自己、信息、他人和任务的能力。

这些技能可以增强个人的竞争力，对就业和终身发展都具有重要作用和深远的影响。

3. 职业能力的基本框架

不同类型职业人员的能力体系不同，职业对录用人员的素质要求也不一样，现分别就科研型、管理型、事务型、工程型、文化型和社会型职业人员的素质要求做出解释。

(1) 科研型职业应具备的素质

科研工作是一种创造性劳动，科研型人员应具备以创造力为核心的知识结构。在知识结构方面，具备宽厚扎实的基础知识，外语交流能力，既要有专长又要有较渊博的知识，达到专与博的有效结合。具备创造性、熟练的基本技能和理论理解及应用，把这三者融会贯通，协调结合起来的能力。具备独立思考，勤于实践，不怕挫折的良好心理素质。

(2) 管理型职业应具备的素质

从事管理型职业人员应具备的素质，主要包括以下几点：忠于贯彻国家的方针政策并能灵活运用，有高度的公众意识；具备坚实的管理专业理论和实际知识，同时具有较广博的自然知识和社会知识；具备一定的领导、组织协调和社会才能以及中外语言文字表达能力；具有健康的身体和充沛的精力以应付千头万绪和千变万化的工作。

(3) 事务型职业应具备的素质

事务型职业，是指与组织机构内部日常的制度性、规范性、信息传播等有关的事务处理的职业活动，如打字员、档案管理员、办事员、秘书、图书管理员、法院书记员等，事务型职业对从业者的素质要求，在知识方面侧重于基础文化知识，对于职业技术专门的知识有较具体的了解，要懂得统计、档案管理知识，熟悉专门法规和规章条例，一些涉及外国单位对外语也有较高的要求。事务型职业不少岗位需要员工严守纪律，保守秘密，有的还有礼仪方面的特殊要求。在能力方面要求具有较高的社交能力、语言表达能力和干练的办事能力等。

(4) 工程型职业应具备的素质

工程型职业，主要是指工业、建筑业等行业的工程技术人员。应具备的素质要求：要有不辞劳苦、艰苦奋斗的创业精神和严肃认真、一丝不苟的求实工作态度。要谦虚谨慎，深入工作第一线，能和同事密切合作。在牢固掌握专业知识的基础上，对相近专业的知识要比较了解，并有较好的外语水平、计算机应用能力、语言表达能力和理论应用实际的能力。

(5) 文化型职业应具备的素质

文化型职业，如作家、服装设计师、音乐家、舞蹈家、摄影家、书画雕刻家、广告设计师等。文化型职业在知识和能力方面对从业者素质的要求是：能博采众长和广泛涉猎，敏锐的观察力，丰富的想象力，坚强的毅力，得天独厚的艺术天赋，不断的创新精神。

(6) 社会型职业应具备的素质

社会型职业包括教育、救死扶伤、提供公共服务、协调人际关系、为人民提供生活便利等工作，如教师、医生、律师、法官、广播电视工作者等社会公共服务人员。社会型职业要求从事其职业的人员：在知识素质方面，应具有基础的科学文化知识，尤其是应该具备广阔的知识面和职业要求的专业知识；在能力素质方面，要有一定事实上的理解能力、社会活动能力、组织协调能力、自身形象设计能力和文字表达能力等。随着经济的全球化，人才竞争的国际化，中外语言的表达能力和计算机操作使用技能已成为各种职业类型所要具备的基本技能。

第三节　大学生职业能力培养

虽然能力在一定程度上受到遗传因素的影响，但能力的发展与成熟更多的还是有赖于外部环境的作用，也就是说能力是可以通过锻炼而获得的、提高的。能力是如何锻炼而得到的呢？也许人们没有意识到：能力是在克服种种困难、遭遇种种磨难、跨越种种挫折而练就的。在对能力的探索中，做到了知己知彼，下面的问题就是如何发挥或者进一步锻炼我们的能力，为丰富自己的大学生活和适应未来的社会生活做好充分的准备。

一、大学时期不同阶段的准备

从试探期到分化期，大学四个年级侧重各有不同。

1. 一年级——试探期

要初步了解职业，特别是自己未来想要从事的职业或自己所学专业对口的职业，提高人际沟通能力。具体活动可包括多和师长进行交流，尤其是与大四的毕业生，询问其就业情况。大一相对来说学习任务不重，多参加学校活动，增加交流技巧，学习计算机知识，争取可以通过计算机和网络辅助自己的学习。为可能的转系、获得双学位、留学计划做好资料收集及课程准备。

2. 二年级——定向期

应考虑清楚未来是否深造或就业，了解相关的职业活动，并以提高自身的基本素质为主，通过参加学生会或社团等组织，锻炼自己的各种能力，同时检验自己的知识能力；可以开始尝试兼职、社会实践活动，并要具有坚持性，最好能在课余时间经常从事与自己未来职业或本专业有关的工作，提高自己的责任感、主动性和受挫折能力，提高英语口语能力，增强计算机应用能力，通过英语和计算机的相关证书考试，并开始有选择地辅修其他专业的知识充实自己。

3. 三年级——冲刺期

因为临近毕业，所以目标应锁定在提高求职技能、搜集公司信息、能确定自己是否要考研。在撰写专业学术论文时，可大胆提出自己的见解，锻炼自己独立解决问题的能力和创造性；参加与专业有关的暑期工作，和同学交流求职工作心得体会，学习写简历、求职信，了解搜集工作信息的渠道，并积极尝试，加入学校网络，和已经毕业的校友、师长谈话，了解往年的求职情况；希望出国留学的学生，可多接触留学顾问，参与留学系列活动，准备 TOEFL、GRE 考试，注意留学考试咨询，向相关教育部门索取考试简章等。这样一方面提高了信息收集能力，另一方面也加强了人际交往能力。

4. 四年级——分化期

找工作的找工作、考研的考研、出国留学的出国，不能再犹豫不决，大部分大学生的目标应该锁定在工作申请及成功就业上。这时，可先对前三年的准备做一个总结：首先检验自己已确立的职业目标是否明确，前三年的准备是否已充分；然后，开始毕业后工作的申请，积极参加招聘活动，在实践中检验自己的积累和能力；最后，预习或模拟面试。积极利用学校提供的条件，了解就业指导中心提供的用人公司资料信息、强化求职技巧、进行模拟面试等训练，尽可能地在做出较为充分准备的情况下进行施展演练。

二、培养能力的不同渠道

1. 勤工俭学

一般来说，每所高校都会提供很多勤工俭学的机会给广大的学生，尤其是为一些家境贫困的学生提供了合适的岗位。勤工俭学的内容多种多样，比如家教，可以锻炼一个人的耐心以及表达能力；比如学生超市的收银员，可以培养一个人的细心以及与人交往的能力等。

勤工俭学可以在校内进行，也可以在社会上寻找各种兼职的机会，但相对学校的勤工俭学岗位，社会岗位要求的专业性更高，也更具挑战性。在社会兼职中，也需要付出更多的精力和成本，相应的，所得到的回报，无论是金钱上的报酬还是能力和阅历上的积累都会有所增加。然而，重要的是，学生在勤工俭学的过程中，不要本末倒置，为了兼职完全忽视了专业知识的积累，否则就与我们“理论联系实际”的本意背道而驰了。同时，还应注意不要上当受骗，要保护好自己的人身安全和合法权益。

2. 社团活动

社团是校园里的同学为了某一个共同的兴趣、某一个共同的目的所组织起来的业余团体。它可以分为学术类社团，例如世界经济研究会等；体育类社团，如篮球协会、轮滑协会等；文艺类社团，如书法协会、戏剧社、记者团等。这些社团有的历史悠久、自成特色，有的虽成立不久，但发展迅速，不管怎样，每一个社团都会围绕社团自身的主体，定期组织社团活动。学生可以根据自己的喜好和特长选择适合的社团活动参加，或是丰富自己的课余生活，或是培养自己的兴趣特长，或是加深和拓宽专业知识的掌握。总之，广大学生要根据自身的特点和兴趣，充分利用学校的有利条件，不要浪费自己宝贵的青春，为自己内涵的积淀、能力的培养而努力。如果你对某社团兴趣浓厚，又表现出色，你还可以发展成为该社团的骨干，不仅参与各种活动，还策划组织各种活动，这就更进一步锻炼了人际交往能力和组织管理能力。值得指出的是，在选择毕业生的时候，社团的骨干分子也是比较受用人单位青睐的。

3. 社会实践

社会实践，是指学生利用寒暑假或双休日走出校园，身体力行，在社会生活中树立理想、拓展视野、增长才干、服务社会。在各所高校中，为了帮助学生走向社会、学以致用，实现学生的实践意愿，学校会为学生提供包括寒暑假和双休日的实践机会，并在组织、宣传、资金等方面给予一定的指导和帮助。当前大学生的社会实践引起了社会的关注，有些地区和单位专门组织和设定社会实践的岗位和课题，欢迎学生积极参与并给予一定的资助，对一些好的、有发展前景的课题，主办者可以帮助孵化甚至进一步发展。每个学生要切实把握住这样的机会，从中锻炼自己各方面的能力。

4. 各类竞赛

大学校园是一个供青年人才一展身手的平台，在这里大学生可以找到许多志同道合的朋友，一展才华，发挥出自己过人的才能。校园里常常举办的各类竞赛便成为展现自我风采，培养个人能力的绝好契机。比如职业生涯规划大赛、“挑战杯”全国大学生创业计划大赛等此类赛事，受到了高校学生的普遍关注和参与。这些赛事激励大学生将所学专业知识与日新月异的社会实践相结合。通过自身参与赛事，做好赛事的准备，这一过程，必然能够激发和培养青年学生的创业意识和创业能力。

5. 担任学生干部

在大学生活中，锻炼的机会其实随处可见，关键就在于你是否是个“有心人”。你可以通过毛遂自荐的方式担任学生干部，从学生会干部到学生团委干事，从班长到寝室长，任何一个职位都可以是你发挥自身才干、为同学服务的机会。

首先，当学生干部能锻炼你的组织管理能力、决策能力。无论是召开班会、传达通知，还是统计信息，都需要你能协调各方、组织人员参与，并对行为做出决断和选择。这些能力的养成在今后的工作中有着重要的影响，往往成为企业选拔人才的标准之一。其次，当学生干部要与方方面面、众多的同学和老师打交道，能很好地培养你待人接物的技巧，并为你打下良好的人际关系基础，扩大社交圈子，获得众多的朋友。这其实是一笔宝贵的资源和财富。

再者，当学生干部能培养良好的品德。为人民服务的奉献精神，为他人着想的合作态度，勤恳踏实的工作作风，迎难而上的顽强斗志……这些都能够在许多的学生工作中得到培养和锻炼。需要指出的是，担任学生干部不能仅看重干部头衔的光环，要更加注意对自我的锻炼，即使你没有机会担任干部，只要有一颗为同学服务的爱心，只要善于观察、取他人之长补自己之短，仍然可以使这些能力得到提高。

第四节　职业素质要求与培养

职业能力是在职业选择以及职业发展的过程中不可忽视的一个因素。除了职业能力，我们还应该注重自身职业素质的发展。简单地说，职业素质是劳动者对社会职业了解与适应能力的一种综合体现，其主要表现在职业兴趣、职业能力、职业个性及职业情绪等方面。影响和制约职业素质的因素很多，主要包括受教育程度、实践经验、社会环境、工作经历，以及自身的一些基本状况（如身体状况）等。一般说来，劳动者能否顺利就业并取得成就，在很大程度上取决于本人的职业素质，职业素质越高的人，获得成功的机会就会越多一些。

一、现代职业的素质要求

现在职场所看重的不仅仅是一个人的专业，而更强调会做人、会做事。做人包括做一个好下属，做一个好同事；做事就是要不断学习提高业务技能，做个好职员。你选择职业，职业也会选择你。一方面求职者根据社会需要、个人意愿、能力、个性特征，选择适合自己发展的职业或工作岗位；另一方面，职业或工作岗位也对求职者进行选择，不同职业对求职者的知识、能力、性格等心理品质有不同要求。

以下是用人单位对大学毕业生职业素质要求的调研。

伴随着高校扩招，毕业生数量持续增加。一方面高校毕业生就业难，但另一方面用人单位却抱怨招不到合适的人才。根据北森人才管理研究院2012年的调查研究结果显示，“责任心”“抗压能力”“学习能力”“积极主动”是各企业最看重的毕业生应具备的职业素质。如图5-1所示。

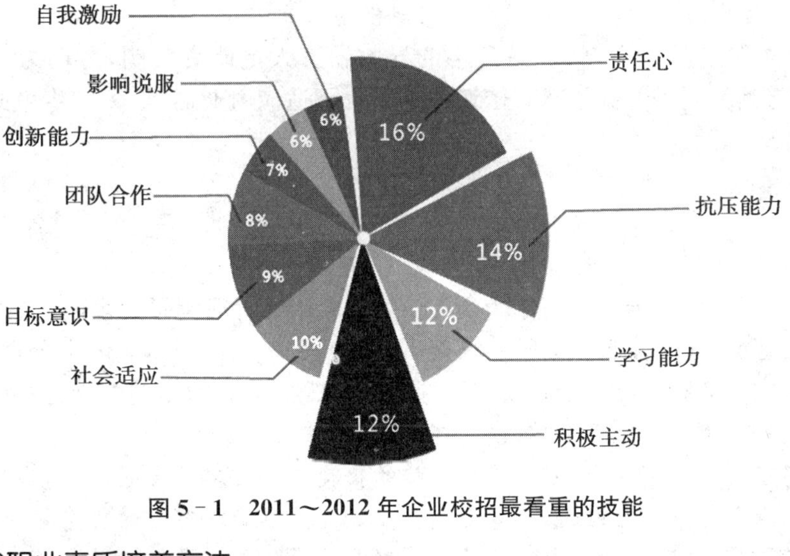

图5-1　2011～2012年企业校招最看重的技能

二、现代职业素质培养方法

大学新生，入校的那一天意味着你已经成了一名大学生。毕业，当我们离校走向社会后，便成了一个职业人。就广义而言，世间所有的大学生，古今中外，无一例外，都走着一条职业人的道路。无论你是专科、本科、硕士、博士，乃至博士后，当毕业以后走上社会时，都要寻得一个岗位，从事某个职业，成为一个社会的职业人。因此，我们应该从入校的那一刻起就要为将来成为一个合格的职业人做准备。

1. 提升职业品质

大学生职业品质，是指大学生在职业行为、工作作风方面表现出来的思想、认识、态度和品质等。提升学生职业品质的过程，也是帮助他们逐步实现社会化的过程，这是提高大学生职业素质的关键所在。来自哈佛大学的研究表明，成功因素中的85%取决于积极的职业态度，15%才是本人的职业技能。从这个角度看问题，我们认识到社会人力资源的开发已为就业者的职业品质注入了新的内涵。用人单位对应聘者的职业品质需求从某种角度讲，对学生发展有着很好的导向作用，诸如积极的人生态度、开拓创新精神、沉着应变能力、团队合作精神、敬业精神等，许多职业已向就业者提出了更高要求。

2. 培养职业理想

人的素质能在日常的生活习性中得以展现和流露，习惯也是个人素质的真实写照。所以，培养自己的职业素质就必须从日常的生活细节及点滴做起，看过汪中求先生写的《细节决定成败》的人都知道细节的重要性。

3. 培养职业兴趣

大学是一个职业素质锻炼的平台，为在校大学生提高专业素质及其他素质提供了良好的实践机会。大学生要把握好每次这样的机会，不要害羞，不要胆怯，不要怕丢面子，在训练中要做到“胆大、心细、脸皮厚”。

4. 体验和改进职业价值观

大学生可以利用好每个假期去社会实践，无论是否从事与专业相关的工作，这都是很好的培养职业素质的机会。只要你树立“职业神圣”的观念，你就会从你所从事的每项工作中得到自己想要的职业素质并加以培养。同时，你也能从实践中改进自己以前不足的职业素质理念，不断地培养自己、提高自己，使自己的职业素质得到不断的升华。

5. 以就业为导向，培养不同层次和不同规格的人才

就业需求导致求学需求，就业是学生的导航器。大量研究表明，劳动力与接受教育程度，职业技能与其就业或失业状态有密切关系。为了适应就业需求，大学生就必须使自己成为复合型人才。

第五节　情商与职业发展

长期以来，人们习惯于将智商作为衡量人才的标准，而现代研究表明，人才成功的决定因素不仅仅是智商，还有情商。美国一家很有名的研究机构调查了188个公司，测试了每个公司高级主管的智商和情商。结果发现，对领导者来说，情商的影响力是智商的9倍。智商略逊的人如果拥有更高的情商指数，也一样能成功。

詹妮做完了一天的工作，正期待着去剧院的夜晚。去车库开车的时候，她发现有一个同事的车斜停在两个停车位的中间。“多自私。”詹妮想。尽管还有空的停车位，但是詹妮还是感到很愤怒。“需要给这个人上堂课。”詹妮寻思着。詹妮走到停车接待处抱怨。没想到，接待员竟然不在，詹妮想着接待员肯定提前回家了。这让詹妮更生气了，她从服务台上拿起一

张大白纸，写了一张纸条粗鲁地骂了刚才那个没好好停车的司机有多自私。然后，她又写了一张纸条，强烈谴责接待员的失职，竟然没到点儿就离开岗位。詹妮把第一张纸条贴在刚才那辆汽车的挡风玻璃上。

她对刚才发生的事情如此愤怒，以致在剧院都无法集中精力看完整场表演——这完全是个扫兴的夜晚。

到了第二天，詹妮去上班，发现同事们的气氛阴沉沉的。原来昨天晚上詹妮下班后，有个同事停车的时候撞到了停车场的墙上，心脏受到冲击，现在正在医院抢救。詹妮放在挡风玻璃上的纸条被接待员拿下来了，而昨天接待员看到詹妮同事出事后，就去帮着停车去了。詹妮心里很苦恼——一方面因为自己看到不顺眼的情形时，竟然做出那么强势的行动；另一方面觉得自己缺乏考虑，车之所以那么歪停着可能是发生了什么事。詹妮花了很长时间才从情绪影响中走出来。

在这个案例中，詹妮的弱点在于缺乏自我管理——她对所看到的场景感到生气情有可原，但是错就错在她不能控制自己的消极情绪，导致她写了那些侮辱性的话。其次，詹妮缺乏自我意识。一看到那个场景，詹妮想都没去想为什么车会那么停，而是很快就认定是别人自私，不为别人着想。接待员不在岗位上，她也没去想可能是别的原因早下班。她缺乏足够的情商去找出事件发生的原因，没有考虑到事情可能有其他缘由而不是自私。缺乏情商的后果就是：詹妮怨自己，感到羞愧，同事也会因为她的行为而不高兴。

由于缺乏情商而导致不良结果的案例在我们的生活中还有很多，因此在进行职业选择与职业规划时我们也不能忽视情商的因素。

一、情商的概念

情商即情感智商，简称EQ，是近年来心理学家们提出的与智力和智商相对应的概念，主要是指人在情绪、情感、意志、耐受挫折等方面的品质。

美国耶鲁大学的彼得·沙洛维教授和新罕布什尔大学的约翰·梅耶教授把情感智商描述为由三种能力组成的一种结构。这三种能力分别是：① 准确表达和评价情绪的能力；② 有效地调节情绪的能力；③ 将情绪体验运用于驱动、计划和追求成功等动机和意志过程的能力。

职业情商是以上几个方面在职场和工作中的具体表现，职业情商更加侧重于对自己和他人的工作情绪的了解和把握，以及如何处理好职场中的人际关系，是职业化的情绪能力的表现。

二、情商在职场中的作用

情商理论应用范围很普遍，研究对象涉及多个年龄阶段和各种职业领域。经众多实证研究证实，情商对个人的成长、人生的成功、企业的发展都具有较大的影响。在此，我们重点说明情商在职业发展中的重要作用。情商对个体在职业选择以及职业发展过程中的作用主要体现在三个方面，即自我觉察能力、理解他人情绪的能力和人际关系管理能力。

1. 对自我的把握

对自我的把握是情商对个体进行职业选择和职业发展过程中最直接的影响。所谓“知己知彼”，如果对自己的情商不了解，就不可能做出科学合理地选择，职业发展也会存在这样或那样的障碍。具体来说，在对自我进行把握时我们应该注重三点：

(1) 正确的自我意识

只有真正了解了“我是谁”这个问题，我们才能在职业选择与职业规划时做出科学合理的选择。

(2) 合理的管理情绪

现代快节奏的生活方式使人们常常处于高压之下，社会期望高、心理压力大、学习负担重、竞争激烈，使人们的情绪易处于紧张状态。一般认为，适度的、情境性的负情绪反应，如考试中的紧张和焦虑，失意后的悲伤等情绪是正常的。但是，如果不能很好地处理生活和学习中的各种问题，极易产生不同程度的情绪问题，从而影响身心的健康和发展。特别是在工作的过程中，更应该注意调节生活节奏，适当减轻压力，从而控制好自己的情绪表现。

(3) 恰当的自我激励

恰当的自我激励能够增强自我信心，提升自我认同感，这对于职业选择和职业发展是十分有利的。自信度高的人，往往对工作的完成有较大的把握，在工作的过程中具备挑战精神，敢于迎接挑战，会努力去寻找克服困难的方法，从而能够大大地提高工作效率，取得成功的几率也会随之增加。

2. 对他人的感知

在职场中，除了谋求自身的发展，还需要去关注他人，这也是我们作为一个社会人应该做到的。只有当你真正去用心关注、理解他人的时候，才能换来他人对你的关心和理解。善于识别他人情绪的人能察觉出他人的所思、所想、所感，能理解他人的态度，能对他人的情绪做出准确的辨别和评价，这种能力对人类的生存和发展是很重要的，它使人们之间能够相互理解，使人与人之间能和谐相处，有助于建立良好的人际关系。在对他人的感知过程中，我们应该注意两点。

(1) 理解他人的情绪

作为一个社会成员，无论我们是在校大学生，还是在职场工作的职业人，都脱离不了自己所属的群体和大的环境。因此，在争取自我发展的同时，我们还应该注重对周围环境的认识，特别是要学会换位思考，多从他们的角度去看待同一个问题，理解他人的情绪。

(2) 同情心

能否设身处地地理解他人的情绪是了解他人需求和关怀他人的先决条件，这种心理能力概括为同理心或同情心。同情心跟责任心、功德感一样，也是现代人应该具备的重要素质，而这一点也是我们现在在职场中的职业人比较缺乏的。

3. 与他人的交流

沟通，是人与人交往的重要渠道，善于沟通，善于交流，有时候比智商、技术更加重要。在职场中，要做到很好地与他人进行交流，需要注意以下三个方面：

(1) 处理好人际关系

人是社会的人，人的生存与发展离不开社会。每个人都生活在人际关系网中，每个人的成长和发展都依存于人际交往。人际关系的好坏往往是一个人心理健康水平、社会适应能力的综合体现。良好的人际关系，在工作中可以为我们创造更多的机会，可以提升自我在群体中的地位和威信，这些都是对自己的职业发展十分有帮助的。

(2) 提高领导他人的能力

一个高智商的人具备了成功的机会，而高情商则决定他能否成功，作为一个领导管理者更是如此。能够成为一个成功的领导者，往往需要具有比一般人更高的情商。根据相关调查显示，成功领导者的主要特征包括毫不动摇的勇气、自我控制能力、强烈的正义感、坚定的决心、具体的计划、付出超过所得的习惯、可爱的性格、掌握详情、同情与理解、愿意承担全部责任、合作的精神。

(3) 人际关系的有效性

在人际交往的过程中，我们不仅需要去构建良好的人际关系，同时还应该注重人际关系的有效性，使良好的人际关系成为一种资源，对我们自身的发展发挥出良好的作用。

三、情商培养的途径

人的情商不是生来就有的，而主要是后天学习、培养的。人的情商的形成，开始于幼儿期，形成于儿童期和少年期，成熟于青年期。青年期之后，人的情商水平仍然持续不断地提高。人的情商是在先天素质的基础上，通过后天学习培养而形成的。有的学者提出，人的性格的形成，30%受先天因素的影响，70%由后天因素决定。人的情商的形成，不是一时一事，也不是一朝一夕，更不是一蹴而就的，而是一个长期的过程。一旦形成就比较稳定，因此，人们常说："江山易改，禀性难移。"但是，因为影响人们情商形成的主观因素和社会因素总是在不断发展变化的，所以，人的情商水平也是在不断发展的。随着人生经历的丰富和知识经验的不断积累增长，特别是个人亲身的生活、工作实践的丰富，其情商水平会不断提高。

一个人，从小就应该开始注意情商的学习和训练。如果从小就缺乏早期的情感教育和训练，导致一个人重要的情感缺陷，这对成人以后的情商水平会有很大的影响。对于大学生而言，人的生理与心理都已发育成熟，世界观、人生观和价值观及其个性都已基本形成。当其走向社会时，开始了独立的学习、生活与工作，陆续成家立业。这个时期，需要广泛全面地学习与实践社会规范和人生中各种生存技巧与知识，学习处理各种人际关系，以更好地适应人群与社会。成年以后，社会知识和实践经验已相当丰富，但面对错综复杂的社会生活和并不一帆风顺的人生，仍然需要继续学习和接受教育，学习新知识、新经验和人际技巧，不断反复实践和自我提高，其情商的培养主要靠自省、自悟、自我感受与体验。

情商品质主要包括准确表达和评价情绪的能力，有效地调节情绪的能力和将情绪运用于追求成功的动力和意志力的能力。要使得自己的情商得到好的发展，最重要、最有效的途径就是控制好自己的情绪。在这里，我们介绍几种情绪自我调节与控制的方法。

1. 善于控制个人的情绪

善于调节与控制个人的情绪是保持情感健康的关键，自我安慰是一个人生活的基本技巧。人们总是生活在某种情绪状态之中，应当善于控制个人的过激情绪，从而使自己的情感保持平衡。但这并不是说要压制个人的情感。因为人的每种情感都有其作用与意义，没有情感的生活与丰富的人生格格不入。不过，人的情感必须适度，与周围的环境、情况相适应。如果感情太平淡，生活就会枯燥无味；若情感失控，走上了极端偏执，就成了病态。那种长期抑郁、过分焦虑、怒火冲天以及狂躁等，都属于病态现象。某一情绪过分强烈或长期耿耿于怀都是在走极端，不利于人的平静生活。

当然，人们不应只保持某一种情绪，永远快乐的人生不仅不可能，而且不免过于平淡。人生的痛苦也往往能促使人们去追求富有创造性和精神乐趣的生活，痛苦能磨炼人的灵魂。在情绪问题上，应该将积极情绪和消极情绪保持在适当的比例。实验表明，人们要获得情感满足，并不需要避免所有的不愉快情绪，只是不应让过激情绪控制并取代所有的愉快心情。有些生活得非常快活的人也有火冒三丈或非常抑郁的时候，但由于他们同时保持着平衡，因此也就感到愉快和幸福。研究证明，人的情感健康与智力无关，而取决于情感智商。

2. 平息怒气

在人们需要避免的情绪中，愤怒最难缓解。有关研究表明，生气是最难控制、最具有诱惑力的负面情绪。生气的人往往会找一些自圆其说的借口，在内心中推波助澜，从而使发怒的理由变得更加充分。那种认为生气是无法控制的，不要有意压抑怒火，甚至生气是正常的“宣泄”，或者认为人们完全可以避免生气等，这些看法都是不对的。

人们生气的原因是多种多样的。例如，有时一些突发的小事也可能惹得人勃然大怒，对不公正的事情采取报复行动或义愤等。实际上，引发人们愤怒的思绪同时也是打消生气的关键所在，因为它是可以抽去的釜底之薪。人们越是去想那些使自己生气的原因，就越是认为自己生气发火是“理所当然”的，就越是给自己生气加以辩解，其结果是不停地给自己火上浇油。因此，人们应从不同角度来看待生气的原因，从而改变自己的心情，这样就可以平息怒火。

心理学的研究认为，平息人的怒火有多种方法：

① 认准引起怒火的思绪，并加以反思，因为最初的想法是导致怒火爆发的源头，以后的想法只不过是推波助澜。趁着还未生气时，就表示出缓和的姿态，这样可以消气息怒。

② 谅解有助于平息怒气。谅解可以对对方的处境表示同情。

③ 分散注意力。如果老是想着那些惹你生气的事情，那你就不会平静下来，你老想着那些事情会使你越想越气。而分散注意力的作用就在于它打断了生气的念头。实践证明，看电视、看电影、读书、逛商店、与亲朋好友聚会等都可以干扰引起人们大发雷霆的生气念头。

④ 自觉地注意那些愤世嫉俗或与人为敌的想法，这些想法一露头，就把它写下来，重新思考这些想法，人们就会对这些想法的正确性发生怀疑，从而平息怒气。

3. 正确对待发泄

在某些特殊情况下，发泄可以达到“出气”的作用，如直截了当地向惹你生气的人发泄一番，使你有一种自己占了上风、伸张了正义、使惹你生气的人“受到了惩罚”的感觉，从而获得了心理上的平衡；发泄使惹你生气的人的行为有所收敛，从而使你的心情会“舒畅点”。研究证明，以发泄的方式来平息怒火，往往收效甚微。因为弄得不好，发泄会使人更加怒火中烧。发泄时通常都会使情绪中枢兴奋，让人欲罢不能。研究认为，当人们对惹自己生气的人发泄时，本身就延续了不愉快的心情。如果人们一开始就冷静地处理，以一种建设性的态度来同对方讨论怎样处理他们之间的争执，则能更快、更有效地平息怒气。有人曾请教一位僧人息怒之道，答曰：“不抑，不扬。”意思是对怒气既不压抑，也不暴发，而是疏而导之。

4. 缓解焦虑

生活中的焦虑，有着一定的积极作用。通过深思熟虑，就可能找到问题的答案。焦虑实际上就是使人对潜在的危险保持警惕，这是进化过程赋予人类的本能。当恐惧刺激人的情绪中枢时，就可能产生焦虑，从而使人一心关注眼前的威胁，迫使人们把其他事情暂时抛开，想方设法应付威胁。从某种意义上说，焦虑就是预演可能出现的人生危险，从而找出积极的对策加以克服。

生活中人们总是忧心忡忡地牵挂着那些没完没了的事情，一件接着一件，反反复复，没完没了。若长期为某一事情焦虑，既找不到解决的办法，又始终无法释怀，则问题就会产生。对长期焦虑的研究证明，人若长期焦虑就会具有低程度情绪短路的全部特征：莫名其妙地忧心忡忡；焦虑情绪无法控制、持续不断和不可理喻；对某个问题特别忧虑等。如果这种焦虑情绪反复强化，绵延不断，便会发展成为完全的神经失控，出现恐惧症、偏执、强迫行为及恐慌症等。

研究认为，人的焦虑是以两种形式表现出来的：其一是认知的，也就是焦虑的想法；其二是身体的，即焦虑的生理症状，如冒汗、心跳加快、肌肉僵直等。

缓解焦虑的办法是：

第一步要有自我意识，及早地注意到焦虑的出现，最好是在灾难性的想法引发焦虑恶性循环的那一刻，就能发现焦虑。一旦意识到焦虑出现了，就做放松练习来缓解它。放松练习的技巧运用自如，人们就会有效地缓解焦虑。

第二步是对焦虑采取批判的态度。例如，那可怕的事件果真会发生吗？难道就只能眼睁睁地让它发生，没有其他选择了吗？是否还可以采取一些建设性的措施呢？焦虑真能有助于克服反复出现的忧虑吗？这种自我注意与建设性的质疑相结合，就能遏制轻度焦虑症的思路发展。主动养成自我注意与批判焦虑思绪的习惯，就可以切断焦虑对边缘系统的刺激。同时，主动进入放松状态，抵制情绪中枢输送到人体各部位的焦虑信号。

5. 转移注意力，摆脱抑郁

悲伤是在人们所有情绪中最希望消除的情绪。当然，并不是所有的悲伤情绪都应该避免。同其他情绪一样，悲伤的情绪对人也有积极的一面。如失去亲人后会深感悲伤，对娱乐活动兴趣全无，身心沉浸在悲哀之中，失去或者暂时失去从事新活动的动力。悲伤使人从人生忙忙碌碌的追求中退缩回来，让人缅怀逝去者，反复思索这一事件的前后与影响，痛定思痛，最后进行心理调适，制订新的人生计划。

人的悲伤和抑郁是可以摆脱的。人们摆脱悲伤抑郁的方法多种多样，其中最有效的办法是转移注意力。人的抑郁的思绪是自发的，是不请自来的，即使你想努力消除它，也往往会徒劳无功。一旦抑郁的想法涌入心头，就像磁石，吸引出一串串忧伤思绪。而转移注意力的方法就是设法打断对忧伤心事连续不断地思考。转移注意力是最有效地改变心情的方法，例如，看一场精彩的体育比赛，看一场喜剧，读一本轻松愉快的书，看一场令人欢乐的电影，玩电子游戏，参加各种社交活动，如外出吃饭、跳舞、与亲朋好友一道做点事情等。凡是能把注意力从悲伤中转移开的方法，都有积极的作用。但运用此法要注意避免选择只会使情况变得更糟的事情，如看一场让人伤心落泪的电影，讨论一部结局悲惨的小说等，只能使抑郁者更加郁郁寡欢。

享受生活也能使人振奋愉快。一个人心情忧郁时，可通过洗个热水澡，吃点美味佳肴，听听音乐等来减轻其郁闷心情。妇女在心情不佳时，通常的缓解办法是上街给自己买点小玩意或吃点东西，妇女到商店里，即使不买东西，仅仅随处逛逛心里也舒畅。但若暴饮暴食或纵情酗酒，其效果却往往适得其反。因为暴饮暴食后人们常常追悔莫及；酗酒则使人的中枢神经系统受到抑制，从而使情绪更加消沉。

一个小小的成功也是缓解悲伤抑郁的有效方法。一个人设法取得一个小小的成功，如处理好家中某件拖延已久的杂事，打扫一下久未打扫的房间卫生，穿着得体整洁等，都可以改善自我形象而有助于解闷消愁。

换个角度看问题是缓解悲伤抑郁情绪的最有发展前途的方法。所谓换个角度看问题，就是认识的再构建。例如，为一段友谊的终结而伤感甚至产生绝望。但如果换一个角度，想一想这段友谊对自己也许并不那么重要，你与你的朋友未必就是真的情投意合，这样，伤心的情绪就可能大大减少；再如一个重病患者，无论病得多重，如果把自己与那些情况更糟的患者相比，就会觉得“我还行”，这样心情就会好一些。这种比上不足比下有余的想法对改善人的心情效果甚佳。

设法助人也是缓解悲伤抑郁的有效方法。抑郁症者情绪焦虑低落的一个重要原因是沉溺于自己的苦恼之中。如果善于热心帮助别人，为别人做点好事，就能把自己从抑郁情绪中解救出来。研究证明，投身于志愿助人的活动是改变心境的一个好办法。

6. 处变不惊，镇定自若

做到处变不惊、镇定自若，那你就是调节自己情绪的高手。这种人处理消极情绪得心应手，甚至对消极情绪可以视而不见。研究显示，镇定者表面上镇定自若、临危不乱，而实际上他们只是对自己的心理波动没有觉察而已。从理论上来说，人们可以通过学习和训练，控制情绪，成为镇定自若的人。所谓镇定就是乐观情绪阻断了不愉快的情绪，是积极的解离过程。有些人镇定的表现之一就是置身事外的漫不经心。这种镇定自若，实际上是情绪自我调控的一种成功策略。

专题小结

(1) 能力就是指顺利完成某一活动所必需的心理条件，是直接影响活动效率，并使活动顺利完成的个性心理特征。大学生应具备的重要能力包括动手操作能力、社会交往能力、社会适应能力、创新能力、组织管理能力等。

(2) 职业素质是劳动者对社会职业了解与适应能力的一种综合体现，其主要表现在职业兴趣、职业能力、职业个性及职业情绪等方面。一般说来，劳动者能否顺利就业并取得成就，在很大程度上取决于本人的职业素质，职业素质越高的人，获得成功的机会就会越多。

(3) 现代心理学认为，情商作为一种非智力因素，对个人的事业成功与否非常关键。美国成人教育学家卡耐基说:“一个人的成功，只有15%是靠他的专业知识，而85%要靠他良好的人际关系和处世能力。”EQ是近年来心理学家们提出的与智力和智商相对应的概念，是指人在情绪、情感、意志、耐受挫折等方面的品质。主要包括：① 准确表达和评价情绪的能力；② 有效地调节情绪的能力；③ 将情绪体验运用于驱动、计划和追求成功等动机和意志过程的能力。

复习与探索

(1) 读下面的故事，回答面试官为什么录取了一个长相平庸的高中毕业生？

一个长相平庸的高中毕业女孩到一家大公司去面试一份高薪职业，面试官问女孩的第一句话是“请问你是什么学历”。得知女孩的学历后面试官对女孩子说:“请回。”女孩很平静地对面试官说:“请问哪里有铁锤呢?”过了一会，面试官很诧异地发现女孩拿了个锤子回来。女孩一言不语地在刚才坐过的凳子上一阵敲打，面试官纳闷地问女孩:“你在做什么?”女孩说:“这凳子上有个钉子，弄烂了我的衣服，我把它钉好了就不会再弄烂下一个面试者的衣服了。”面试官立刻拍板录取了这个学历不高的女孩。

(2) 探索：工作情商小测试。尽量诚实地回答下列问题，估计在你的同事、上级和下属的心目中对你下列每一项特征的评价如何，4分表示非常赞同，3分表示比较赞同，2分表示差不多，1分表示不同意。

——我通常能保持镇定、乐观、冷静的态度，即便在紧要关头。

——我能在压力下保持清晰的思维，集中精力处理手头的工作。

——我能承认自己的错误。

——我通常或总是能履行承诺和遵守诺言。

——我负责实现自己的目标。

——我在工作中条理井然和小心仔细。

——我经常能从广泛的各种来源中获得新思想。

——我擅长于出新主意。

——我能顺利地处理多方面的要求和变化的工作重点。

——我注重结果,有实现自己目标的强大干劲。

——我喜欢确定具有挑战性的目标,并愿意为实现这些目标冒成败参半的风险。

——我总设法学习如何改进自己的工作成绩,包括向比我年轻的人请教。

——我随时准备为实现一个重要的集体目标作出牺牲。

——公司的任务是我理解并能支持的事情。

——我所在的小组(或所在的公司)的价值影响我的决定,并明确我所作的选择。

——我积极寻找机会促进组织的总目标,并争取其他人的帮助。

——我追求比我当前工作所要求的或所期望的要高的目标。

——障碍和挫折会使我耽搁一阵子,但它们阻止不了我继续前进。

——避开繁文缛节和修改过时的规则有时是必需的。

——我追求新观点,即使那意味着尝试全新的事情。

——在工作时我能抑制住我的冲动或沮丧情绪。

——当情况发生变化时我能够迅速改变策略。

——获得新的信息是我减少不确定性和把工作干得更好的最佳途径。

——我通常不把挫折归因于个人的缺点(自己的或他人的)。

——我怀着期望成功而不是害怕失败的情绪做事。

低于 70 分意味着有点问题。如果你的总分偏低,不要绝望:情商并不是不能提高的。情绪智力可以通过学习获得,而且实际上我们每个人一生中都在提高它,尽管程度不同。

第六专题

兴趣探索

学习目的

(1) 了解兴趣的内涵及在职业选择中的作用。
(2) 探索自己的职业兴趣,通过职业兴趣测量找到自己喜欢和适合的工作。
(3) 了解兴趣与职业匹配理论,找到自己的职业方向。
(4) 尝试根据自己的职业选择,努力培养自己相应的职业兴趣。

导引案例

成功,没那么难

1965年,一位韩国学生到剑桥大学主修心理学。每天下午,他常到学校的咖啡厅或茶座听一些成功人士聊天。这些成功人士包括诺贝尔奖获得者、一些领域的学术权威和一些创造了经济神话的人,这些人幽默风趣,把自己的成功都看得非常自然和顺理成章。时间长了,他发现,在国内时,他被一些成功人士欺骗了。那些人普遍把自己的创业艰辛夸大了,他们用自己的经历吓唬那些还没有取得成功的人。

作为心理系的学生,他认为很有必要对韩国成功人士的心态加以研究。1970年,他把《成功并不像你想象的那么难》作为毕业论文,提交给现代经济心理学的创始人威尔·布雷登教授。布雷登教授读后,大为惊喜,他认为这是个新发现,这种现象虽然在东方甚至在世界各地普遍存在,但此前还没有一个人大胆地提出来并加以研究。

后来这本书伴随着韩国的经济起飞了。这本书鼓舞了许多人,因为它从一个新的角度告诉人们,成功与"劳其筋骨,饿其体肤""三更灯火五更鸡""头悬梁,锥刺股"没有必然的联系。只要你对某一事业感兴趣,长久地坚持下去就会成功,因为上帝赋予你的时间和智慧够你圆满做完一件事情。后来,这位青年也获得了成功,他成了韩国泛业汽车公司的总裁。

职业兴趣对于职业人生有着至关重要的作用。你未来的职业满意感、职业稳定性和职业成就很大程度上取决于你的职业兴趣。本专题着重了解兴趣的内涵,探索自己的兴趣,找到自己喜欢的职业。

第一节 兴趣概述

一、兴趣

1. 兴趣的内涵

兴趣，是人对客观事物的选择性态度，是人对需要的情绪表现，或者说是指一个人愿意认识和掌握某种事物，并经常参与该活动的心理倾向。根据《现代汉语词典》所列出的定义：兴趣指的是一种喜好的情绪。据此，兴趣具有如下几点特征：

① 兴趣是一种情绪，即人从事某种活动时产生的兴奋心理状态。

② 兴趣是一种健康的情绪。

③ 兴趣是一种爱好的情绪。

对生活有浓厚兴趣的人，会觉得生活丰富多彩，充满乐趣；对学习感兴趣的人，就会兴致勃勃，孜孜不倦地学习；兴趣爱好广泛的人，其思维的开阔性和想象力会得到发展；从事自己感兴趣的事，就会觉得心情舒畅和愉快。

兴趣不只是对事物表面的关心，任何一种兴趣都是由于获得这方面的知识或参与这种活动而使人体验到情绪上的满足而产生的。我们往往有这样的体验，干一件自己喜欢的事，感到心情特别舒畅，干劲倍增；做一件自己不愿做的事，感觉郁郁寡欢，提不起精神。

兴趣和爱好受社会制约，不同的环境、不同的职业、不同的文化层次的人，兴趣和爱好都不一样。社会环境，社会舆论导向，实践活动都可以影响兴趣的形成与发展。

兴趣和爱好受遗传影响，家庭环境的熏陶对其职业兴趣的形成具有十分明显的导向作用。大多数人从幼年起就在家庭的环境中感受其父母的职业活动，随着年龄的增长，逐步形成自己对职业价值的认识，使得个体在选择职业时，不可避免地带有家庭教育的印迹。家庭因素对职业取向的影响，主要体现在择业趋同性方面。

兴趣受需要影响，兴趣建立在需要基础上，是个人带有积极情绪色彩的认知和活动倾向，是个人对其环境中的人、事、物所产生的喜爱程度，是个人力求认识、掌握某事物，并经常参与该种活动的心理倾向。当一个人有某种需要时，就会有满足需要的欲望，会对它产生特别的注意力，对该事物感知敏锐、记忆牢固、思维活跃、情感浓厚、意志坚强。兴趣是人们活动的重要动力之一，是活动成功的重要条件。

2. 兴趣分类

人的兴趣是多种多样的，也有不同的划分办法：

(1)物质兴趣和精神兴趣

物质兴趣主要指人们对舒适的物质生活(如衣、食、住、行方面)的兴趣和追求；精神兴趣主要指人们对精神生活(如学习、研究、文学艺术、知识、成长)的兴趣和追求。就大学生来说，由于人生观和世界观尚未完全形成，无论物质兴趣还是精神兴趣都需要进行积极的引导，以防止在物质兴趣方面的畸形发展，在精神兴趣方面的消极追求，在职业兴趣方面的不良偏爱。

(2) 直接兴趣和间接兴趣

直接兴趣是指对活动过程的兴趣。例如，有的大学生喜欢制作各种模型，在制作过程中，全神贯注，表现出浓厚的兴趣；间接兴趣主要指对活动过程所产生的结果的兴趣，有的大学生业余喜欢绘画，每当完成一幅画，他都会对自己取得的成果表现出极大兴趣。直接兴趣和间接兴趣是相互联系、相互促进的，如果没有直接兴趣，制作各种模型的过程就很乏味、枯燥；而如果没有间接兴趣的支持，也就没有目标，过程就很难持久下去，因此，只有把直接兴趣和间接兴趣有机地结合起来，才能充分发挥一个人的积极性和创造性，才能持之以恒，目标明确，取得成功并品尝成功的喜悦。

(3) 个人兴趣和社会兴趣

个人兴趣是个体以特定的事物、活动及人为对象，所产生的积极的和带有倾向性、选择性的态度和情绪。社会兴趣是指对社会怀有积极的看法，并且对增进社会福利怀有强烈的兴趣。愿意与他人友好合作以实现共同增进社会利益的目标，并能与大家一同造福社会。

一个心理健康的人，往往有这样一些特点：有浓厚的社会兴趣，懂得互助合作，有健康的生活风格和正确的解决问题的方法。一个社会人如果没有社会兴趣，是很难在生活中有良好的适应和发展的，有社会兴趣的人是在追求与社会利益相一致的目标中实现其对优越的向往与追求。例如，所有为社会福利而努力奋斗与工作的人，他们的优越都表现在为社会所做出的贡献，由于他们为社会所做的贡献，社会也回报他们以极大的尊重和赞许，如深受中国人民敬重的周恩来总理。由于选择了正确的社会奋斗目标，他们不仅能够实现自己所期望的优越，而且有助于发展出成熟健康的心理。

缺乏社会兴趣的人，追求的是纯私人的目标。如果一个人在追求优越中选择了错误的或者说是违反社会利益的纯私人的目标，那么，他就有可能发展为病态的人。作为大学生，既不能埋没自己的个人兴趣，又要把个人兴趣与社会兴趣有机结合，在实现个人目标的同时为社会做出自己的贡献。

3. 兴趣与爱好的关系

兴趣是人乐于接触、认识某种事物，并力求参与相应活动的一种积极的意识倾向。

爱好则是对某种事物具有浓厚的兴趣并愿意积极参加此种活动。可见，有了兴趣才能有爱好。爱好是兴趣的第二阶段，也可称之为乐趣。

职业兴趣、爱好，是你能够当做事业的爱好，是你对某种职业的美好向往，它为你提供良好的经济保障。职业兴趣可以为你选择职业提供一个重要的参照系，它可以为你的工作提供源源不断的动力。

生活兴趣、爱好，是让你觉得心情舒坦的爱好，有强大的魅力去吸引着你始终坚持下去，过段时间如果不做就会感觉缺了点什么。它是你放松心情的最好方式，休闲娱乐的最好途径。定期地做自己喜欢的事，能够给你一种健康的生活方式，往往良好的心情是你健康的基础。

你藏在心底作为梦想的爱好，也许是一个幼稚的想法，也许是一个小小的许诺，也许是单纯地为了梦想的境界。做它你只有投入而没有回报，但在做的过程中得到快乐，发出那种小孩子一样的天真的笑声，这三种爱好不管是哪个，做了都会让你开心。

兴趣不是与生俱来的，它需要培养。像“唐宋八大家”之一的苏轼，之所以在散文、诗、词方面都具有杰出的成就，是和他父亲的熏陶和培养分不开的。

兴趣也不是不可以改变的。它在某些情况下和需要有着密切的联系。鲁迅早年学医，可是后来他认识到救人得要先救国，所以他弃医从文了，成了我国伟大的文学家、思想家。

二、职业兴趣与职业匹配理论

1. 职业兴趣

职业兴趣是指人们对某种职业活动具有的比较稳定而持久的心理倾向。它是一个人探究某种职业或从事某种职业活动所表现出来的特殊个性倾向，它使个人对某种职业给予优先的注意，并具有向往的情感。由于兴趣爱好不同，人对美好职业的追求有很大的差异。职业兴趣对职业选择和职业发展都有一定的影响。良好而稳定的职业兴趣使人从事各种实践活动时，具有高度的自觉性和积极性。个人根据稳定的兴趣选择某种职业，兴趣就会变成个人的积极性，促使一个人在职业生活中做出成就。反之，如果你对所从事的职业不感兴趣，就会提不起精神，就会影响你积极性的发挥，难以从职业生活中得到心理上的满足，也不利于工作上成就的获得。

达尔文喜欢玩虫子，一天他剥开一片树皮，发现两个稀有的虫子，便用两只手各抓一只，之后他又发现第三个新种类，但舍不得放走前面的两只，便把右手的一只放进嘴里，虫子分泌的辛辣的液体，把达尔文的舌头辣得发热，正是这种对生物的痴迷，达尔文才写出了举世闻名的著作《物种起源》。

2. 职业匹配理论

你有机会到下列六个岛屿中的一个去体验生活，唯一的要求是你必须要在这个岛上待满至少半年的时间。请不要考虑其他的因素，仅凭自己的兴趣按一、二、三的顺序挑出你最想前往的三个岛屿。

R岛：自然原始的岛屿。岛上保留有热带的原始植物林，树木茂密，野花丛生，生物种类齐全，自然生态保护良好，岛上有相当规模的动物园、植物园、水族馆。岛上居民热爱劳动，自己种植花果蔬菜、修理房屋、打造器物，编制花篮，制作各种工具，崇尚技术工作，以手工见长。

I岛：深思冥想的岛屿。岛上人迹较少，建筑物多偏处一隅，平川绿野，适合夜观星象。岛上有多处天文馆、科博馆，以及科学图书馆等，适合读书研究。岛上居民喜好沉思、追求真知，喜欢和来自各地的科学家、哲学家、心理学家等交换心得，喜欢思考、学习、分析和解决问题。

A岛：美丽浪漫的岛屿。岛上充满了美术馆、音乐厅，人们吟诗作画，唱歌跳舞，弥漫着浓厚的艺术文化气息。同时，当地的原住民还保留了传统的舞蹈、原生态的音乐与古老的绘画，许多艺术和文艺界的朋友都喜欢在这里找寻灵感，从事艺术创作。

C岛：现代化且秩序井然的岛屿。岛上建筑十分现代化，高楼林立，市场繁荣，是进步的都市形态，以完善的户政管理、地政管理、金融管理见长。岛民个性冷静保守，处事有条不紊，善于组织规则。

E岛：显赫富足的岛屿。岛上居民热情豪爽，善于经营和贸易。岛上的经济高度发展，处处是高级饭店、俱乐部、高尔夫球场。来往者多是企业家、经理人、政治家、律师等，他们喜欢以影响力、说服力与人互动，追求政治与经济上的成就。

S岛：温暖友善的岛屿。岛上居民个性温和、十分友善、乐于助人，人们相互帮助，社区均自成一个密切互动的服务网络，人们重视教育，充满人文气息。

想想看，描述的六种典型的环境，你选择哪一个或哪几个？

一般情况下，人们通常选择与自我兴趣类型匹配的职业环境，如有现实型兴趣的人希望选择R岛，以在相应的职业环境中工作，更好地发挥个人的潜能。当然，在职业选择中，每个人并非一定要选择与自己兴趣完全对应的职业。一则因为人本身是多种兴趣类型的综合体，单一类型的不多，为此，评价个体的兴趣类型时也时常以其在六个岛中得分居前三位的类型组合而成，组合时根据分数的高低排列，构成兴趣组型，如：现实(R)、传统(C)、艺术

(A)、企业(E)、研究(I)、社会(S)等。另外,因为影响职业选择的因素是多方面的,不完全依据兴趣类型,还要参照社会的职业需求及获得职业的现实可能性。

在数以万计的职业中,如何能找到与自己兴趣相匹配的?由于职业、工作种类太多了,因此必须对庞杂的职业做一个科学的、适合操作的分类。然后再去发现自己感兴趣的职业群。对职业兴趣以及相对应的职业类型划分的研究由来已久,其中影响最大、而且有配套的兴趣量表的,要属美国心理学家、职业指导专家霍兰德的相关理论。

霍兰德把职业兴趣分为六种类型,分别为现实型、研究型、艺术型、社会型、企业型、常规型。每种类型对应不同的特点和职业,与我们刚才的选择基本对应。霍兰德认为:同一类型的人与同一类型的职业互相结合才能达到相互适应的状态。

人在一生中,面临着许多职业选择,工作选择,职位选择,甚至具体项目的选择,这些选择是否能与其自身的兴趣类型相匹配,是影响其成功的重要因素。员工的工作满意度与流动倾向性,取决于个体的职业兴趣与职业环境的匹配程度。当兴趣和职业相匹配时,会产生最高的满意度和最低的流动率。

霍兰德兴趣与职业匹配理论的基本观点是:

① 兴趣是人格的一部分,而且是人格天然成分的重要部分,职业选择是个人人格的自然延伸,是人格在职业选择中的表现,个人的选择行为是人格与环境交互作用的结果。

② 每个人都有自己的个人兴趣组型(人格组型)。有的人兴趣较为单一,便于识别,有的人兴趣较为复杂,不易区分。人的兴趣也可以是多种兴趣的组合,比如一个人喜欢研究,但研究的是社会问题,它可能就是一个社会科学研究人员,社会科学研究人员就是研究型和社会型的组合。

③ 人格形态与行为形态影响人的择业及其对生活的适应,同一职业团体内的人有相似的人格,因此他们对很多情境与问题会有相类似的反应方式,从而产生类似的人际环境。

④ 人可区分为六种人格类型(兴趣组型):现实型(R)、研究型(I)、艺术型(A)、社会型(S)、企业型(E)和传统型(C)。每个人的人格属于其中的一种。

⑤ 人所处的环境也可相应地分为六种类型,即现实型、研究型、艺术型、社会型、企业型和传统型。

⑥ 霍兰德认为:环境造就了人格,反过来人格又影响着个体对职业环境的选择与适应;人们总是寻找能够施展其能力与技能、表现其态度与价值观的职业;职业满意感、稳定性和职业成就取决于个体人格类型和职业环境的匹配与融合;职业行为是人格与环境相互作用的结果。

第二节 职业性向探索

一、霍兰德人职六类型特点

1. 现实型——R 型

也称实用型。属于现实型人格者,喜欢从事技艺性的或机械性的工作,能够独立钻研业务、善于按部就班地完成任务,长于动手并以"技术高"为荣。其不足之处是人际关系能力较差。属于这一类型的职业有:飞机机械师、机器修理工、电器师、自动化技师、电工、木工、机床操作工(如车工等)、机械工人、制图员、农民、X 光机技师、鱼类专家、火车司机、长途汽车司机等等。

2. 调研型——I 型

也称调查型、研究型或思维型。属于调研型人格者，喜欢从事思考性、智力性、独立性、自主性的工作。这类人往往有较高的智力水平和科研能力，注重理论，勤于思索。其不足之处是不重视实际，考虑问题偏于理想化，且领导他人、说服他人的能力较弱。属于该类型的职业主要有：科研人员、技术发明人员、计算机程序设计师、实验员、科学报刊编辑、科技文章作者、天文学家、地质学者、气象学者、药剂师、植物学者、动物学者、物理学者、化学家、数学家等等。

3. 艺术型—A 型

艺术型人格者，喜欢通过各种媒介表达自我的感受(如绘画、表演、写作)，其审美能力较强，感情丰富且易冲动，不顺从他人。其不足之处是往往缺乏文书、办事员之类具体工作的能力。属于该类的职业主要有：作曲家、画家、作家、演员、记者、诗人、摄影师、音乐教师、编剧、雕刻家、室内装饰专家、漫画家等等。

4. 社会型—S 型

也称服务型。属于社会型人格者，喜欢与人交往，乐于助人，关心社会问题，常出席社交场合，对于公共服务与教育活动感兴趣。其不足之处是往往缺乏机械能力。属于该类型的职业主要有：社会学家、福利机构工作者、社会工作者、咨询人员、心理治疗医生、社会科学教师、学校领导、导游、公共保健护士等等。

5. 企业型—E 型

也称决策型或领导型。属于企业型人格者，性格外向、直率、果敢、精力充沛、自信心强、有支配他人的倾向和说服他人的能力，敢于冒险。其不足之处是忽视理论，自身的科学研究能力也较差。属于该类的职业主要有：厂长、经理、营销员、采购员、饭店经理、律师、政治家、市长、校长、广告宣传员、调度员等等。

6. 常规型—C 型

也称传统型。属于常规型人格者，喜欢从事有条理、有秩序的工作，按部就班、循规蹈矩、踏实稳重，讲求准确性(如数字、资料)，愿意执行他人命令，接受指挥而不愿独立负责或指挥他人。其不足之处是为人拘谨、保守、缺乏创新精神。属于该类的职业主要有：记账员、会计、银行出纳、法庭速记员、成本估算员、税务员、校对员、打字员、办公室职员、统计员、计算机操作者、图书资料档案管理员、秘书等等。

霍兰德用六边形模型(见图 6 - 1)表示六种人格、职业类型的相互关系，边和对角线的长度反映了六种职业的相似与相容程度。

霍兰德六边形模型的特点：一是相邻相似性，模型中距离越近的类型越相似。如 RI、IR、IA、AI、AS、SA、SE、ES、EC、CE、RC 及 CR。属于这种关系的两种类型的个体之间共同点较多，如艺术型与研究型都有“独立”的特征。二是相对差异性，模型中对

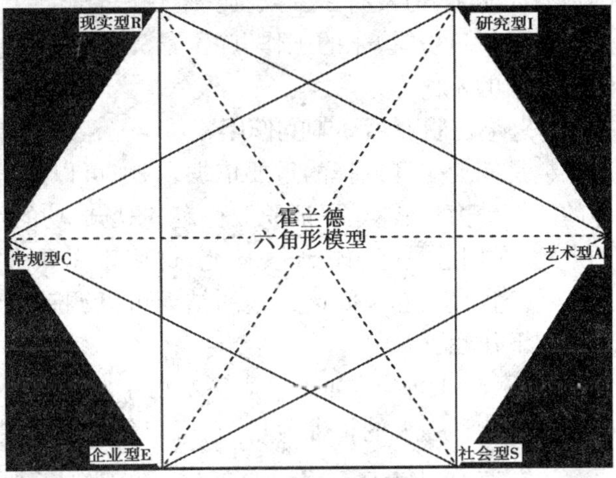

图 6 - 1 霍兰德六边形模型

角的类型的特征差异最大。如艺术型的“不服从”，而对角的常规型则比较“顺从”。

二、人职匹配测试

1. 人职匹配测试说明

美国职业指导专家霍兰德创制的霍兰德量表，是具有权威性和信度、效度都非常高的量表。霍兰德测验将帮助你发现和确定自己的职业能力特长和兴趣方向，从而更好地做出就业、升学、在职进修和职业转向的选择。

如果你已经选择了或者考虑好了自己的职业，该测验将使这种选择或考虑具有理论基础，并可以为该项选择提供其他合适的职业；尚未确定职业方向者，测验将帮助其根据自身的情况选择适当的职业方向。霍兰德测验共分七个部分，第七部分是测试总得分。每部分测试都没有时间限制，但应当尽快地完成。做完以后，请对照附录中的“测试结果——职业分类表”。

2. 霍兰德测评量表的使用说明

① 得分最高的职业类型意味着最适合你的职业。比方说，假如你在I型(研究型)上得分最高，说明你最适合做自然科学方面的研究工作，如气象研究、生物学研究、天文学研究或科学杂志编辑等，其余类推。

② 人格类型的区分性或稳定性。你的前三个类型的得分差距越大(如30—20—10)，说明你的人格特质区分性或稳定性越高。如果得分差距较小(如21—20—18)，则说明你的人格特质稳定性较弱。

③ 如果你的职业类型和你的理想工作不太一致，或者职业能力和职业兴趣不相匹配，那么请你参照你的职业价值观来做出最佳选择。比如，你兴趣部分在S型上得分最高，但能力部分在R型上得分高，那么请参考你最看重的因素——价值观；如果你最看重能充分发挥自己的能力特长，那么R型工作(如工程师等)最适合你；假如你最看重能从事自己感兴趣的工作，那么S型工作(如教师、导游等)最适合你。

第三节　兴趣培养

“如果工作是快乐的，那么人生就是乐园；如果工作是强制的，那么人生就是地狱。”高尔基的话人人明了，但又有多少人真实地快乐着！

怎样寻找这份“快乐的工作”呢？最先要做的当然是知道自己喜欢做哪方面的工作、适合做哪方面的工作。

一、兴趣在职业活动中的作用

兴趣是职业生涯选择的重要依据，兴趣可以充分发挥你的才能，提高你的工作效率，增强你的工作动力；兴趣是保证职业稳定、职场成功的重要因素；兴趣是最好的老师，对于有兴趣的事物，人们总是能愉快地去探究，这使工作和研究过程不再是一种负担，而是一种身心上的享受。直接兴趣和间接兴趣的结合可以调动人们的积极性。具体说来，兴趣在职业活动中有如下作用：

1. 兴趣可以使人的智力潜能得到充分发挥

兴趣是一种强大的精神力量，它可以使人集中精力去获得知识，并创造性地开展工作。凡古今中外著名的科学家、艺术家、文艺家，他们之所以能对人类做出贡献，莫不是由于他们的兴趣和他们对事业的责任感相结合，推动他们不懈地努力而取得成功的。事实表明，当一个人对某种事物发生兴趣时,他就会全力以赴,调动整个身心的积极性;就能积极地感知、观察事物,积极思考,大胆探索;就能情绪高涨,想象力丰富,思维灵活;就能增强记忆效果,增强克服困难的意志。反之,"牛不喝水强按头"只会导致厌恶,既不会取得好的效果,也不可能充分发挥一个人的聪明才智。在学校里被人骂为"傻瓜""低能儿"而被勒令退学的爱迪生,在发明的王国里却显示出了杰出的才华,他的发明,改变了许多人的生活。在课堂上"智力平平"的达尔文,在大自然的怀抱里显得异常聪明和敏锐,成为进化论的创始人。是什么使他们由"愚蠢"变得聪明了呢? 是兴趣。武汉大学2006级物理学基地班的本科生邓量子,读大三时被时任香港科技大学校长朱经武教授挑中,进入其科研团队,被选送到美国休斯敦大学跨级攻读博士学位。他之所以在物理领域崭露头角,主要源于兴趣,得益于父亲的启普发生器。要使自己对生活充满热情,对工作充满激情,就要善于培养自己的兴趣。广泛的兴趣,使人精神生活充实,并能应付多变的环境,兴趣使人充满欢乐。积极的兴趣能丰富人的知识,开发智力;广泛而稳定的兴趣,能开阔眼界,使人知识丰富。长期稳定的兴趣,能促使人勇于探索,深入思考,爆发出创造性的智慧。兴趣对自己的学习活动更为重要。大学生的理想、信念尚未形成,因而学习的动力,多靠已形成的兴趣左右。发展积极兴趣,对提高学习效率十分重要,教育学家乌申斯基说:"没有兴趣的强制性学习,将会扼杀学生探求真理的欲望。"兴趣是一个人走向事业成功的开始,有人总结世界上数百名诺贝尔奖获得者的成功因素,其中之一就是他们对所研究的科学事业有浓厚的兴趣。

2. 兴趣可以提高人的工作效率

一个人对某一工作有兴趣时,枯燥的工作也会让他觉得丰富多彩、趣味无穷。兴趣使工作不再是一种负担,而是一种享受。兴趣可以调动身心的全部精力,精力高度集中,从而带来效率的提高。据研究,如果一个人对某一工作有兴趣,能发挥他全部才能的80%～90%,并且长时间保持高效率工作不感到疲倦。而对工作没有兴趣的人,只能发挥其全部才能的20%～30%,也容易筋疲力尽。多方面的兴趣可以使人善于应付多变的环境,如需变换工作,只要自己感兴趣,也能很快熟悉、适应新的工作。

3. 兴趣是事业成功的重要因素

对某一职业有浓厚的兴趣,是智力开发的"触发器"。兴趣是行动的动力。许多成功人士有着一个惊人的相似之处,就是对自己感兴趣的事非常执著,一旦认定就什么也改变不了,只是一心一意地去追求,全身心投入其中。由兴趣而产生的沉迷执著,是一个人成功的有力保证。

一个人如果选择了自己不感兴趣的职业,不仅会压抑其才能的发挥,还会让他感到深刻的痛苦。

小说家余华最初是一名牙医,他后来说道:"我实在不喜欢牙医的工作,一辈子都要去看别人的口腔,这是世界上最没有风景的地方。牙医的人生道路让我感到一片灰暗。当时我常站在医院的窗口,看着下面喧哗的街道,心中重复着一个可怕的念头——难道我要在这里站一辈子?"余华后来因为有三篇小说在《北京文学》上发表,使他得以到文化馆工作,开始了他所向往已久的、自由自在的、"游手好闲"的写作生涯。

这样一名才华横溢的作家,如果只能在他所不感兴趣的牙医职位上默默工作,他只能是一名不出色的医生;但是从事了他所喜爱的写作职业,他就干出了一番受人瞩目的成就,发表的作品有《活着》《许三观卖血记》《在细雨中呼喊》等,其作品被翻译成多种语言在国外出版,曾获国内外多种文学奖,并于2005年,获首届"中华图书特殊贡献奖"。

二、职业兴趣的培养方法

1. 培养广泛的兴趣

具有广泛兴趣的人，不仅对自己职业领域的东西有浓厚的兴趣，而且对其他方面也有一定的兴趣。这种人眼界比较开阔，解决问题时也可以从多方面得到启发。同时，由于兴趣广泛，在职业生涯规划的选择上有较大的余地。如一个电视节目主持人，利用闲暇时间搜集古玩和旧家具。当他失去主持人的工作后，他原来的“业余爱好”使他能靠鉴定古玩继续他的职业生活。兴趣范围狭窄、涉足面小的人，对新事物的适应性就要差些，在职业规划上所受的限制也多些。大学阶段是职业准备阶段，大学生要通过参加学校组织的各类活动，创造机会接触真实的职业世界，培养自己广泛的兴趣，在广泛兴趣的基础上发现自己的潜质和所喜爱的专业以及职业，这是职业生涯教育的内容之一。一个人的早期兴趣对其未来的职业活动起着准备作用，许多人日后的职业选择正是其早期兴趣影响的结果。

2. 充分认识自己的兴趣

有的人偏重精神方面的兴趣，有的人偏重物质方面的兴趣；有的人偏重对活动本身的兴趣，有的人偏重对活动结果的兴趣；有的人兴趣周期短，有的人兴趣持久稳定。每个人兴趣的特点不同，要根据自己的特点，发挥自己的优势，克服自己的不足，扬长避短，培养自己优良的兴趣特点。同时，要客观评价自己的能力来确定职业兴趣，对某项职业有浓厚的兴趣是成功的前提，但事业要取得成功也必须具备该职业所要求的能力。因此在培养职业兴趣的同时也要客观评价自己的能力，看自己是否适合某种职业，在此基础上形成的职业兴趣才是长久的、可规划利用的。

3. 重视培养间接兴趣

直接兴趣是由于对事物本身感到需要而引起的兴趣，间接兴趣则不是对事物本身的兴趣，而是对于这种事物未来的结果感到需要而产生的兴趣。人在最初接触某种职业时，往往对职业本身缺乏强烈的兴趣，必须要从间接兴趣着手培养直接兴趣，用间接兴趣引导直接兴趣。可以通过了解职业兴趣在社会活动中的意义、对人类活动的贡献等以引起兴趣，也可以通过了解某项职业的发展机会来引起兴趣，还可以通过实践逐步提高间接兴趣。

4. 注意形成社会兴趣

一个人选择有益于社会的目标去实现他所渴望的成功，就是把“小我”融进了“大我”之中，在追求这样的目标中，他就会逐步发展并完善其“合作”和“奉献”与“社会兴趣”这三个核心品质，社会兴趣是全人类和谐生活、相互友好、渴望建立美好社会的天然需求，是人社会化的产物。通常来说，社会兴趣是每个人都有的一种潜能，它自然地存在于人的头脑中，差别在于个体是否对此有清楚的认识。在一切人类的失败中，在人的任性中，在犯罪、自杀、酗酒、吸毒以及精神病症中，可以发现一大罪魁祸首，那就是缺乏社会兴趣。每个人都不可避免地处在三个关系之中，相应的，每个人在一生中都必须解决三个重要任务：职业任务、社会任务、爱情和婚姻的任务。在完成这些任务的过程，是否有着社会兴趣对于个体而言十分重要，它将影响着个体对生活的感受。如果个体缺乏社会兴趣，那么他的生活就会出现问题，工作就会出现疏漏，行为就会出现偏差。社会兴趣与自我兴趣是不能截然分开的，当以社会交往为目的的社会兴趣成为支配性力量的时候，道德的中心就由对自我的关注转向了对社会的关注，兴趣就具备了道德上的力量。大学生要在与社会和人的交往中培养社会兴趣。

5. 积极培养中心兴趣

人的兴趣应该广泛,广泛的兴趣使人思路宽广,头脑灵活。但如果只有广泛的兴趣而无重点,则会出现浮泛,知识肤浅,没有确定的职业规划方向,心猿意马,这样就难以有所成就。因此,既要有广泛兴趣又要有中心兴趣。既广泛又有重点,才能既学有所长,又有广泛的知识。现代社会要求人的职业兴趣应是广泛兴趣与中心兴趣相结合,达到"既博且专",防止精力分散。所以,还应着重培养自己在某一方面的中心职业兴趣。应在某一方面有持久稳定的兴趣,不能朝三暮四、见异思迁。保持稳定的职业兴趣才能投入更多的热情和精力,深入钻研相关内容,在事业上才能有所发展和成就。

专题小结

(1) 兴趣是指一个人愿意认识和掌握某种事物,并经常参与该活动的心理倾向。职业兴趣是一个人追求职业成功的原动力。在人格、需求和动机、价值观中都可以找到它的影子,现代社会中,人们越来越重视兴趣的作用。

(2) 美国学者霍兰德把职业兴趣作为一种社会方式的选择,并认为职业选择是个人人格的延伸。他把人区别为六种人格类型,人所处的环境也可相应分为六种类型,职业成就取决于个体人格类型和职业环境的匹配与融合。

(3) 以职业兴趣为首要内容的职业性向测量,可以发现和确定自己的职业兴趣和能力特长,从而更好地作出求职择业的决策。

(4) 兴趣在人的成功中占有重要地位,我们要采取多种方法,培养自己的广泛兴趣、中心兴趣、社会兴趣。

复习与探索

(1) 按照兴趣与职业匹配理论,分析几件与自己兴趣有关的成功事例,并写出心得体会。

(2) 根据本书附录中的量表,选出自己的职业"三字母",根据附录中的测评结果,判断一下自己适合的职业类型。

(3) 有一个报道说,一个小女孩,偶然发现蚯蚓断成两半后,两半都在蠕动,感到特别好奇。她把断了的蚯蚓分别搁进两个有土的花盆里,想观察一下断了的蚯蚓还能不能活。妈妈非常生气,说:"一个女孩子,摆弄什么泥巴,没出息!"把有蚯蚓的两块泥巴扔出门去。原国家教委副主任柳斌提到这件事时说:"你看,这么一骂,一扔,就给未来的中国断送了一位女科学家!"从这个报道中你得到哪些启发?你自己有哪些与众不同的突出兴趣?你打算如何培养和发挥这些兴趣?

(4) 读下面的案例后思考:陈声贵的职业选择对不对?

留美博士上山养猪

中科院生态学硕士陈声贵,以几近满分的GRE成绩,赴美国伯明翰大学读博士,拿着全额奖学金,可他天天想着回国创业,天天念着上山养猪,天天急得度日如年。留学才去四个月,他就扭头回国。

买下一群母猪,赶进秦岭去和大山里的野猪交配。为了新品猪肉的鲜嫩喷香,他跋山涉水,风餐露宿,猪病了,猪死了,猪丢了,他一把鼻涕一把泪,一身泥巴一身屎。放着全额奖学金的美国名校分子生物学博士不读，中途弃学到秦岭当猪倌，实在匪夷所思。

中科院的硕士导师至今认为，陈声贵天资聪颖，学业优秀，更适合搞科研。“小陈这孩子悟性高，基础好，又聪明又刻苦，英文还呱呱叫，他在我这里读硕士，按规定3年内发表两篇核心期刊论文，他提前两年超额完成任务，还在全球权威的英国《原生动物》上发了一篇，我带研究生这么多年还是第一次。可他一直想早点创业，是被我狠狠说了一通才去美国留学。没想到刚去四个月，就发E-mail说要回来。我心里很惋惜，他最大的弱点就是不善交际，不搞科研去下海那是扬短避长，干的和学的又风马牛不相及。”

陈声贵认为，适合并不等于爱好，做科研如果不是非常痴迷，顶多只是独善其身，真能影响人类进程的突破凤毛麟角。做实业不同，无论大小，只要成功了，至少能为身边一群人带来梦想与快乐，这种价值感、成就感，在我个人看来，远比发表一篇学术论文大得多。他说，中国人太习惯了大一统的价值取向，“学而优则仕”时举国科举，工人“老大哥”时趋“工”若鹜，文凭吃香了千军万马挤独木桥，搞市场经济了又恨不得全民下海，所有人都只是活在别人的期望中，活在社会的“口味”里，观念必须转变，每个人都应该活出自己的真性情。

参考观点1：我怎么也无法认同他的做法，陈声贵对自己不负责任，也辜负了国家和家人对他的培养和期望。如果研究学问，他是个高材生，但他养猪的本领可能连一般的农民都不如，这是一个很遗憾的个人悲剧。

参考观点2：每个人都应有自己的活法，中国人太习惯大一统的价值取向，“学而优则仕”时举国科举，工人成为“老大哥”时趋“工”若鹜，文凭吃香了千军万马挤独木桥，搞市场经济了又恨不得全民下海，所有人都只是活在别人的期望中，活在社会的“口味”里，观念必须转变，每个人都应该活出自己的真性情。

第七专题

生涯决策

学习目的

（1）了解生涯决策的概念，确立正确的生涯决策态度，提高生涯决策能力，了解自己的决策风格类型。

（2）熟悉生涯决策的过程和思路，熟练运用各种生涯决策方法，为自己的职业生涯做一个英明的决策。

（3）了解职业锚理论，通过自省、自察，最终获得对“真实自我”的清楚认识，明确自己的职业锚，为生涯决策提供依据。

导引案例

刘德华的选择

成长需要面对许多抉择，从懂事的那一刻起，我们要面临人生路上大大小小的分岔口，过的路都总是十字形状的，站在中间，茫然无助，突然感到人置身十字路口，并没有绝对的方向；我们害怕抉择，因为害怕抉择错误后，要去面对因自己的错误而带来的伤害。当局外人看到的是“交汇点”，局中人却已身陷其中，成为“交叉点”。

第一次要面对人生抉择的是中五毕业那年，左手拿着无线艺员训练班的报名表格，右手拿着应届高等程度教育课程的报名表，顿时觉得自己的前途都掌握在自己手中。

要继续学业吗？还是去读艺员训练班？再念两年中学毕业后又何去何从？再念大学吗？然后学士、硕士、博士这样一路念下去？还是选修艺员训练班有一技之长，将来无论条件符合台前也罢，幕后也好，总算有门专业知识傍身。

一连串的问题此起彼落在我心中响起，魔鬼天使各据一方，展开辩论大会。

反反复复的考虑，我把自己的优点和缺点逐一写在一张纸上，自己替自己理智地分析利弊；这样念书一直念下去适合我的性格吗？我喜欢艺术工作吗？我可以吃苦头吗？我喜欢什么样的人生？平稳安定？还是多姿多彩，充满挑战？

直到那一天才明白，人才是自己生命最大的主宰，向左还是向右走都是自己决定的路。

我的心作了我的指南针，只有它才最明白我要的方向，也是它教我最后选择了左手的那张报名表格。

摘自《刘德华——我是这样长大的》

上面的案例是关于刘德华在面临人生选择时的心路历程，如果当初刘德华没有对自己的优点、缺点、兴趣和性格进行详细的分析，最终不是选择去读艺员训练班，而是继续完成学业，那么肯定不会有今天这样的成就。

这个案例告诉我们，什么样的选择决定什么样的生活。今天的生活是由我们以前的选择决定的，而今天的选择将决定我们今后的生活。我们人人都在选择之中，选择取舍、选择得失、选择进退。允许不允许选择，有没有选择，能不能选择，要不要选择，会不会选择等都是个能力问题。在人生的道路上，需要选择的东西很多，选择不但决定我们的发展方向，甚至选择决定人的命运，命运就在选择当中。作家柳青说过这样一句话："人生的道路虽然漫长，但紧要处常常只有几步，特别是当人年轻的时候。"

在职业生涯发展的过程中，我们也会面临很多选择，例如选择学校、选择专业、选择工作等等。当面临这些选择的时候，你是否茫然过？你是否不知所措过？这个时候，我们需要理性的思考，了解最新的趋势，接触最新的信息，应用科学的决策方法，为自己做一个英明的决策，从而更好地创造自己的将来！

第一节　生涯决策概述

"决策"一词的意思就是为了达到一定目标，采用一定的科学方法和手段，从两个以上的方案中选择一个满意方案的分析判断过程。生涯决策指的是对生涯发展过程中面临的各种事件进行选择和决定的过程。人的职业生涯发展是一个漫长而曲折的过程，人们在其中常常会面临无数次选择，尤其在选择人生中第一份职业或重新定位自己的职业等生涯发展的几个关键点上，所做出的决策正确与否将决定其今后职业发展的方向，并影响获得生涯成功的可能性大小。职业心理学家发现，职业生涯的成功不仅取决于人的专业能力、基本素质、个性等因素，还取决于三个重要的影响生涯决策质量的心理因素：生涯决策态度、生涯决策能力和生涯决策风格。生涯决策态度是对职业选择和决策所持有的一些观念、态度和倾向；生涯决策能力是指在进行职业选择和决策时所应具备的一些知识和技能；生涯决策风格则是指在做出职业选择和决策时采用的反应方式。

当人面临职业生涯中每一次抉择时，拥有成熟的决策态度，具备较强的决策能力，并采取适当的决策方式，运用科学的决策方法，就更有可能形成清晰的职业目标，进行有效的职业规划，做出明智的职业选择，也更有助于获得与自身特点、需求更匹配的工作，进入与自身价值观更为相符的组织，对职业的满意感更高，离职倾向更小。

一、生涯决策态度

生涯决策态度源于美国职业指导专家提出的职业成熟度概念，是指个体对职业选择和决策所持有的一些观念、态度和倾向。心理学家通过研究发现，对于正处于职业选择状态的青年人来说，职业选择的成熟性取决于自信心、独立性、确定性、妥协性、进取性诸方面的表现。成熟的生涯决策态度有助于人们更加顺利地做出适合自己的职业选择和决策，以及能帮助人们获得更高的职业满意感和职业上的成功。生涯决策态度成熟与否，可为求职择业旅程把握方向，提供参考。

1. 自信心

具有自信心的人往往会产生不卑不亢的求职态度，他们会认为现在的应聘是双向选择，用人单位有权利去选择我们毕业生，而我们毕业生同样也有资格和权利去挑选一个适合自己专业和特长发挥的单位。有了这种想法后，求职面试时可能产生的恐惧、紧张心理就会消失了，从而更好地发挥出自己的应有水平。信心不足的大学生往往有较强的自卑感，这些求职者对自己的能力缺乏了解，缺乏自信心，他们往往还没有"上战场"就感到自己不行，特别是面对多人面试的场合，他们害怕得不得了。

面对日益激烈的竞争，许多涉世未深的大学生产生信心不足的态度也是正常、普遍的。信心不足产生的原因很多，有生理的、环境的、家庭的和社会的等原因，但主要还是心理因素造成的。比如在求职中总是自己拿不定主意，过分退缩，对自己能胜任的工作，也不敢说"行"，总是说"试试看"，显得很没自信。每个人都不希望自己信心不足，那么到底该怎样提高自己的信心呢？首先要时刻鼓励自己、相信自己，要在实际行动中逐步磨炼自己。一个人的自信心并非与生俱有，而是在不断战胜困难中逐步培养起来的。年轻人在求职时或许会顾虑自己工作经验浅，而以为自己的竞争力不足。其实，只要抱有正面乐观的态度，肯定自我，表现年轻人独有的活力冲劲和肯学习的特质，再多搜集些求职的信息，必定能事半功倍。

2. 确定性

不知道自己究竟想干什么，能干什么。有的学生即使到了毕业的关头，对自己的技能和兴趣还是不能做正确的评估，就业目标不明确，对工作挑三拣四，瞻前顾后，对自己没有准确定位。明明自己的技能水平是操作工，却老幻想着一步到位坐办公室、当管理人员，好高骛远，不能脚踏实地。要认定自己的兴趣和理想。择业若只从经济角度考虑，工作便会变得乏味；相反，若工作承载着自己的兴趣和理想，工作时必定更加投入和干劲十足，并且得到满足感。所以求职时，必须彻底了解自己的性格、能力、兴趣和理想，这并不表示求职者要过分限制自己的择业范围，认定自己的兴趣和理想之余，亦应抱开放的态度去作出尝试，成功率才能提高，更容易找到合适的工作。一些毕业生对就业不抱任何希望，就业热情不高，出师未捷"心"先死。一名大学生应在踏入社会之前，调整好自己的心态，不要因为自己是大学生过于高估自己，而是应该客观地看待专业，客观地给自己一个定位，让自己做好足够的心理准备，尽早对自己的职业生涯进行规划。设定特定的目标，进行针对性的锻炼。设计职业生涯就像画圆，定位不准，圆心的位置发生了偏离，整个规划就不对了，因此自身定位非常重要。职业生涯设计要在对主客观条件进行测定、分析、总结研究的基础上，确定其最佳的职业奋斗目标，并为实现这一目标作出行之有效的安排。

3. 独立性

独立性是指主体活动自我决定性，即主体活动具有不依赖于外在力量，独立地支配活动的意志和能力。自主的人，具有自立、自为、自强的品格特征，既是外部客观环境的积极调控者，又是自我意识的主导者；既能够认识自己和自己的主体地位，能支配和选择自己的前途与命运，又能自然而又充分地显示个人的潜能、意志和魅力，表现出独特的能力和品质，最大限度地求取发展。

有些同学依赖性大，主动性差。一次就业不成就放弃了，不主动出击寻找工作。个别学生屡次就业不成功，只靠学校，从来没尝试过一次通过别的途径去找，即使是校园内的招聘会都懒得参加，更不用说那些社会上的招聘会了。

趋之若鹜的求职态度在求职择业时也会常常遇到。一些大学生在求职现场寻找热门职业，报考的人数越多，他们对那些职业的渴求越大。于是人们在求职时纷纷拥挤在"三资"企业、大饭店及外贸部门等狭窄的小路上，甚至有人为此受骗。要知道，求职择业是一项严肃郑重的大事，一定要认真考虑，谨慎从事，绝不能"跟着感觉走"，盲目从众。

4. 进取性

当今的世界称为竞争的时代，大到国与国之间的对抗，小到人与人之间的竞争。竞争冲击着人们的事业和生活，冲击着人们的意识和思想，在求职择业上亦是如此。如果在激烈的竞争中，没有乐观向上的拼搏精神以及强烈的进取欲望，是很难获得成功的。相反，如果你是一位乐观向上、积极进取的求职者，总是能把每一个面试机会看成是千载难逢的好机会，可遇而不可求，是新的成功在向你招手。有一位“三本”院校毕业的大学生，连续30次参加招聘面试，每次面试时，都有不俗的表现，而每一次都因为学历“不硬”遭淘汰，她仍然坚定地面对第31次……终于得到了招聘单位的肯定，找到了自己心仪的工作。

5. 妥协性

直面面对是一位成功者的基本素质，无论是成功还是失败，只要自己付出了，努力了，就肯定会有收获，哪怕是拿钱买教训，吃亏长见识也是值得的。有这种心态的求职者在面试时就会不怕挫折、不怕失败，从而会大大增强面试时的自信心，这样在应对主考官的提问时，也会回答自如、理直气壮。即使遇到比自己各方面能力都强的竞争者，也不会自惭形秽。有了这种积极的求职心态，求职者一定会表现出极大的勇气和耐力，努力去寻找自己理想的工作岗位，直到自己成功为止。求职的过程未必一帆风顺。我们要不断尝试，因为每一次求职经验都是一个学习的机会。透过认真的检讨，将来求职时的成功率必然会提升。即使未能成功求职，亦不要自认失败。毕竟有很多人同时争取一个职位，所以求职未能成功，并没有什么大不了。遇到这种情况时，我们要先将自己的情绪安定下来，和朋友倾诉或选择自己喜欢的娱乐方式，例如听音乐，令自己放松一下，然后再次出击。

每个人都企盼有一个成功的职业生涯。然而天上不会掉馅饼，职业生涯的成功，需要你自己点亮心灯，知道自己的起跑点和目的地，用最适合自己的方式，坚忍不拔地向目标攀登；需要你以自立、自强、自信的心态对待未来，奋发图强，拼搏向上；需要你在人生的每个阶段，扮演好自己的角色，尽心尽力，尽职尽责；需要你珍惜时光岁月，瞄准未来，立足眼下，把握自己。

二、生涯决策能力

生涯决策能力是指个体获得有关自我与职业的信息、做出明智的职业决定、进行职业规划并实施规划、达成目标的能力，是个体生涯规划和决策制定中最重要的因素之一。心理学家对青年人的职业选择的研究发现，职业选择能力具体涵盖了四个方面：信息搜集能力、自我评价能力、行动规划能力和问题解决能力。

1. 信息搜集能力

倡导学生主动参与、乐于探究、勤于动手，逐步培养学生搜集和处理科学信息的能力、获取新知识的能力，分析问题和解决问题的能力，这是综合性学习的价值所在。在这些能力中，信息搜集能力是基础。只有掌握了信息的搜集能力，其他能力才能成为有源之水，有本之木。当今是一个信息爆炸的社会，也是一个离不开信息的时代，大到企业的战略决策，小到个人的求职应聘，都离不开信息搜集。可以说一个人的信息搜集判断能力在某种程度上或某个阶段决定了一个人的成就。要培养信息搜集能力可以从以下几个方面着手：

(1) 熟悉并熟练使用网络搜索引擎

比如百度，在网络中都可以搜索到百度的使用手册和技巧，也许技巧有上千种，但我们不要求掌握全部，其实掌握10%，也就掌握了100种，就足够用了，若再遇到什么问题的时候可以再向百度求助。

(2) 为自己的头脑扩容

俗话说一个人的心胸有多大，格局就有多大，同样，一个人能够处理多大的信息量也决定了这个人的能力有多强。单个的信息看起来是孤立的个体，但在一定的前提条件下，看起来孤立的个体信息也可能发生化学反应。所以要敢于为直接的头脑扩容，每天定量的关注信息。在这个过程中有些信息仅仅了解就可以了，但有些信息可以根据个人的兴趣深入地去了解，还有些信息可以定期地对其整理备用。

(3) 训练自己的思维活跃度

如何训练？脑筋急转弯，多看娱乐电影，多参与运动，多看杂志广告都是不错的方法。

(4) 培养认真的作风

做好一件事，关键看自己是否用心了。如果一件事情你觉得对你而言足够重要，就用心去做，一件事情如果自己很用心去做，态度就完全不同，自己会想方设法地去达成目的。

2. 自我评价能力

自我评价是指主体对自己思想、愿望、行为和个体特点的判断与评估。自我评价不仅是保证学习活动顺利进行的自我调控机制，而且与学生的心理健康状况密切相关。就大学生择业而言，自我评价是大学生择业意识从“我想干什么”的幻想型转变到“我能干什么”的现实型上来的过程，也就是实现择业者知行统一的过程。自我评价是建立在自我观察与自我分析基础上的自我身心素质的全面评估。正确的自我评价，应把握如下原则：

① 适度性：不过高或过低地评价自己。

② 全面性：既要看到自己的优点和特长，又要看到自己的缺点和不足；既要对自我某一方面的特殊素质进行具体评价，又要对其他各个方面的整体素质进行综合评价；既要考虑到全面的整体因素，又要考虑到其中占主导地位的重点因素。

③ 客观性：应努力克服个人主观因素的干扰，努力使自我评价趋于客观和真实。

④ 发展性：应以发展变化的眼光看待自己。要运用测评手段，使个人能够在短期内获得对自己较为客观的描述和评价；总结过去的经验，回顾过去的经历，对自己的想法、期望、品德、行为进行理性思考，然后认真地描述和判断自己的特点；要借助他人的评价或者与他人比较，依据他人对自己的态度评价自己；通过与自己条件相似的人比较来评价自己，从而客观准确地评价自己。

3. 行动规划能力

大学生要实现自己的职业目标必须在大学期间进行充分的准备，“练好内功”。我们每个人选择的职业目标不同，选择的路径也不相同，每条路径中为实现目标做出的准备内容也不尽相同。但总的来说，在大学期间需要进行两方面的准备：一方面需要培养自己的综合素质和通用能力，另一方面还需要培养专业素质和专业技能。在保证学业的前提下，大学生应该尽可能多地接触社会和参加社会实践，锻炼能力，积累工作经验，做好由“学校人”向“社会人”转变的准备。在这方面，很多同学缺乏对行动的计划，不知道为了目标需要制订什么样的计划，付诸什么样的行动。任凭时间流逝，无所作为。

4. 问题解决能力

有些人似乎知识面很广阔，对自己的各种选择也很了解，但却做出了糟糕的职业规划决策。他们总是在不断地尝试“纠正错误”。还有一些人，用了大量时间，做了大量职业测试来了解自己的兴趣、天赋、人格等个人特质，但依然做不出决策。他们不能对各种信息进行有效加工，从而做出一个选择。在以上情况中，尽管他们为了解自我情况和职业知识付出了努力，但都无济于事，因为他们缺乏解决问题的能力。大学生必须具备在实际工作中及时发现和有效解决各种问题的能力和技巧，这种能力和技巧不是与生俱来的，也不是单纯在大学课堂里能够学到的，需要通过一定的途径培养。解决问题的能力培养虽然是一个实践性很强的课题，但也必须要有基本的知识积累和理论指导。大学生在就业或再就业前的学习中，应重点理解并掌握解决问题的有关理论知识和基本的方式方法，如发现、分析问题的方法，归纳问题、对比选择、逻辑判断和推理的相关知识，信息检索、文献查询、资源利用的有关方法，撰写工作计划，总结、评估材料的相关知识，解决问题的技巧，与他人合作的知识和方法等。其中，目标关注能力、计划管理能力、观察预见能力、系统思考能力是关键。个体的问题解决能力越强，越能够做出明智的职业决策，也越能够顺利地实现自己的职业目标。

三、生涯决策风格

1. 小测验：测试你的决策风格类型

路边有一个大桃园，桃子成熟了，你可以进入桃园去摘桃子，但是只许前进不许后退，只能摘一次，要摘一个最大的桃子，你将采取以下哪种方式？

A. 对视野内的桃子进行比较，形成一个大概的标准，再根据这个标准仔细比较，最终选择最大的桃子

B. 我感觉这个大，就摘这个了

C. 去问看桃园的人，让他告诉我什么样的最大，或者问旁边的人什么样的最大，自己总觉得选哪一个都不好

D. 我实在不知道选择哪一个，万一选错了什么办，还是往前走走再说吧

E. 面对很多桃子，比较了很久，却最终还是不知道该如何选择

结果说明：

A	B	C	D	E
理智型	直觉型	依赖型	回避型	犹豫型

测试的结果显示你是哪种决策风格类型呢？你觉得测试结果是否符合真实的你？你喜欢这样的自己吗？

2. 决策风格类型分析

由于个体的先天遗传因素和后天环境影响的差异，不同的人在面对选择时，决策方式也不尽相同，根据生涯发展学专家们的研究，大部分人的决策方式可以归纳为理智型、直觉型、依赖型、回避型、犹豫型。

理智型：理智型决策合乎逻辑，他们善于系统地、充分地收集与决策相关的信息，并且分析各个选项的利弊得失，按部就班，以作出最佳的决定。这类人强调综合全面地收集信息、理智的思考和冷静的判断分析。例如，高中毕业生小杨在高考完后估算了自己的分数，然后开始研究大学招生的各个专业以及这些专业的就业形势，筛选出了心理学、证券投资学和商务英语这三个专业，并研究了近几年各个高校的招生形势，最后经过分析各方面的利弊，选择了最适合自己的那所高校的心理学专业。他在大学四年学到了很多自己感兴趣的东西，并且毕业后顺利考取硕士研究生，他没有后悔当初的选择。

直觉型：直觉型以自我判断为导向，凭借在特定情境中的感受或情绪反应做决定，他们在信息有限时能够快速做出决策，他们一般能为自己的选择负责。这种类型的人做决策主动，做决策比较快，也很随性，跟着自己的直觉走，但直觉却不一定正确。例如，直觉型的人

可能会这样思考：今天心情不错，我出门就不带伞了（心情好不好和是否可能下雨之间没有联系）。

依赖型：依赖型倾向采用他人建议与支援，往往不能承担自己做决策的责任。这种人在面对问题时，很少或从不尝试自己去解决，一切听从父母、老师或朋友的意见，但他们的意见不一定适合自己的实际情况。例如，小刘从小就倾向于听从别人的意见，他害怕自己选择的是错误的而要承担责任。在选择本科专业时，他听从父母的建议选择了一所医学院校。尽管他门门课程优秀，顺利考取了研究生，却实在提不起兴趣，郁郁寡欢，最重患上了抑郁症。

回避型：回避型做决策时拖延不果断，倾向于不考虑未来的方向，不知道自己的目标，也不思考，也不寻求帮助。回避型决策者最大的特点是行为退缩、心理自卑，面对挑战多采取回避态度或无能应付，遇到选择时什么也不做。

犹豫型：犹豫型虽然会收集很多的相关信息，但却常常处于犹豫不决、难以抉择的状态。犹豫型和回避型的区别在于犹豫型会收集相关信息，而回避型什么也不做。李丽现任某大型消费品企业产品推广专员，她已经工作两年了。公司的福利不错，常组织出去旅游，但李丽感觉目前的薪酬状况不理想，而且目前的职位无法让她进一步发展。她到处寻找求职信息，最终看中一个销售经理的职位，但半年过去了，她却还在犹豫是否要跳槽。

看了上面的基本分析，相信大家对决策风格类型有了进一步的了解。研究发现，大多数学生决策风格是理智型的，最突出的职业决策困难主要表现在缺乏职业信息以及犹豫不决。

第二节 生涯决策方法

一、生涯决策原则

生涯决策指的是对生涯发展过程中面临的各种事件进行选择和决定的过程。作为一个生涯决策者，要想决策不失误，要想做出英明的生涯决策，就必须认真研究解决好决策问题，掌握和遵循决策的基本方法和原则。科学的生涯决策必须依据以下原则进行。

1. 客观性原则

客观性原则是生涯决策的首要原则。优秀的决策者必须坚持以实事求是，一切从实际出发，按照客观规律做决策。

(1) 客观认识自我，准确职业定位

根据“职业生涯规划测评”等方法，客观分析自己的职业兴趣、职业能力、职业价值观、个性特征等，了解自己喜欢干什么？能够干什么？适合干什么？最看重什么？人与岗位是否匹配？作为设定职业生涯目标和策略的基础，做出准确的职业定位。

(2) 客观评估职业机会，评价个人职业意愿的可行性

通过多种途径，尽可能获取目标行业、目标职业、目标企业（用人单位）的相关资讯，结合自己的专业情况、就业机会、职业选择、家庭环境、社会需求等因素，理性评估职业机会，以此作为设定自己职业目标的基础。

在权衡各种情况之后，当一个人原来的就业意愿暂时不能得到满足时，要根据社会需要做出新的选择：① 根据社会需要做出新的选择，走另一条职业道路；② 选择一种与自己的“理想职业”相接近的职业，继续接受教育培训，积累就业条件；③ 先到社会上容易就业的职业岗位上去工作，再根据自己在这一职业的工作情况，决定是否进行职业流动。

2. 主动性原则

(1) 积极准备就业条件

① 留心搜集各种职业知识和用人信息。平时要做“有心人”,大量积累有关职业知识和供求信息,以备未来的职业选择。

② 到职业介绍机构进行咨询,了解就业情况,寻找合适的就业机会。

③ 参加各种职业技能培训,为就业创造专业、职业素质条件。

④ 准备好求职信,做好应聘、面试的心理与形象等方面的准备。

(2) 主动就业

① 主动与可能招聘人员的单位进行联系,“毛遂自荐”。

② 主动求得父母兄长、同学老师、同事朋友的各种帮助,善于在市场经济中找到自己的位置,多方面开拓门路。

③ 主动开拓就业岗位,自谋职业,自主创业,成就自己的事业,这既能够按照自己的意愿解决自己的职业生活道路,也能为社会做出一定的贡献。

3. 比较性原则

(1) 个人和岗位相互比较

看岗位对人的要求和人对岗位的适应能力是否协调一致。

(2) 几个职业间的比较

在职业选择初期,人们的职业兴趣往往比较广泛,而不是局限于某个职业;同时,社会提供的职业岗位也不会局限在一两种职业上。这时,通过比较,较好地从诸多职业中选择出一个最适合于自己、各方面条件都相对优越、自己又能得到的职业。

需要注意的是,在对不同职业的比较中,要有职业生涯规划意识,即要有自己的人生大目标,把职业作为实现自己最大价值的手段。

4. 信息原则

信息原则指的是做生涯决策时需搜集并掌握真实、全面、准确的信息。决策离不开信息,对信息的收集与掌握是科学决策的基础。信息能指导决策,将信息运用于决策之中,可避免决策的盲目性,增加准确性,提高决策的质量和可靠程度。

二、SWOT 分析法

SWOT 分析法(也称 TOWS 分析法、道斯矩阵),即态势分析法,20 世纪 80 年代初由美国旧金山大学的管理学教授韦里克(H. Weihric)提出,经常被用于企业战略制定、竞争对手分析、个人求职、职业生涯规划等场合,是一种能够较客观而准确地分析和研究个人或企业现实情况的方法。

SWOT 分别代表:Strengths(优势)、Weaknesses(劣势)、Opportunities(机会)、Threats(威胁)。

近年来,随着职业生涯规划科学的发展,SWOT 分析法越来越广泛地应用于个体的生涯决策之中。SWOT 分析是检查个人技能、能力、职业、喜好和职业机会的有用工具。如你对自己做个细致的 SWOT 分析,那么你会很明了地知道自己的个人优点和弱点在哪里,并且你会仔细地评估出自己所感兴趣的不同职业道路的机会和威胁所在。

1. 大学生职业生涯决策 SWOT 分析步骤

大学生在进行生涯决策 SWOT 分析时,可以采取多种多样的方法来确定自身的优势、劣势、机会与威胁。一般来说,我们在进行 SWOT 分析时,按照以下四个步骤进行。

（1）评估自己的优势和劣势

① 优势分析。在自己的职业生涯设计中，如果你能根据自身长处，在选择职业并“顺势而为”地将自己的优势发挥得淋漓尽致，就会事半功倍，如鱼得水；如果你像兔子学游泳那样选择了与自身爱好、兴趣、特长“背道而驰”的职业，那么，即使以后再勤奋弥补，耗费了九牛二虎之力，也是事倍功半，难以补拙。职业生涯设计的前提是：知道自身优势是什么，并将自己的生活、工作和事业发展都建立在这个优势之上。

具体来说，就是要知道：

a. 人格特质的优点。可以通过自我感觉、他人评价和专业的个性自测量表了解自己个性中对自己职业生涯有利的因素。

b. 你学到了什么。在几年的学习生活中，你从学校开设的课程中学到了什么有价值的东西，社会实践活动提高和升华了你哪方面的知识和能力，如沟通能力、管理能力、人际交往能力等。

c. 你曾经做过什么。在学校期间担当的学生职务，参加过什么社会实践活动，工作经验的积累程度如何等。在这些工作和活动中你收获到了什么。

d. 最成功的是什么。你做过的事情中最成功的是什么？如何成功的？通过分析，可以发现自己的长处，譬如坚强的意志、创新精神等。

② 劣势分析。同样，你要指出你的劣势和你最不喜欢做的事情。不知道自己的劣势在哪里，就会盲目高兴，会觉得天生能做好许多事情，从而沉浸在自我优势的圈子里，像井底之蛙，不知天到底有多大。找到自己的短处，可以努力去改正自己常犯的错误，提高自己的技能，放弃那些对不擅长的技能要求很高的职业。

具体来说就是要知道：

a. 性格的弱点。人天生就都有弱点，这是我们与生俱来且无法避免的。坐下来，跟别人好好聊聊，看看别人眼中的你是什么样子的，与你的自我看法是否一样，指出其中的偏差并借鉴，这将有助于自我提高。

b. 经验或经历中所欠缺的方面。在你目前的人生经历中，有哪些是你所欠缺的经历。欠缺并不可怕，怕的是自己还没有认识到或认识到了而一味地不懂装懂。正确的态度是，认真对待，善于发现，努力克服和提高。

c. 最失败的是什么。你做过事情中最失败的是什么？如何失败的？通过分析来避免在以后的职业中再次失败，防止在跌倒的地方再次跌倒。

自我认识一定要全面、客观、深刻，绝不能规避缺点和短处。“当局者迷，旁观者清”，尽量多参考父母、同学、朋友、老师、职业生涯规划方面的专家等的意见，力争对自我有一个全面的认识。

（2）分析外部的机会和威胁

① 机会（机遇）分析。环境为每个人提供了活动的空间、发展的条件和成功的机会。特别是近年来，社会的快速变化，科技的高速发展，市场的竞争加剧，对个人的发展产生很大的影响。在这种情况下，个人如果能很好地利用外部环境，就会有助于个人发展的成功。否则，就会处处碰壁，寸步难行。

同时，我们也面临各种各样的机遇，比如，经济快速发展为我们提供了发展空间，网络技术的发展使我们能了解更多的信息，出国深造的途径多了，就业机会增加、专业领域急需人才、地理位置优势等等，这都是大学生面对的机遇。有人说，在机会面前有五种人：第一种人创造机会，第二种人寻找机会，第三种人等待机会，第四种人错过机会，第五种人漠视机会。我们如果做不了第一种人，至少也要主动去寻找机会。如果我们不善于创造机会，那我们一定要善于抓住身边的机会，不可让机会从指尖流走。

我们需搜集相关资料并结合自己的思考，找出对你的生涯发展有利的外部优势并加以好好利用。

② 挑战(威胁)分析。除了机会，在这个社会中，我们也会面对各种各样的挑战和威胁。这是我们无法控制的外部因素，这些因素包括就业还处于买方市场形势、所学专业过时或不符合社会的需要、来自同学的竞争、面对有更优的技能和更丰富的知识及更多的实践经验竞争者、公司不雇用你这个专业的人等等。这都是你可能遇到的挑战。

对于这些挑战，我们不能采取一味持回避的态度，或者自怨自艾，抱怨就更不好了。因为社会不可能适应你，只能改变自己，提高自己去适应社会的能力，通过努力把挑战转化为一种内在的动力，弱化这些挑战(威胁)的影响。这样，我们才能避免不利的影响，在困境中脱颖而出，寻求发展和成功。

(3) 构造 SWOT 矩阵

将个人优势、劣势及外部机会、威胁分析得出的各种因素根据轻重缓急或影响程度等排序方式，构造 SWOT 矩阵。在此过程中，将那些对个人职业生涯发展有直接的、重要的、大量的、迫切的、久远的影响因素优先排列出来，而将那些间接的、次要的、少许的、不急的、短暂的影响因素排列在后面。构建矩阵的方法可参考以下模型，参考表 7-1。

表 7-1　生涯决策 SWOT 矩阵模型

内部因素	优势： 指个体可控并可利用的内在积极因素： (1) 工作经验； (2) 教育背景； (3) 丰富的专业知识和技能； (4) 特定的可转移技巧(如沟通、团队合作、领导能力等)； (5) 人格特质(如职业道德、自我约束、承受工作压力的能力、创造性、乐观等)； (6) 强大的个人关系网络； (7) 在专业组织中的影响力	劣势： 指个体可控并努力改善的内在消极因素： (1) 缺乏经验； (2) 学习成绩差，专业不对口； (3) 缺乏目标，且对自我的认识和对工作的认识都十分不足； (4) 缺乏专业知识； (5) 较差的领导能力、人际交往能力、沟通能力和团队合作能力； (6) 较差的寻找工作的能力； (7) 负面的人格特征(如职业道德败坏、缺乏自律、缺少工作动机、害羞、情绪化等)
外部因素	机会： 指个体不可控但可以利用的外部积极因素： (1) 就业机会增加； (2) 再教育的机会； (3) 专业领域急需人才； (4) 由于提高自我认识、设置更多具体的工作目标带来的机遇； (5) 专业晋升的机会； (6) 专业发展带来的机会； (7) 职业道路选择带来的独特机会； (8) 地理位置的优势； (9) 强大的关系网络	威胁： 指个体不可控但可以使其弱化的外部消极因素： (1) 就业机会减少； (2) 由同专业的大学毕业生带来的竞争； (3) 具有丰富技能、经验、知识的竞争者； (4) 拥有较好的寻找工作技巧的竞争者； (5) 名校毕业的竞争者； (6) 缺少培训、再学习造成的职业发展障碍； (7) 工作晋升机会十分有限或者竞争激烈； (8) 专业领域发展有限； (9) 公司不再招聘与你同学历或专业的员工

(4) 定量的SWOT分析

单纯确定个体的优势、劣势、外在机会、外在威胁中的各个具体因素,这只是SWOT的初步分析阶段,如果想要更科学地做出职业决策,则需要进行更进一步的SWOT分析,即给SWOT矩阵中每个纬度的每一项因素配以权重,并根据权重进行定量分析。对于不同的职业,个体的每一项优势、劣势、机会、威胁对其的影响程度是不同的。而且,我们在进行SWOT分析时,如果只考虑到每项因素的大致影响的话,那么随着分析项目的增加,这种分析可能就无法得出客观真实的结果,个体也很难分出自己相对于其他竞争对手在进行新的职业选择时是否具有比较优势。所以只有根据当时当地的人才市场的具体情况,用数量化的方式把个人优势、机会结合起来与劣势、威胁相比较,才能够清晰地分出自己选择这项职业是否比他人具有优势,从而才能做出最优的职业决策。

需要注意的是,这里SWOT分析的权重分值并不是由个体凭空想象出来,而是基于每项评判内容对于具体行业的重要性而设定的。每项分析内容的权重分数是可以不同的,你可以把最重要项目的权重分配给10分,甚至100分或1000分,但其他被比较项的权重也要随之改变。这种定量的SWOT分析只是从数学运算的角度近似地反映问题的全貌,更科学的SWOT分析是采用其他更高级的数学方法来求值,如运筹学、模糊数学、数理统计等方法。但是考虑到个体能力、时间和资源的有限,有时仅采用前面初级的SWOT分析对于个体的职业决策便已足够。

根据以上定量分析的结果,就可以完成个人的生涯决策的SWOT分析了。

诚然,做此类个人SWOT分析会占用不少个人时间,而且还需认真地对待,但是,详尽的个人SWOT分析却是值得的,因为当你做完详尽的个人SWOT分析后,你将有一个连贯的、实际可行的个人职业策略供你参考。在当今竞争白热化的市场经济社会里,拥有一份挑战和乐趣并存、薪酬丰厚的职业是每一个人的梦想,但并不是每一个人都能实现这一梦想。因此,为了使你的求职和个人职业发展更具有竞争性,花一些时间界定你的个人优势和弱势,然后制订一份策略性的行动计划,务必保证有效地完成它,那么,你的前景将灿烂而辉煌!

2. 个体应用SWOT分析的实例

小刚是一名在校大学生,应用心理学专业,专业成绩优秀,曾多次获取奖学金,发表论文若干,且一直担任学生干部工作,成绩斐然。但是他性格急躁,容易冲动,而且没有直接的工作经历,唯一的工作经历是二年级时在一家大型电子公司的人力资源部门实习了半年。现在他想谋取一份在外企的人力资源管理的工作。

小刚将SWOT进行分解(见表7-2),将SO——优势与机会加以利用,使WO——弱势与机会此消彼长,对ST——优势与威胁进行监控,使WT——劣势与威胁得以改善,最终他得出了相应的生涯决策方向——大中型外资企业的人力资源管理部门。

表7-2 小刚的生涯决策SWOT分析表

外部环境分析	机会: (1) 人力资源管理部门逐渐受到企业的重视; (2) 入世后,外资企业的进入导致人力资源管理人才需求量的增大; (3) 心理学在人力资源管理中的重要性逐渐凸显出来,特别是人力资源测评与员工救助系统逐步在企业推广,为心理学专业开辟了广阔的前景	威胁: (1) 人力资源管理方向毕业生有一定的专业优势; (2) MBA的兴起,是高层次应用型人才逐步向企业转移; (3) 人力资源测评与员工救助在很多企业中仍然处于刚起步阶段,其运作很不规范; (4) 比起学历,我国许多企业更看重工作经验

续表

内部环境分析	优势： (1) 学习能力强，成绩优秀； (2) 学生干部管理经历； (3) 大型公司半年实习经历； (4) 具备心理学的知识背景； (5) 擅长于心理测评与员工救助	优势机会策略(SO)： (1) 学习心理学知识，将心理学知识运用到人力资源管理中，特别发挥人力资源测评方面的优势； (2) 发挥担任学生干部的管理特长，培养人力资源管理工作者所需特质	优势威胁策略(ST)： (1) 强调自身心理学背景优势，可运用心理学原理从事职业测评、员工心理救助，提高管理的人性化程度； (2) 强调大型公司半年的实习经验； (3) 强调自己管理学、心理学交叉融合的优势，强调较强的学习和适应能力
	劣势： (1) 非一类大学毕业； (2) 没有丰富的工作阅历； (3) 专业不完全对口； (4) 性格急躁，容易冲动	劣势机会策略(WO)： (1) 利用较强的学习能力，自学人力资源管理课程，加强英语的学习； (2) 继续加强自己英语口语交流、文字书写等优势	劣势威胁策略(WT)： (1) 训练克制自己的冲动个性； (2) 结合两个不同专业，培养宽阔的视野和创新能力； (3) 积极寻找重视员工潜能、重视心理救助、重视人性化管理的企业，充分发挥管理学、心理学学习的优势

3. 职业生涯决策中应用 SWOT 分析法的缺陷和对策

(1)SWOT 分析法的静态性导致的缺陷及对策

生涯决策是由一系列不断递进的阶段组成，是某个选择方案被选择、履行和不断规划调整的必然结果。决策并不意味着最后的结果，因此，职业生涯决策的过程充满着动态性、连续性和发展性。从整个纵向发展的职业生涯发展过程来看，个体的情况、社会的情况不断发生变化，优势、劣势、机会、威胁不断转化，不同时期人们进行生涯规划决策的内容又是不同的。

在实际的工作过程中，人们的每一次经历、每一种职业体验，以及由于年龄的增长而引起的价值观和需要观念的改变，都会导致对自我的重新认识和规划，从而会修正自己的职业目标，因而生涯决策所依据的重点也会发生变化。

但是，SWOT 分析法本身却是一种基于某个时间截面段的静态分析方法，它不能够结合过去、现在和未来的发展趋势做出综合评判。而且在生涯规划决策中实施 SWOT 分析，个体通常是依据自己已经存在的现实形态和观点来分析自我和职业环境，而很少考虑到未来环境的发展所带来的可能机会和危险，这种目光短浅的做法会导致个体忽略很多新的可能性。

要克服 SWOT 分析法静态性导致的不足，个体在使用 SWOT 分析法时就应该重视信息的及时反馈，一方面要加强自我觉察能力，要时刻站在未来的立场上衡量自身值得赞赏和仍需要改进的地方；另一方面还需要密切注意职业环境的变化，通过网络、报纸杂志等媒介来追踪最新的职业趋势，根据具体的环境变化及时修正和调整自身的 SWOT 矩阵，从而做出更加准确的职业规划。

(2) SWOT 分析法的主观性导致的缺陷及对策

SWOT 分析法的主观性问题也同样导致了 SWOT 分析法的准确性降低。人们往往会夸大自身优势，忽视自己的缺点，也有相反的可能。因此在进行 SWOT 分析时，个体可能会做出不太准确的自我评估，从而导致职业规划决策的失误，并且人格特征也会对 SWOT 分析的结果造成影响。一个悲观主义者总是在机遇中看到不幸的事件，而一个乐观主义者却总是能够在不幸的事情中看到机遇。具有不同人格特质的评价者在面对相同的职业环境时，可能会得出截然不同的分析结果。再者，在进行SWOT定量分析时，每项因素配以的权重也会因为个体差异而产生不同。这些因素都会直接影响SWOT分析的准确度，继而影响到个体生涯决策的成功与否。所以个体在进行生涯决策的过程中使用SWOT分析法时，最重要的就是要跳出自我。个体必须清楚地认识到SWOT评估只是为了帮助自己辨清自身的优势和劣势，其结果直接关系着自身未来的职业道路，意义非常重大。在评价过程中，个体应该尽量避免过度的谦虚和过度的理想自我，要敢于面对自己的不足，这样才能在职业规划中有一个良好的开始。首先，在优势分析和劣势分析的开始阶段，个体可以尝试列举一些具体的词汇来描述自己，出现频率较多的特征词汇就构成了你的优点和缺点。其次，个体可以寻求外在资源的帮助。一方面，可以使用一些职业测评手段和个人特质诊断工具来帮助自己客观地认识自我、辨清外在机会和威胁；另一方面，个体还可以请教他人帮助诊断以前的绩效评估、同事和上级的评价，甚至在校时同学和老师的评语统统都可以提供有价值的信息反馈，或者还可以求助于职业辅导专家。再次，在构建定量的SWOT矩阵时，个体应该尽可能地参考该行业长期经营和管理所形成的每项评判内容的重要程度，或者参考职业生涯规划专家们的看法，而不能仅凭自己的主观印象行事。

个体在使用SWOT分析时，应该确保要分析的成分的准确性和新颖性。对享用的数据和资料进行充分的分析，是SWOT分析取得实效的关键所在。而且，SWOT分析只是生涯规划的决策过程当中的一项实用技术，要想使生涯决策最优化，仅凭一个SWOT分析是远远不够的，还要考虑到其他方法的综合运用，尤其是要对变化的职业环境和竞争环境时刻保持着比较清醒的认识。

三、生涯决策平衡单

生涯决策平衡单是将所有的选择和条件以量化的方式呈现，然后计算结果，从而做出较佳选择的一种决定方式。

正是因为人们在职业决策的时候面临着许多这样那样的困难和干扰，使得原本就很棘手的决策变得更加复杂而难以操作。而平衡单技术则能给人们提供一面镜子，帮助人们把复杂的情况条理化、模糊的信息清晰化、错误的观念正确化，最终帮助人们做出正确的决策。

1. 平衡单介绍

平衡单(balance sheet)由詹尼斯和曼(Janis 和 Mann 1977)设计，他们将重大事件的思考方向集中到四个主题上：

① 自我物质方面的得失。

② 他人物质方面的得失。

③ 自我赞许与否。

④ 社会赞许与否。

在进行生涯决策方面的实际应用时，由于“自我赞许与否”和“社会赞许与否”仍显笼统，所以台湾生涯规划辅导专家金树人将最后的两项改为“自我精神方面的得失”与“他人精神方面的得失”，就是从“自我—他人”，以及“物质—精神”所构成的四个范围内来考虑。

平衡单可以帮助决策者具体地分析每一个可能的选择方案，考虑各种方案实施后的利弊得失，最后排定优先顺序，择一而行。如表7-3所示。

表7-3 生涯决策平衡单样表

考虑项目（加权值1～5，得失分1～10）得/失数＝得失分×加权值		第一方案		第二方案		第三方案		第四方案	
		志愿1		志愿2		志愿3		志愿4	
		得（＋）	失（－）	得（＋）	失（－）	得（＋）	失（－）	得（＋）	失（－）
个人物质方面得失	条件1								
	条件2								
	条件3								
	条件4								
	条件5								
他人物质方面得失	条件1								
	条件2								
	条件3								
	条件4								
	条件5								
个人精神方面得失	条件1								
	条件2								
	条件3								
	条件4								
	条件5								
他人精神方面得失	条件1								
	条件2								
	条件3								
	条件4								
	条件5								
合　计									
得失差数									
最终排序									

2. 生涯决策平衡单使用步骤

(1) 确定所有可能的选择

确定两个或两个以上你想从事并且有较大可能从事的工作，填在决策平衡单志愿栏处。

(2) 列出考虑的因素

在“自我—他人”以及“物质—精神”所构成的四个范围内，将影响自己做决定的因素一一列出。

(3) 根据自己的判断打分

依据自己列出的生涯决策平衡单上项目的不同程度的重要性，对每一个项目进行打分，一般分值范围为“－10～＋10”，重要程度越高分值越高，如果是阻碍因素计负值。

(4) 加权计算

上面列出的各种项目，对决策的意义不是等值的。因此，现在要做的是，回去看一看平衡单上所列的因素，哪些是最重要的和最迫切的。为了使各项的重要性和迫切性有层次之分，我们进一步对每个因素做加权计分。加权的分数可以采用五点量表(如最重要的×5，较重要的×4，一般的×3，较不重要的×2，最不重要的×1)。

(5) 得出决策结果

根据"得/失数=得失分×加权值"算出得失数，并在得失栏中填写。然后最终根据得数与失数的差，即得失差数的大小并进行排序，然后根据排序即可作出个人生涯的最优决策。

第三节　职业锚理论

每个人在设计自己的职业目标时，都会思考怎样才能知道自己适合做什么工作，如何根据自身特点作出正确的职业选择。美国著名的心理学家埃德加·薛恩(Edgar Schein)提出的职业锚理论有助于我们对这些问题的解决。所谓职业锚，又称职业系留点。锚，是使船只停泊定位用的铁制器具。职业锚，实际就是人们选择和发展自己的职业时所围绕的中心，是指当一个人不得不做出选择的时候，他无论如何都不会放弃的职业中的那种至关重要的东西或价值观，是自我意向的一个习得部分。职业锚强调个人能力、动机和价值观三方面的相互作用与整合。职业锚是个人同工作环境互动作用的产物，在实际工作中是不断调整的。

职业规划实际上是一个持续不断的探索过程。在这一过程中，每个人都根据自己的天资、能力、动机、需要、态度和价值观等慢慢地形成较为明晰的与职业有关的自我概念，逐渐形成一个占主导地位的职业锚。实际工作中，个人往往会重新审视自我动机、需要、价值观以及能力，逐步明确个人需要与现阶段的差距，明确自己的擅长所在及其发展的重点，并且选择符合个人需要和价值观的工作，以及适合个人特质的工作，自觉或不自觉地改善、增强和发展自身的才干，达到自我满足和补偿。经过这种整合(也许是多次的选择和比较)，个体便寻找到自己的"职业锚"。

1. 技术型职业锚

以技术能力为锚位的人，有特有的职业工作追求、需要和价值观，表现出如下特征：强调实际技术或某项职能业务工作。技术职能锚的人热爱自己的专业技术或职能工作，注重个人专业技能发展，一般多从事工程技术、财务分析、系统分析、企业计划等工作。持有这类职业定位的人出于自身个性与爱好考虑，往往并不愿意从事管理工作，而是愿意在自己所处的专业技术领域发展。在我国过去不培养专业经理的时候，经常将技术拔尖的科技人员提拔到领导岗位，但他们本人往往并不喜欢这个工作，更希望能继续研究自己的专业。

2. 管理型职业锚

管理能力型的职业锚呈现如下特点：愿意担负管理责任，且责任越大越好，这是管理型职业锚人员的追逐目标。他们与不喜欢、甚至惧怕全面管理的技术职能锚的人不同，倾心于全面管理，掌握更大权力，肩负更大责任。具体的技术工作或职能工作仅仅被看做是通向更高、更全面管理层的必经之路；他们从事一个或几个技术职能的工作，只是为了更好地展现自己的能力，是握取专职管理权之必需，这类人有强烈的愿望去做管理人员，同时经验也告诉他们自己有能力达到高层领导职位，因此他们将职业目标定为有相当大职责的管理岗位。

3. 创造型职业锚

创造型职业锚是定位很独特的一种职业锚，在某种程度上，创造型职业锚同其他类型职业锚有重叠。追求创造型的人要求有自主权、管理能力，能施展自己的才干。但是，这些不是他们的主要动机、主要价值观，创造方面是他们的主要动机和主要价值观。这类人需要建立完全属于自己的东西，或是以自己名字命名的产品或工艺，或是自己的公司，或是能反映个人成就的私人财产。他们认为只有这些实实在在的事物才能体现自己的才干。他们不喜欢重复性的工作，愿意干挑战性和冒险性的工作，这种人适合从事开发新市场或研发新产品的工作。

4. 自主型职业锚

自主型职业锚又称作独立型职业锚，这种职业锚的特点是：最大限度地摆脱组织约束，追求能施展个人职业能力的工作环境。以自主、独立为锚位的人认为，组织生活太限制人，是非理性的，甚至侵犯个人私生活。他们追求自由自在、不受约束或少受约束的工作生活环境。自由独立型更喜欢独来独往，他们不愿意受控制，甚至上班的时间也不愿意被规定。不愿像在大公司里那样彼此依赖，很多有这种职业定位的人同时也有相当高的技术型职业定位。但是他们不同于那些简单技术型定位的人，他们并不愿意在组织中发展，而是宁愿做一名咨询人员，或是独立从业，或是与他人合伙开业。自由独立型的人往往会成为自由撰稿人，或是开一家小的零售店。

5. 安全型职业锚

安全型职业锚又称作稳定型职业锚，其特征如下：职业的稳定和安全是这一类职业锚人员的追求、驱动力和价值观。他们的安全取向主要为两类：一种是追求职业安全，稳定源和安全源主要是一个给定组织中的稳定的成员资格，例如大公司组织安全性高，做其成员稳定系数高；另一种注重情感的安全稳定，包括一种定居，使家庭稳定和使自己融入团队的感情。有些人最关心的是职业的长期稳定性与安全性，他们为了安定的工作，可观的收入，优越的福利与养老制度等付出努力。他们对有没有更高的职务不是很重视，甚至有意回避，即使有可能当老总他也可能不愿意做。他追求稳定、追求认可。目前我国绝大多数的人都选择这种职业定位，很多情况下，这是由于社会发展水平决定的，而并不完全是本人的意愿。

这五种类型并无好坏之分，关键是哪种类型最适合于你自己。对企业来说，在一个单位当中这五种人最好都有；对个人来说，一个人的职业生涯成功方向在某个年龄阶段是以某一种类型为主，可能过一段时间会有所变化，转为以另一种类型为主了。

在个人的工作生命周期中，或在组织的事业发展过程中，职业锚都发挥着重要的作用。首先，职业锚是个人经过搜索所确定的长期职业定位，它清楚地反映出个人的职业追求与抱负；由于不同员工对职业成功有不同的解释，职业锚则为企业判断员工的职业成功提供了标准。其次，透过职业锚，组织获得了员工个人正确信息的反馈，从而可以有针对性地对员工发展设置可行、有效、通畅的职业通道；个人则因为组织有效的职业通道，自身的职业需要得以满足，必然会深化对组织的情感认同；于是，组织与个人双方相互深化了解，达到深度稳固的相互接纳。第三，由于职业锚是个人职业工作的长期贡献区，相对稳定的长期从事某项职业，必然增长工作经验，也使个人职业技能不断增强，直接产生提高工作效率的明显效益。职业锚是一个人才能、动机和职业价值观的沉积和内化，它和职业性向最大的不同在于：一个人的职业性向可能是六种不同类型的组合，但是一个人的职业锚却是单维度的(前期的研究发现了五种职业锚，后来又补充了服务型、纯挑战型和生活型职业锚。曾有人质疑是否还存在其他类型的职业锚，比如是否还存在权利型、纯创造型等职业锚。但是由于这些方面都可以在已有八种不同的职业锚中体现出来，因此目前尚未发现其他类型的职业锚），只能是八种职业锚类型中的一种。如果一个人无法确定自己的职业锚类型，那么很可能是他还没有足够的职业生活经验来建立自己对不同职业锚进行选择的优先权。职业生涯决策的一个重要问题就是确定自己的职业锚。

专题小结

（1）生涯决策是对生涯选择和决定的过程，它与个体的生涯决策态度、生涯决策能力、生涯决策风格有关。

（2）生涯决策要注意客观性、主动性、比较性等原则。SWOT 分析法是比较常用的一种生涯决策方法，应根据自己的实际灵活运用。

（3）职业锚是人们选择和发展自己的职业时所围绕的中心。要通过个人能力、动机和价值观三方面的相互作用与整合，形成并不断调整自己的职业锚，以指导自己的职业生涯。

复习与探索

（1）20 世纪 90 年代以后，在应用反馈及深入研究的基础上，专家将职业锚的类型修订为八种，修订后的理论具有更强的个体针对性和更好的人群覆盖性，根据本专题对其他类型职业锚的描述，试说明服务型、纯挑战型和生活型职业锚的特点。

（2）根据专题中对决策态度、决策能力的描述，试分析自己的优势与不足。

（3）试用 SWOT 分析法，对自己做出具体分析。

第八专题

职业与职业生涯规划

学习目的

(1) 了解职业、职业生涯、职业生涯规划等相关概念。

(2) 明确职业生涯规划的实质、要素、模式、特征以及制订的基本原则。

(3) 掌握职业生涯规划的基本步骤,能为自己制订出一份切实可行的职业生涯规划。

导引案例

画画与卖画

有两个年轻的画家,一个画家用一天的时间画了一幅画,然后用一年的时间去卖它,却无人问津;另一个画家则用一年的时间画了一幅画,只用了一天的时间,就将画卖出了很好的价钱。

谁都能看懂这个故事。有人说,哪有那么笨的画家,花一天时间画画,一年时间卖画!可是,现实中就有这样的例子。

一位大学生,大四有半年时间为找工作,跑了大半个中国,赶了无数次招聘会,资料费、服装费、车旅费花费好几千元,最终却还是两手空空。他说,能去的地方、能跑的招聘会他几乎都去了。择业择到这个局面,也只能想一想自己到底在这四年间怎么对待自己的"画作"了。

好的职业不是"找"出来的,而是靠平日里的点滴积累和努力奋斗得来的。职业生涯规划也不是一蹴而就的,而是需要经过长时间的摸索,不断自我更新,不断地挑战自己,它是一个动态发展的过程。佛家有云:"过去因,现在果;现在因,未来果。"这一生要怎么过?通过职业生涯规划,协助个人了解自身,规划未来,把握时机,发挥潜能,达成人生目标。但愿此类画画与卖画的故事,不要在大学毕业生身上反复上演。

第一节　职业概述

职业活动是每个人社会生活中的重要组成部分,对于进入大学的怀揣梦想的大学生,选择一份适合自己的职业是事业成功的第一步。人的社会生活和工作领域是非常广阔的。职业门类极其繁多,如何选择一份理想的职业呢?对职业基本知识的了解毫无疑问成为我们的切入点。

一、职业的含义

什么是职业？众说纷纭，没有一个统一的概念，从不同的角度可以有不同的理解。我们要了解职业为何物，就必须区分与职业相关的几个概念，搞清楚它们之间的关系，才能对职业有一个更透彻的理解。

工作(Job)：在一个特定的组织中，由一个或者多个具有一些相似特征的人所从事的活动或者任务。简单来说，工作是指个人从事的活动或任务。通过工作，个人付出劳动以换取经济回报。所以工作对于踏入社会的成年人来说尤为重要，甚至可以看作一个人是否具有社会独立性的一个重要指标。工作不仅仅是谋生的手段，德国著名政治家、“铁血宰相”俾斯麦说：“工作是生活的第一要义，不工作，生命就会变得空虚，就会变得毫无意义，也不会有乐趣。”他送给我们年轻朋友的三词箴言非常有意思：“对于刚刚跨入门槛的年轻人来说，我的建议只有三个词，工作、工作和工作。”

职位(Position)：是与一系列重复出现或者持续进行的任务相伴随的一个工作单元。它是和分配给个人的一系列具体任务直接相关的一个位置，是个人在组织内从事的工作内容和所处的岗位。

职业(Occupation)：我们习惯上把个人从事的工作类别，也就是社会给不同工作职位的名称称为职业。职业，是人们为了谋生和发展而从事的相对稳定、有经济收入、特定类别的社会劳动，这种劳动决定于社会分工，并要求劳动者具备一定的生活素养和专业技能；它是对人们的生活方式、经济状况、文化水平、行为模式、思想情操的综合反映。

从词义学的角度看，“职业”一词，由“职”与“业”构成，所谓“职”，是指职位职责，“业”是行业、事业，也有人认为“职”包含着社会职责、天职、权利和义务的意思，认为“业”包含着从事业务、事业、事情、独立性工作的意思。

在《国家职业大典》里，明确规定了职业的五个要素：一是职业名称，它是职业的符号特征；二是工作的对象、内容、劳动方式和场所；三是特定的职业资格和能力；四是职业所提供的各种报酬；五是在工作中建立的各种人际关系。

综上所述，所谓职业是指人们为了谋生和发展而从事相对稳定的、有收入的、专门类别的社会劳动。

在原始社会初期，并无职业可言。随着社会的进步和发展，人类在长期生产活动中产生了劳动分工，职业由此产生和发展。也就是说，社会职业存在于社会分工之中，人们的社会角色是不一样的，一定的社会分工或社会角色的持续实现，就形成了职业。

二、职业的特征

职业是个人在社会中所从事的作为主要生活来源的工作，职业具有如下特征：

1. 社会性

社会性，即职业是从业人员在特定社会生活环境中所从事的一种与其他社会成员相互关联、相互服务的社会活动。职业充分体现了社会分工，是社会生产力发展的产物，每一种职业都体现了社会分工的细化，体现了对社会生产和社会进步的积极作用。

2. 经济性

经济性，即职业以获得现金或实物等报酬为目的，劳动者在承担职业岗位职责并完成工作任务和过程中要索取经济报酬，既是社会、企业及用人部门对劳动者付出劳动的回报和代价，也是维持家庭和社会稳定的基础。

3. 专业性

任何职位岗位，都有相应的职责要求，要求从业人员具备一定的专业技能知识，包括较长时间专业知识的学习或技能培训。

4. 稳定性

稳定性，即职业在一定的历史时期内形成，并具有较长生命周期；职业产生后，总是保持相对稳定，不会因为社会形态不同和更替而改变。当然这种稳定性是相对的，随着现代化的快速发展，特别是科学技术的日新月异，促使原有职业活动产生变化，一些新的职业应时代需产生，原有职业或在时代的大发展中岿然挺立，或被时代的潮流淹没。

5. 群体性

职业的存在常常和一定的从业人数密切相关。凡是达不到一定数量从业人员的劳动，都不能称其为职业。更重要的是从业者由于处于同一企业、同一车间或同一部门，他们总会形成语言、习惯、利益、目的等方面的共同特征，从而使群体成员不断产生群体认同感。

6. 规范性

从事职业活动必须遵从一定的规范，即职业规范，它主要包括人们在就业活动中应遵守的各种操作规则及办事章程、职业道德规范和职业活动中养成的种种习惯。

7. 时代性

纵观 20 世纪 90 年代以来美国的职业领域，美国几乎没有哪一个行业的职业不在发生变化：一些职业成为行业的热门职业，一些行业出现新奇职业，一些传统的职业逐渐消失。和世界各国一样，我国的职业也是动态的、发展的。由于体制的改革，以及经济结构、产业结构的变化，传统的职业种类逐渐消亡，新职业不断涌现。据统计，现在每年平均有 600 多种新职业产生，同时有 500 多种传统职业被淘汰。比如，电话、传真、电子计算机技术的发展，使得诸如电报员、电报投递员等传统职业逐渐销声匿迹，但计算机出现以后，有了操作员、程序员、计算机销售员、维修工等多种职业岗位。

三、职业的分类

1. 职业分类的概念及意义

(1) 职业分类

所谓职业分类，是采用一定的标准和方法，依据一定的分类原则，对从业人员所从事的各种专门化的社会职责所进行的全面、系统地划分与分类。目前世界上的职业种类已超过 42000 种。

1995 年原劳动部联合中央各部委成立了国家职业分类大典和职业资格工作委员会，经过四年时间编制完成《中华人民共和国职业分类大典》，并于 1999 年 5 月向社会发布。《大典》将我国职业划分为 8 个大类，66 个中类，413 个小类，1838 个(细类)职业，《大典》的问世，反映了我国职业管理工作达到了一个新的高度。

8 个大类分别是：

第一大类：国家机关、党群组织、企业、事业单位负责人，其中包括 5 个中类，16 个小类，25 个细类。

第二大类：专业技术人员，其中包括 14 个中类，115 个小类，379 个细类。

第三大类：办事人员和有关人员，其中包括 4 个中类，12 个小类，45 个细类。

第四大类：商业、服务业人员，其中包括 8 个中类，43 个小类，147 个细类。

第五大类：农、林、牧、渔、水利业生产人员，其中包括 6 个中类，30 个小类，121 个细类。

第六大类：生产、运输设备操作人员及有关人员，其中包括27个中类，195个小类，1119个细类。

第七大类：军人，其中包括1个中类，1个小类，1个细类。

第八大类：不便分类的其他从业人员，其中包括1个中类，1个小类，1个细类。

如：① 高等学校校长这一职业，它属于第一大类——国家机关、党群组织、企业、事业单位负责人；中类——事业单位负责人；小类——教育教学单位负责人。② 高等学校教师这一职业，它属于第二大类——专业技术人员；中类——教育人员；小类——高等教育老师。③ 导游这一职业，它属于第四大类——商业、服务业人员；中类——饭店、旅游及健身娱乐场所服务员；小类——旅游及公共游览场所服务员；细类——导游。

(2) 职业分类的意义

职业分类对于国家合理开发、利用和综合管理劳动力，提高劳动者的素质，对于民族的兴旺、国家的昌盛意义重大。同时，它与职业选择、就业咨询、就业指导之间有着极为密切的联系，所以受到了社会各界的普遍关注。

① 职业分类是一个国家形成产业结构概念和进行产业结构、产业组织及产业政策研究的基础，对于社会各个行业的发展具有重要意义。

② 职业分类是开展教育指导的前提，科学的职业分类将为国家职业教育培训事业确定目标和方向，我国近年来通过的《劳动法》和《职业教育法》等从立法高度明确规定了国家确定职业分类，并以此指导职业教育培训工作和职业资格证书制度建设，这充分表明，职业分类在国家人力资源开发体系中具有重要的基础性地位。

③ 职业分类也是个人职业选择的需要。职业分类的发展使得从业者了解社会职业领域的总体状况，增强人们的职业意识，促使从业者不断提高职业素质。职业选择是劳动者与职业岗位互相选择、互相适应的过程，劳动者选择职业的过程也就是职业选择劳动者的过程。因此，对求职择业者来说，不了解职业的种类及其分类的依据，不了解不同职业对于劳动者素质的不同要求，是不可能做出正确的选择和决策的。

2. 产业和行业的分类

(1) 产业

产业是国民经济活动最基本的类型。根据国家统计局1985年的划分标准，我国产业分为第一产业、第二产业、第三产业。

第一产业是指人们直接从自然获取初期产品的生产部门，其产品用于满足人们的基本生活需求，包括农业、林业、牧业、渔业、水利业。

第二产业是指运用物理、化学、生物等技术，对农产品、半成品等进行加工制造的部门，分为重工业和轻工业两大类。

第三产业是指人们为生产、生活和社会发展提供劳务服务的服务性部门，包括四大部门：流通部门、服务部门、科教文卫体育部门、机关团体。

(2) 行业

行业是指从事相同性质的经济活动的所有单位的集合，行业是采用经济活动的同质性原则划分的，即每一个行业类别都按照同一种经济活动的性质划分。

我国于2002年颁布了新的《国民经济行业分类》国家标准。新标准将国民经济行业划分为门类、大类、中类和小类四级，共有20个行业门类，95个大类，396个中类，913个小类。20个行业门类分别是：① 农林牧渔业；② 采矿业；③ 制造业；④ 电力、燃气及水的生产和供应业;⑤ 建筑业;⑥ 交通运输、仓储和邮政业;⑦ 信息传输、计算机服务和软件业;⑧ 批发和零售业;⑨ 住宿和餐饮业;⑩ 金融业;⑪ 房地产业;⑫ 租赁和商务服务业;⑬ 科学研究技术服务和地质勘察业;⑭ 水利环境和公共设施管理业;⑮ 环境管理业;⑯ 居民服务和其他服务业;⑰ 教育业;⑱ 卫生、社会保障和社会福利业;⑲ 文化、体育和娱乐业;⑳ 公共管理和社会组织。

四、职业评价

职业声望最早是由社会学家马克斯·韦伯提出,他认为社会分层应该从财富、权力和声望三个方面进行考察。所谓的职业声望是指"人们对某种职业社会地位高低的看法",是"社会舆论对一种职业的评价"。广义的职业评价,包括该职业的收入水平、晋升机会以及对社会的贡献(意义)等因素。职业地位是现实的,也是历史的,发展的,一定时期内具有倾向性的社会舆论能够强烈地影响某些职业的社会评价,进而影响相关专业的个人需求。职业评价是人们对职业所具有的认识和态度,反映了一定社会历史发展阶段人们对社会各种职业的基本价值判断,一般表现为对职业地位和职业声望的看法。职业声望是人们对职业社会地位的主观评价,是职业生涯规划研究的重要范畴之一。

1. 职业声望决定因素

决定职业地位高低的因素主要有四项,包括职业社会功能、职业社会报酬、职业环境条件和职业素质要求。

(1) 职业社会功能

职业社会功能是指某一职业对社会的作用。它由责任、权利、义务体现出来。不同职业承担了不同的社会功能,在社会运行中发挥了不同的作用。一般情况下,社会功能大的职业社会评价较高。

(2) 职业社会报酬

职业社会报酬是指任职者工资收入、福利待遇、晋升机会、发展前景等方面因素。这是一个综合的指标,价值观不同的人,会有不同的判断和认识。

(3) 职业环境条件

职业环境条件是指与职业活动相关的工作环境。如技术装备、劳动强度、安全系数、卫生条件等。

(4) 职业素质要求

职业素质要求是指一定的职业对任职者各项素质的要求。职业对人素质要求越高,越不能被人替代,如科学家被人认为是不能替代的高层次人才,这一项一般与劳动者的受教育培训程度密切相关。

2. 职业声望影响因素

职业声望是人们对职业社会地位的主观反应,是对职业地位资源状况,如权力、工资、晋升机会、发展前景、工作条件等方面所作出的综合的主观判断。影响职业声望高低的主要因素有:

(1) 个人偏见

有人形成了对某一人或某一职业的好与恶的心理定势,缺乏客观性与全面性,只以评价职业声望的个人因素为依据来对职业进行评价。

(2) 社会环境

人处于一定的社会环境中,人们对职业的评价往往被社会上出现的某类个别现象所引导,如时尚性、趋向性等。尤其是一定社会的政治和文化背景,直接左右着人们对职业的评价。

(3) 舆论氛围

在一定时期内,大众舆论造成了具有倾向性认同的职业。

(4) 性别差异

职业社会调查结果显示,男女对职业声望的总体评价大致相同,但在绝对分值中,则显示了性别的差异性。

(5) 教育程度

受教育程度的不同,导致人们对职业声望的评价不尽相同。

(6) 国家和地区

不同国家和不同地区的人们,在职业声望比较中,也显示出了差异性。

3. 社会对职业声望的误导

职业声望提供的是一种导向。声望较高的职业会成为所有人奋斗的目标,而从事这些职业的人群,也将成为人们行动的参照群体。这些声望的评价对社会上求职的人来说,具有很大的指导意义。职业声望的评价受到人们的重视,还有一点就是那些处于低位者倾向于尊敬那些地位等级比他们高的人,并在许多问题上听从他们的领导。这就是管理学中领导者的非权力性影响力中的地位、知识等因素。这种现象十分普遍:在工厂中的技术工作,工人们往往是认为工程师的对;在处理行政事务的时候,我们愿意听从领导的指挥,认为他们知道的多,有权力和智慧;在我们就医的时候,我们往往听从的就是那些专家的劝告等等。在同一行业中,我们会对职业声望较高的人的意见更加重视。

所以人们会在力所能及的范围内,尽力选择声望更高的职业,同时在追求的过程中充实自己,使自身不断靠近该职业各方面的需求。而人们向上流动的欲望,最终将推动整个社会的发展。

但这种职业声望的评价同样会导致的误区是,如果职业声望榜中包含了个人对职业的主观好恶评价的话,将会在个人择业时产生误导,造成“职业选择性失业”。当对职业声望进行评比的时候,被选者的选择态度一般来说受到社会上的宣传和自我的生活经历影响的,甚至是受到自己的情绪的影响的。人们总是带着已经具有的经验和视野来看待这些需要评价的职业,这种职业的评价也就会受到个人的不客观的评价。就像在20世纪末,人们认为网络技术将会在不久的将来成为世界经济的主宰,但是美国的网络泡沫经济的破裂使人们对网络技术的真面目进行了认真的思考。人们认识到网络技术的发展是需要时间也需要完善的。这一段时间网络工程师的职业声望的变化比较大,人们对网络工程师也有不同的认识。从此可以看出,职业声望的评价也不是完全的准确的。

不论是来源于民间还是学者对职业声望的排名,对个人和社会都有其存在意义。大学生更加注意自己所选择的职业在社会中的地位,他们往往希望通过努力向社会中排在前位的职业努力。这正说明了大学生的职业价值观,他们对职业声望的评价和判断有着多元化的标准,从而使他们在择业时,会综合财富、兴趣、权力等各个因素之间的互动影响,避免造成职业选择的盲目性。而职业声望的研究,就是为了反映社会职业价值观的变化,从而调和就业时出现的观念误区,促进大学生顺利就业,而不是挤向几个有限的岗位。

我们应该明白,职业没有高低贵贱之分,职业的选择与个人的价值判断、性格特点、能力水平相关。同时,国家需要、社会需要应该是每个大学生都需要考虑的问题。目前,在大学生中出现的"考研热""公务员热",我们既要看到它的积极意义,也要注意不能千军万马过独木桥,陷入认识的误区。

五、职业发展趋势

和世界各国一样,我国的职业也是动态的、发展的。从总体上看,呈现出以下几种特点:

1. 社会职业出现的频率逐渐加快

随着社会生产力的发展,社会的分工,职业的种类也越来越多,现在职业已远远超过"三百六十行"。据有关资料,新中国成立后,全国各种岗位的总和已发展到10000种左右。近年来,物流师、心理咨询师、项目管理师、茶艺师等各种新型职业也不断涌现。新职业的出现使我们有了更多的选择空间和创造机会。

2. 职业分工由简单到精细

以农业为例,早期农业是指种植业,后来随着生产力的发展,种植业又细分为粮食作物种植业、经济作物种植业、蔬菜瓜果种植业、果树种植业等。再如建筑业,从原始的单一职业发展到现在的建筑设计、土建、装修等。

3. 社会职业结构变迁的速度越来越快

从农业革命到工业革命经历了数千年,而工业革命到新的产业革命,用了两百多年。电子行业从产生到发展成为一个主要行业,只用了几十年时间。

4. 职业活动的内容不断更新

同样的职业,在不同的时代,内容发生了变化。如设计院的工程师以前设计图纸时,使用图板、丁字尺、画笔,而现在运用AutoCAD软件画图纸。再如邮政业,古代靠骑马传送邮件,而现在除了用飞机、火车、汽车等交通工具传送邮件外,还使用电话、网络、传真等手段传送信息。

5. 脑力劳动职业增加

随着教育、文化、科学技术等的发展,脑力劳动者逐渐多了起来。在我国,脑力劳动者和专业技术人员的比重也在不断增大。我国1982年和1990年两次人口普查的各职业人口构成资料表明,白领人员占各职业的比例由9.7%上升到11.8%。

6. 职业的专业化越来越强

若不具备一定的专业能力,达不到专业要求,则不能从事该职业。如现在的研究人员,不光是研究者,还有可能是市场开拓者或是管理者。

7. 职业活动自由化

表现在三个方面:职业活动场所自由化,如网上上班;时间自由化,像记者、律师、设计师等,没有严格的上下班时间限制,以完成一定的工作任务为目标;自由职业者,自由撰稿人、作家等,他们没有具体的工作单位,以完成某项工作、任务的形式来履行职业职责。

8. 第三产业的职业数量大幅度增加

随着科技水平的提高,第三产业的职业数量大幅度增加,其就业人数在发达国家已超过50%。由于第三产业所具有的就业容量大、流动性大及弹性高的特点,将会吸引更多的大学毕业生从事第三产业的职业。

9. 文化创意产业悄然兴起

文化创意产业是指依靠创意人的智慧、技能和天赋,借助于高科技对文化资源进行创造与提升,通过知识产权的开发和运用,产生出高附加值产品,是具有创造财富和就业潜力的产业。联合国教科文组织认为文化创意产业包含文化产品、文化服务与智能产权三项内容。

文化创意产品一般是以文化、创意理念为核心，是人的知识、智慧和灵感在特定行业的物化表现。文化创意产业与信息技术、传播技术和自动化技术等的广泛应用密切相关，呈现出高知识性、智能化的特征。如电影、电视等产品的创作是通过与光电技术、计算机仿真技术、传媒等相结合而完成的。文化创意产业除了具有强融合性特征之外，还具有高附加值特征，文化创意产业处于技术创新和研发等产业价值链的高端环节，是一种高附加值的产业。文化创意产业作为一种新兴的产业，它是经济、文化、技术等相互融合的产物，具有高度的融合性、较强的渗透性和辐射力，为发展新兴产业及其关联产业提供了良好条件。文化创意产业在带动相关产业的发展、推动区域经济发展的同时，还可以辐射到社会的各个方面，全面提升人民群众的文化素质。

10. 微型创业成为风潮

在未来，个人创业已成为一种趋势。自主创业已经成为大学生新的选择，已逐步成为市场洪流中一股新的力量，一种不可阻挡的潮流与趋势。创业不但是一种就业，而且还可以为他人创造就业岗位。第二届国际职业教育大会就明确指出“就世界范围而言，21世纪有50%的中专生和大学生要走自主创业之路”，不远的将来，大学生自主创业将形成气候。

第二节　职业生涯规划

你对自己的未来职业能否做出恰如其分的规划，直接关系到你未来的工作满意度和生活幸福度。在经济危机冲击和高校扩招的双重压力下，大学生逐渐“被”加入到失业大军中。究其原因，缺乏规划成为影响大学生就业的最重要因素。这就要求我们大学生在校期间能够规划自己，积极投身社会实践，在实践中掌握真本领、练就真功夫，在迈出校门后能更快地适应社会。

每个人身上都拥有宝藏，关键在于你是否能够发现并有计划地开发，只有你自己才能主宰自己的命运。一个人只有确立了前进的目标，并有了为实现目标而规划自己的行动，才会最大可能地发挥自己的潜力。从这个意义上说，财富不是仅凭奔走四方去发现的，它只属于那些自己去挖掘的人，只属于依靠自己土地的人，只属于相信自己能力的人。

现代，大学生更应充分认识自己，规划自己，像杜拉拉那样，建立自己的“秘密花园”，激发奋斗的热情，培养融入社会的努力。“梦想、热情、能力”是大学生披荆斩棘的三把利剑。社会也给大学生更多的选择。如果想对自己未来有一个明确的把握，现在就必须对自己的职业生涯有一个明确的规划。

一、职业生涯概述

职业生涯涉及的几个重要概念：职业生涯、大学生职业生涯规划、外职业生涯与内职业生涯。

1. 职业生涯的含义与内涵

(1) 职业生涯的含义

职业生涯，指一个人一生中所有与职业相联系的行为与活动，以及相关的态度、价值观、愿望等的连续性经历的过程。职业生涯是一个动态的过程，是指一个人一生在职业岗位上所度过的、与工作活动相关的连续经历，并不包含在职业上成功与失败或进步快与慢的含义。也就是说，不论职位高低、贡献大小、成功与否，每个工作着的人都有自己的职业生涯。一个人的职业生涯是一个漫长的过程。也许一生只从事一种职业，也许一生中从事多种职业，但每个人都希望找到一个相对稳定、适合自己的职业。如何选择和规划自己的职业生涯，往往受学识、爱好、机遇、工作环境等主客观条件的制约，只有根据现行的工作需要改变原来的职业目标和兴趣，调整心态，培养对所从事职业的敬业精神，在实践中产生对事业的热爱，才能集中精力全身心投入工作，实现个人价值，做出成就。因为职业生涯规划不是社会或学校强加在个人身上的实施方案，而是当事人在内心动力的驱使下，结合社会职业的要求和社会发展利益，依据现实条件和机会所制订的个人化的实施方案，所以，从个人的角度来讨论职业生涯规划，它的主要内容包括：自我认识，自我规划（确定职业方向和目标，制订职业发展道路计划），自我管理（明确需要进行的自我学习、提升准备和行动计划），自我实现（反馈评估，修正完善）。

大学生职业生涯是一个特殊的阶段。有鲜明的特征，根据职业生涯发展阶段理论，大学生活属于职业生涯成长、培训、探索阶段。该阶段主要涉及学校和工作前期。大学生经过自我认识、反省，检验形成自我观念、职业角色的合理性，并在此基础上对选定的职业进行修正，形成自己的职业生涯规划。这一阶段是追求自我实现的重要人生阶段，对人生起着决定性作用。

（2）职业生涯的内涵

美国职业心理学家施恩提出将职业生涯分为外职业生涯和内职业生涯。外职业生涯是指从事一种职业时的工作时间、工作地点、工作单位、工作内容、工作职务与职称、工资待遇等因素的组合及其变化过程。外职业生涯通常可以通过名片、工资单体现出来。名片上表明工作的地点、企业的类型、担任的职务、职称等内容；工资单里写明基本工资、岗位津贴、福利待遇、奖金等等，这些因素就构成了外职业生涯。内职业生涯是指从事一种职业时的知识、观念、经验、能力、心理素质、内心感受等因素的组合及其变化过程。内职业生涯是通过从事职业时的表现、工作结果、言谈举止表现出来的。外职业生涯的发展通常由别人决定、给予、认可，也容易被别人否定、收回、剥夺。而内职业生涯的发展主要靠自己的不断探索而获得，不随外职业生涯的发展而自动具备，也不由于外职业生涯的失去而自动丧失。在职业生涯发展过程中，起更重要作用的是我们的内职业生涯。在职业生涯的初期，对内职业生涯提升最快的工作，就是一个好工作。所以，大学生在选择职业的时候，不要只看中薪水、福利等外在的东西，要选择对自己的能力锻炼最大的，对自己今后的职业方向影响最大的工作，毕竟，一个人在工作中形成的素质、能力是一个人终身受益的。

2. 职业生涯规划的含义、要素

（1）职业生涯规划的含义

职业生涯规划是指个人发展与组织发展相结合，对决定一个人生涯的主客观因素进行分析和测定，确定个人事业奋斗的目标，选择实现这一目标的职业，并编制相应的工作、教育和培训的计划，对生涯实现的时间、顺序和方向作出合理的安排。它的实质是个人依据自身素质对自己未来发展做出主动的、自觉的设计和规划，并根据变化而作出相应调整，达到最大限度地实现自我价值。

（2）职业生涯规划要素

孙子在《谋攻篇》里说道："知己知彼者，百战不殆；不知彼而知己，一胜一负；不知彼不知己，每战必殆。"意思是说，在军事纷争中，既了解敌人，又了解自己，百战都不会失败；不了解敌人而只了解自己，胜败的可能性各半；既不了解敌人，又不了解自己，那只有每战必败的份儿了。用在职业生涯规划中也是同理的，我们可以把"己"看作自身条件，把"彼"看做客观条件,而把"战"看作决策行动。

我们要做出科学合理的职业生涯规划,就必须把握好三点要素,即知己、知彼、决策。知己,即了解自己的性格、兴趣、价值观、个人能力等个人信息。知彼,即了解职业信息、政策法律、社会文化等外部条件。而决策,就是将目标设定,付诸行动。

(3) 职业生涯规划模式

当然,知道了生涯规划的要素是远远不够的,我们还必须了解生涯规划的模式。如图 8-1 所示。从图中我们可以看到,制订出合理的生涯目标首先要澄清个人特质;其次了解个人的成长、家庭环境,即个人与环境的关系;再次,了解个人的教育与职业资料。

这三个方面的关系是相互作用、相互依存的,缺少任何一个方面都不可能是一个完整的职业生涯规划模式。

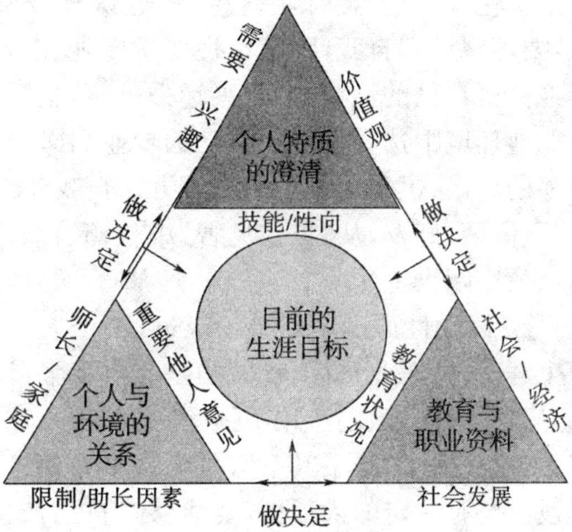

图 8-1 职业生涯规划模式

(4) 职业生涯规划的特征

职业生涯规划具有个性化、动力性、开放性、适时性等特征。

个性化特征:每个人的成长环境、文化背景、个性类型、价值观、能力、职业生涯目标、对成功评价的标准等等不尽相同,所以不同人对自己的职业生涯规划也必不相同。要依据现实条件和机会制订个性化的发展方案。

动力性特征:个人发展的动力源泉在于个人自身,好的职业规划是人的动力源泉,使人在职业发展中出类拔萃。

开放性特征:一份有效的职业生涯规划必须是在对客观环境审时度势的基础上,广泛听取领导、老师、朋友、家人以及职业顾问的意见之后,才能制订出来。

适时性特征:生涯规划方案不是一成不变的终身实施的全程方案,需与时俱进,不断调整。

(5) 职业生涯规划制订的原则

"凡事预则立,不预则废"。设计职业生涯,就是对未来生活道路的预测、预想和预先的谋划,是职业选择和发展最直接的准备。制订一个高质量的职业设计,应遵循以下指导性原则。

① 目标导向原则。在职业生涯规划中,一个清晰的长远发展目标是核心,是设计之"魂",其他工作都是围绕这个核心而展开的,要在未来哪个领域、哪类岗位上做一个什么样的人,职业设计之初,应对此慎重思考,做出明确的定位,并以此统领职业生涯设计的全过程。总体目标之下,要有与之衔接配套的子目标和阶段目标作支撑。子目标是对总目标的分解,比如总目标是当一名优秀的办公室秘书,就要根据岗位的要求,分别在专业知识、综合素质诸方面定立明确的标准,这些标准达到了,总体目标也就落到了实处。阶段目标是通向总目标的"阶梯",各项目标拟定的标准,要靠平时一步一步去逼近。合理的职业设计应将目标涵盖的任务划分到每个时段,比如一个学期要完成哪些,一周的时间又该如何安排,有了一个个阶段目标的落实,总体目标才不至于变成空中楼阁。

② 统筹兼顾原则。职业生涯不能凭空设计,也不能想当然规划,而应建立在科学的基

础上，这个基础就是对职业环境的充分了解和对自身发展状况的深刻认识，并据此做出正确的选择。鉴于多种原因，大学生就业形势整体上比较严峻，人才资源配置，基本上是“买方市场”。这就要求大学生首先要吃透“行情”，要通过多种渠道，全面了解社会的潮流和趋向，了解所处专业领域的职业构成和动态变化，了解国家的就业政策，了解用人单位的共性需求和内部文化，广泛搜集就业信息，经过认真分析、预测，选择可取的就业方向和岗位轮廓。其次，要客观认识自我，除了审视所学专业在未来社会中所处的位置和发挥的空间外，还要冷静地分析自己的性格气质、兴趣爱好、价值追求，能力特长等等，把握自己的优势和不足，再在职业环境中选择适合于自己的专业和岗位。要真正客观而不是片面地认识自己并非一件容易的事，除了采用科学的测评方法自我评价外，还需多听其他人的看法，包括自己的亲属、老师、同学、好友，从“见仁见智”中权衡、比较，得出相对真实的结论，扬长避短，去开拓属于自己的广阔天地。

③ 激励性原则。高尔基说过，一个人追求的目标越多，他的潜能发挥就越大。设计职业生涯，选择职业目标，首要的是应当克服自卑心理，要有“天生我材必有用”的豪迈和自信，确立目标过低，激励作用不强，势必陷于平庸，也失去了职业设计的意义。“取法乎上，得乎其中，取法乎中，得乎其下”，是为许多事例证实了的经验之谈。跟其他计划的制订一样，目标设定要有一定的挑战性，要能够对自己产生内在的感召和激励，目标实现，能给自己带来较强的成就感。“跳起来摘桃子”，经过不懈努力可以逐步实现，是目标设计的理想境界。无论是选择继续深造，还是直接就业，包括自己创业，大学生的有利条件很多，内在潜力很大。可以想象，如果没有对未来发展目标的科学选择，比尔·盖茨是不会中止在哈佛的学习而自办实体，也就不会有今天的辉煌成就。许多成功人士的经历，都证明了这一点。

④ 指导性原则。制订职业生涯规划的目的，是为了指导日常行为，而一些同学也定了学习计划，但对学习生活的约束力不强，很大程度上，是由于目标模糊，措施笼统，缺乏有针对性的检查考核办法。目标、措施、检测评估，是一部完整计划的三大要素。职业目标最好能基本确定到工作岗位，每学期、每星期的任务和方法要尽可能具体、可操作，养成定期反思改进的习惯。

⑤ 适应性原则。职业生涯规划必须适应社会的变化，由于社会、行业的发展变化，适时做些微调是十分必要的。鲁迅先生早年学医，后转而从文，成为一代文化巨匠，做出了比从医更大的贡献，实现了成功的职业生涯，他是在强烈的使命感和责任感的驱动下做出新的选择的。调整职业设计方案，应体现“枝摇身不动”的精神。从业方向可以相应变更，展示才华、报效祖国的信念不能动摇，基础知识的学习不能放松，提高综合素质的追求不能懈怠。要密切关注所在专业领域职业演变的前沿动态，深入思考，慎重抉择，不要一味去挤“独木桥”，也不能盲目走进死胡同，保持设计方案适度的弹性和应变性，也就更掌握了驾驭命运的主动权。

第三节　职业生涯规划制订步骤

大学生职业生涯的设计和实施，一般要经过职业定向、自我评估、环境分析、目标选择、职业定位、路径预设、策略筹划、计划制订和反馈调整等阶段，要设计一份完整科学的职业生涯规划要认真把握好这几个环节。

一、职业定向

方向是事业成功的基本前提，没有方向，事业的成功也就无从谈起。俗话说：“志不立，天下无可成之事。”立志向是人生的起点，反映着一个人的理想、胸怀、情趣和价值观，影响着一个人的奋斗目标及成就的大小。我国传统文化十分重视立志在成材中的作用。孔子说自己“十有五而志于学”，自己的人生志向是让“老者安之，朋友信之，少者怀之”。他更指出“三军可夺帅也，匹夫不可夺志也”。可见人生志向对于人的重要性和坚定性。因为志向、理想是人生指路的明灯，它指引前进的方向，有了目标和方向，才不至于迷途，才能动员一切力量和勇气去与艰难困苦作斗争，不达目的决不罢休。

我们内心的真实想法是什么呢？我们究竟想将来做些什么呢？这里给大家提供明晰职业志向的方法，你可以向自己连续发问：

① 当我老去的时候，我最希望人们怎样评价我？

② 我最希望在哪个领域里有所成就和建树？

③ 假如不需要考虑金钱和时间，我最想从事的工作是什么？

④ 我理想的生活方式是什么？

⑤ 我未来要创造的成绩是什么？

⑥ 我将来要从事的行业是什么？

⑦ 我将来的职业名称是什么？

⑧ 我将从工作中得到什么？

从这些发问中，你会逐步清晰自己的职业志向。当然志向不能脱离实际，大学生最忌“眼高手低”。在《恰同学少年》中，青年毛泽东在老师杨怀中提出志向问题时，并没有一开始就给出明确回答，而是在不断的实践中逐渐探索，树立了远大的志向。所以欲立志，必先实践。

二、自我评估

客观认识自我是制订职业规划的基础。自我评估包括：对职业生涯发展的认识，对自己需要、价值观的认识，对自己兴趣的认识，对自己能力的评估，对自己性格的评估，对自己教育和培训经历的认识，对其他因素的认识等。

认识自我，是个人成熟度的反应。只有认识自己，才能对自己的职业方向做出正确的选择，才能对自己的职业目标做出恰当设定，才能选定适合自己发展的职业生涯途径。

如何对自我的各方面进行评估呢？这里有两种方法：经验法和职业测评法。经验法是指在人际交往中或依据过去活动成果由他人或本人对自己进行主观的分析和评价。职业测评是心理测验在职业心理测评上的具体运用。职业测评的基本特点就是针对评价目标，通过定性、定量的方式对人的能力、个性等基本素质进行测试、分析和评价。它能够深入了解人本身的特质，能够发现许多其他方法难以考察的信息，比其他方法更具有客观性。更多的定量化使所测内容更精确，且具有较好的可比性，能在较短的时间内提供人才的某些重要才能和心理素质的比较信息，提高人才评价的准确性和客观性，而且可信度高，操作比较简便。

通过测评，可以帮助职业测评参测者根据自己的性格、能力来确定自己的职业生涯发展规划；帮助参测者确定职业目标，尽可能地发挥出自己最大的潜能；多角度专业化的职业测评，可以帮助测评者提高个人的工作技能，提高自己的职场竞争力；用人单位也可以应用职业测评报告结果实行人岗匹配，达到企业和个人的利益最大化。

三、环境分析

对就业环境做出深刻透彻的分析和判断是设计好职业生涯的重要前提。分析环境需要重点考虑以下几个因素：

一是社会因素，即拟选职业在社会中的地位，有无广阔的发展空间，以及人们对该职业的普遍评价等等。

二是政策因素，各级政府对拟选职业所处领域的政策导向，是鼓励、扶持，还是限制、压缩；政策也包括国家的就业政策，凡是政策引导的行业，都是急需人才，容易做出成就和贡献。

三是经济因素，即经济发展的速度趋势，对拟选职业带来的影响，以及拟选职业对经济发展的作用等等。

四是地域因素，即拟选职业所在地区的特征与要求，如东南沿海等发达地区经济待遇较高，但人才竞争更为激烈；西部人才相对缺乏，有利于才能发挥和成长进步，但工作、生活条件不如东部。

五是文化因素，包括该单位的主流理念、人际环境、运行机制、人才构成等，这些因素对以后职业生涯的发展影响也是很大的。

分析职业环境可通过多种途径，尽可能全面、详尽，以帮助自己做出切合实际的判断。注意多了解新闻媒体信息，多听专家介绍评价，多向老师咨询请教，以及多找业内人士参谋建议等。

四、目标选择

职业发展目标是指期望在职业发展道路上达到一个什么样的位置，简单地说就是做到什么职位。说到职业发展目标，有人可能会说“我的目标是事业有成”，这不是目标，仅是美好愿望而已；有人可能会说“我的目标是成为优秀的人力资源工作者”，这不是目标，仅是职业发展方向而已；还有人可能会说“我的目标是成为优秀的机械工程师”，这就是看得见摸得着的职业发展目标了。职业发展目标的设定，是职业生涯规划的核心。一个人事业的成败，很大程度上取决于有无正确适当的目标。没有目标如同驶入大海的孤舟，四海茫茫，没有方向，不知道自己走向何方。职业发展目标是以自己的最佳才能、最佳性格、最大兴趣、最有利的环境等信息为依据而设定的。通常可分为短期目标、中期目标、长期目标和人生目标。短期目标一般为三至五年，长期目标一般为五至十年。

在制定职业目标时，应注意职业目标的“三化”原则，即目标的明确化、目标的聪明化、目标的最优化。目标的明确化：在职业生涯规划的初期，我们只有制定了明确的目标以后才能沿着已经设定的目标不断前进。目标的聪明化：尽管设定了自己的职业生涯目标，但是，并不是所有的目标都能变成现实，聪明的目标才有可操作性。目标的最优化：职业发展目标是以自己的最佳本能、最优性格、最大兴趣、最有利的环境等信息为依据而设定的。

确定合理的择业目标是职业生涯设计的核心，其他活动都是围绕这个核心展开的。有了对自我和环境深刻的分析和清醒的认识，做到了知彼知己，选择职业意向就是理智而不是盲目的。在做具体选择时，有几条原则可供参鉴，即“择世所需”，选择国家鼓励、社会需要、发展前景广阔、利于做出较大贡献的职业和岗位；“择己所长”，选择与自己的专业、特长、优势较吻合的领域；“择己所爱”，选择与自身优势相结合，又是自己的兴趣所在的职业和岗位；“择己所利”，选择最利于自我发展，包括经济待遇、进步空间、学习机会、工作条件的岗位。

当然，职业目标的确定是很慎重的事，综合分析各种因素后，可先在较为理想的局域内划定“目标区”，再在目标区内选择最中意的岗位，这样，即使将来现实的情况不能完全如愿，适当调整也不至于偏离太远。

五、职业定位

职业定位就是要为职业目标与自己的潜能以及主客观条件谋求最佳匹配。良好的职业定位是以自己的最佳才能、最优性格、最大兴趣、最有利的环境等信息为依据的。职业定位过程中要考虑性格与职业的匹配、兴趣与职业的匹配、特长与职业的匹配、专业与职业的匹配等。职业定位应注意：

① 依据客观现实，考虑个人与社会、单位的关系。

② 比较鉴别，比较职业的条件、要求、性质与自身条件的匹配情况，选择条件更合适、更符合自己特长、更感兴趣、经过努力能很快胜任、有发展前途的职业。

③ 扬长避短，看主要方面，不要追求十全十美的职业。

④ 审时度势，及时调整，要根据情况的变化及时调整择业目标，不能固执己见，一成不变。

定位准确，你就会持久地发展自己。很多人事业上发展不顺利不是因为能力不够，而是选择了并不适合自己的工作，很多人并没有认真地思考一下"我是谁""我适合做什么"，也因为不清楚自己要什么，而无法体会如愿以偿的感觉。很多人把时间用于追逐不是自己真正适合的工作上，但是随着竞争的加剧会感觉后劲不足。准确的定位可以让自己获得更加长远的发展。

定位准确，你就会善用自己的资源，集中精力地发展，而不是"多元化发展"，这是职业发展的一个规律。很多人多年来涉足很多领域，学习很多知识，其实内心很虚弱，每一项都没有很强的竞争力。定位准确，你就会抵抗外界的干扰，就不会轻易地放弃。过去，有的人选择工作，用现实的报酬作为准则，哪里钱多去哪里，什么时尚去哪里，你会发现头几年可能在待遇上会有一些差距，但是后来薪酬的差距并不大。风水轮流转，今天时尚的过几年不时尚了，从前挣钱容易过几年挣钱不容易。有的人凭借机遇获得一个好职位，但是轻易地放弃了，而选择了短期内看似不好但却更适合长远发展的职位。给自己准确定位，你就会理性地面对外界的诱惑。

定位准确，就会让合适的用人单位招聘你，或者让你的上司正确培养你，或者让你的所有关系帮助你。很多人在写简历和面试的时候，不能准确地介绍自己，使得面试官不能迅速地了解你；有的人在职业定位上摇摆不定，使得单位不敢委以重任；还有的人经常换工作，使得朋友们不敢积极相助。

定位不准，就好像游移的目标，让人看不清真实的面目。定位是自我定位和社会定位两者的统一，一个人只有在了解自己和了解职业的基础上才能够给自己做准确定位。

① 了解自己：主要是核心价值观念、动力系统、个性特点、天赋能力、缺陷等。方法：可以自我探索，可以请他人做评价，可以借助心理测验——充分地了解自己。

② 了解职业：包括职业的工作内容、知识要求、技能要求、经验要求、性格要求、工作环境、工作角色等。

③ 了解自己和职业要求的差距，需要仔细地比较各个方面要求的差距。你可能会有多种职业目标，但是每个目标带给你的好处和弊端不同，你需要根据自己的特点仔细地权衡，选择不同目标的利弊得失，还要根据自己的现实条件确定达到目标的方案。

其实定位不是静态的，而是动态的事情。当自我发生重大变化和外部环境发生重大变化的时候，都需要重新定位。人们担心定位会让自己受到限制，其实定位并不是确定一个固定的位置，而是确定和目标的距离。你可以确定多种目标，只是你要知道自己距离各种目标的远近程度，要知道达到目标需要怎样的努力。人们担心定位让自己失去机会。这个误区尤其体现在毕业生身上，如学生经常到处投放简历，甚至发给谁了都不知道，学生会取得很多的证书，认为这样得到的机会更多。其实，这样的漫天撒网更可能耗费你的时间和精力，而没有获得实质性的机会。

六、路径预设

选择了职业生涯发展目标以后，还应该选择达到这一目标的职业生涯路线。职业生涯路线是指一个人选定职业后从什么方向实现自己的职业目标。职业目标确定后，向哪一条路线发展，此时要做出选择。是向行政管理路线发展，还是向专业技术路线发展？是先走技术路线，再转向行政主管路线，还是反过来……在具体的岗位方面也需要作出选择。行政管理？市场营销？技术研发？服务支持？由于发展路线不同，对职业发展的要求也不相同。因此，在职业生涯规划中，必须做出最适合自己的抉择，以便使自己的学习、工作以及各种行动措施沿着你的职业生涯路线或预定的方向前进。

职业生涯路线的选择取决于以下三个要素：想、能、可以。这三个要素的基本涵义是：

① 我想往哪个路线发展？

② 我能往哪个路线发展？

③ 我可以往哪个路线发展？

第一个要素，是通过对自己兴趣、价值观、理想、成就动机等因素的分析，确定自己的目标取向，即自己的志向是在哪个方面，自己非常希望走哪一条路线。这是一个人的兴趣问题。

第二个要素，是通过对自己的性格、特长、智能、技能、情商、学识和经历等因素的分析，确定自己的能力取向，即自己能向哪一条路线发展。这是一个人的特质问题。

第三个要素，是通过对当前及未来的组织环境和社会环境等微宏观因素的分析，确定自己的机会取向，即内外部环境是否允许自己走这一条路线，是否有发展机会。这是环境条件问题。

以上三个要素是相互联系，缺一不可的。因此，在确定自己的职业生涯路线时，必须综合分析和考虑这三个要素。如图 8－2 所示。

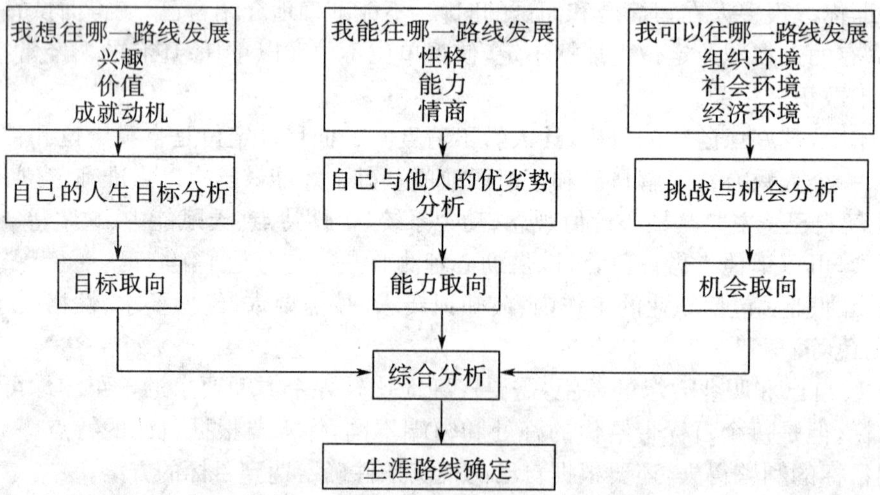

图 8－2　职业生涯路线选择要素的关系图

七、策略筹划

正如一场战役需要确定作战方案一样，有效的生涯设计也需要有确实能够执行的生涯策略方案，这些具体且可行性较强的策略方案会帮助你一步步走向成功，实现目标。

根据个体的现实差异，可以选择的有效策略多种多样，但是大致可以分为三类：

1. 一步到位型

针对在现有条件下可以达成的职业目标，动用现有资源很快实现。比如希望成为机电技师，就可直接进入机电方面的企业而一步到位。

2. 多步趋近型

对于那些目前无法实现的目标。先选择一个与目标相对接近的职业，然后逐步趋近，以达成自己的理想目标。比如，想做企业老板，但目前没有足够的资本，因此先给别人打工，以积累资源。

3. 从业期待型

在自己无法实现理想目标，也没有相近的职业可以选择的情况下，先选择一个职业投入工作，等待机会，以实现自己的理想目标。比如，自己想去外企发展，但由于技术和经验达不到外企的要求，这时你可先进入一家民营企业学习技术和积累经验，等达到外企的要求后再寻求发展。

如果你是一个应用心理学专业的学生，目标是成为心理咨询师，那么，应该问自己下列几个问题：

① 在校期间我需要掌握了解哪些课程和学习哪些技能？如何求得我目前的老师在这方面给自己更多的帮助？

② 我需要参加哪些培训、学习、考核？取得什么样的职业资格证书才能够资格做一名心理咨询师？

③ 我在成为心理咨询师的发展路上需要排除哪些来自内部和外部的障碍？我需要先在哪些相近岗位上工作才能逐渐接近心理咨询师这个岗位？

④ 做一个心理咨询师需要什么样的学历？我如何实现？需要什么样的实践技能？如何求得我所在单位在这方面给自己以帮助？

⑤ 如何在我所处的单位寻得有利于自己目标实现的机会？

⑥ 一个心理咨询师应具有怎样的经验水平和年龄层次？自己怎样做才能符合这个范围？

实际上，一个本科大学生不可能一步达到心理咨询师的学历、素质要求，如果你立志做一名心理咨询师，就必须规划一下你的职业发展路线。

制订切实可行的策略，是实现职业目标重要的保证。落实目标的策略应有针对性。思想道德素质、专业知识素质、综合技能素质、身体心理素质是未来职业素质的主要选项，大学生制订职业生涯规划，应瞄准这些素质标准，一一安排锻炼提高的具体方法，提高职业素质并非单指专业知识素质，其他三项也很重要。对大学生而言，以下措施都是行之有效的：参加学校开展的各类社团活动，在学习、交流、锻炼的平台上提高自我；参加各类实践活动，借以了解社会、体验规律；经常深入自己预选的行业一线，实地感悟岗位的要求和自己的现状，增强锻炼提高的针对性和紧迫感。可能的话，设法联系到预选的单位跟班实习，提前“预热”，熟悉环境，展示自我，为择业做好铺垫，不少同学就是这样走上工作岗位的。

各项策略和措施，都应落实到具体的时段内，及时回顾、评价，持之以恒，切不可断断续续，一曝十寒，不断反思提高的过程也是一步一步走向理想工作岗位的过程。

八、计划制订

在确立目标之后，一个切实可行的行动方案至关重要。

吕敦宏同学系某“三本”院校应用心理学专业2006级学生。他并不是什么遥不可及的伟大人物，而是我们身边的同学、朋友。在2010年的研究生初试中他考出了352分的好成绩，并以复试第一名的成绩考入宁波大学。

他能取得这样的好成绩，与他在进入大学后就制订出良好的学习、生活计划是分不开的。据他的老师、同学回忆，他在进大学之初就有明确的目标。认真学习专业知识，只要一有空他就会去图书馆，学英语、普通心理学和发展心理学的知识点，所以他专业知识掌握得很扎实。他还积极锻炼社交和与人沟通的能力。从大一到大三一直在校团委工作，并担任创新实践部部长一职。他还每天早上坚持练习英语口语，培养语感，因此在大三上学期就过了英语六级。他还一直坚持每天傍晚和同学们一起打羽毛球，练就了一个好体魄。而所有这些都是他计划之中的。这是由于他有详尽的学习行动机会，才使他一步一步接近自己锁定的目标。

九、反馈调整

在行动的过程中，需要通过不断地评估和反馈来检验和评价行动的效果。职业生涯规划也需要经由实践的检验而不断完善。在进行职业生涯规划时，由于每个人自身和外部环境的不同，对未来目标的设定也就有所不同，一个人不可能对外部环境了如指掌，也不可能完全了解自己的所有潜能，这就需要我们在职业发展道路上，根据自身因素和外部环境的变化以及实施过程中所得到的各种反馈信息，不断地对职业生涯计划进行调整。职业的重新选择、实现目标的时限改变、职业生涯策略和路线甚至整个职业生涯目标的调整，都属于修正范畴。反馈与修正的目的，是为了纠正最终目标与阶段职业目标的偏差，保证职业生涯规划的有效性，使通向最终目标的职业生涯道路一路畅通，更快更好地实现自己的人生目标。

影响职业生涯规划的因素很多，除了个人自我认识的偏差之外，还有许多外界环境因素。其中有的因素是可以预测的，有的则无法预测；有的因素是可控的，有的则不可控。这就要求我们必须根据实际情况的发展变化而不断地对职业生涯计划进行评估和修正。

客观环境是不断变化的，职业目标适时做出一定的调整，不仅正常而且也是必要的。一份完备的职业生涯设计，应包含“了解社会，适当调整”的内容，关注社会与职业的发展信息，联系预先的选择，分析思考，听取专家、教师、家庭的意见、建议，综合深思后做出判断调整，指向最好在预定目标区内，这样可避免大的转折。如系重大调整，如在就业、深造、创业之间变更选择，则当慎之又慎。

无论目标做何调整，持之以恒的努力不能中断，许多综合素质，是无论从事什么职业都必须具备的。

专题小结

（1）职业是参与社会分工，利用专门的知识和技能，为社会创造物质财富和精神财富，获取合理报酬，作为物质生活来源，并满足精神需求的工作。

根据西方国家的一些学者提出的理论，在国外一般将职业分为三种类型：

① 按脑力劳动和体力劳动的性质、层次进行分类。这种分类方法把工作人员划分为白领工作人员和蓝领工作人员两大类。白领工作人员包括：专业性和技术性的工作人员。蓝领工作人员包括：工人、服务性行业劳动者。这种分类方法明显地表现出职业的等级性。

② 按心理的个别差异进行分类。这种分类方法是根据美国著名的职业指导专家霍兰德创立的“人格—职业”类型匹配理论，把人格类型划分为六种，即现实型、研究型、艺术型、

社会型、企业型和常规型。与其相对应的是六种职业类型。

③ 依据各个职业的主要职责或“从事的工作”进行分类。这种分类方法较为普遍，以两种代表示例。其一是国际标准职业分类，其二是我国职业分类，将全国范围内的职业划分为大类、中类、小类、细类四层，即 8 个大类、66 个中类、413 个小类、1838 个细类。

(2) 职业生涯(Career)这个概念的含义曾随着时间的推移发生过很多变化。在 1970 年代，职业生涯专指个人生活和工作相关的各个方面。随后，又有很多新的意义被纳入到“职业生涯”的概念中，其中甚至包含了生活中关于个人、集体以及经济生活的方方面面。

从经济的观点来看，职业生涯就是个人在人生中所经历的一系列职位和角色，它们和个人的职业发展过程相联系，是个人接受培训教育以及职业发展所形成的结果。

职业生涯是个体职业发展的历程，一般是指一个人终身经历的所有职业发展的整个历程。

职业生涯是贯穿一生职业历程的漫长过程。科学地将其划分为不同的阶段，明确每个阶段的特征和任务，做好规划，对更好地从事自己的职业，实现确立的人生目标，非常重要。

职业生涯规划，是指个人发展与组织发展相结合，对决定一个人职业生涯的主客观因素进行分析、总结和测定，确定一个人的事业奋斗目标，并选择实现这一事业目标的职业，编制相应的工作、教育和培训的行动计划，对每一步骤的时间、顺序和方向做出合理的安排。

设计职业生涯，应遵循以下指导性原则：目标导向原则、统筹兼顾原则、激励性原则、指导性原则、适应性原则。

大学生职业生涯的设计和实施，一般要经过职业定向、自我评估、环境分析、目标选择、职业定位、路径预设、策略筹划、计划制订和反馈调整等阶段。

复习与探索

(1) 传记漫画《Facebook 的缔造者——马克·扎克伯格》的作者罗姆·梅达在他的新书里曾写道：“当马克还在念高中的时候，比尔·盖茨(Bill Gates)就曾出价 100 万美元，邀请马克为他工作，马克对此却予以拒绝。因为在内心深处，马克知道，与为他人打工相比，他拥有更高的目标。”怎样理解“与为他人打工相比，他拥有更高的目标”这句话？

(2) 逐条论述马克·扎克伯格的每一次目标决策，说说每一次目标决策后，目标导向对马克事业成功的作用。

(3) 通读故事，看看能对自己的职业生涯规划有哪些启发？写一篇小论文(200 字左右)。

Facebook(脸谱)创始人马克的故事

从外表上看，25 岁的美国人马克·扎克伯格和刚刚走出校园的普通年轻人没什么不同。他穿简单的 T 恤、松垮的牛仔裤、阿迪达斯运动鞋，讲起话来甚至有点腼腆。四年前，扎克伯格还是一名默默无闻的辍学生，而现在他已经成为互联网界炙手可热的人物。作为社区网站 Facebook 的掌门人，《福布斯》日前评选出十位最年轻的亿万富翁，25 岁的马克·扎克伯格以 40 亿美元的身价排在首位，他也因此成为世界上最年轻的亿万富翁。

“盖茨第二”

扎克伯格的人生就像一个电影剧本。他从小就表现出超常的计算机天赋，6 年级的时候就开始编程。大学进入众人向往的哈佛，然后又毅然选择退学创业。不到 4 年的时间，Facebook 已经发展成为当今互联网的一个奇迹。目前它的用户数量已经突破 6000 万，预计今年年底将扩大到2亿，而它的市值估计也已经高达150亿美元。

这个年轻的美国小伙子被人称为"盖茨第二"。的确，他的人生和微软公司创始人比尔·盖茨有着惊人的相似之处。两人都在19岁开始创业，同样是哈佛大学的辍学生，同样年纪轻轻就赢得世人的尊敬。

1984年5月，扎克伯格出生于纽约的一个富人区。他的父亲是一名牙医，母亲则是一位精神病医师。他是家里唯一的一个儿子，在4个孩子中排行老二。10岁的时候，他得到第一台电脑，从此开始了一段奇妙的电脑人生。

扎克伯格自学成才，学会了编程。高中的时候，他为一款MP3播放器设计了插件，这个软件可以识别用户的收听习惯，自动创建符合用户口味的播放列表。扎克伯格把这款软件上传到互联网上供人免费下载，他的才华很快得到了一些大公司的赏识，包括美国在线和微软等大公司都向他抛来橄榄枝。但扎克伯格最终决定以学业为重，于是他来到哈佛。

黑客生涯

在哈佛，扎克伯格读的是心理学，不过他仍然痴迷于电脑。在最初的那些日子里，扎克伯格就已经表现出创业者所需要的大胆、自信以及能干的特质。

正是在哈佛的宿舍里，扎克伯格写出了Facebook的网站程序，他甚至还在这里尝试了一下黑客生涯。当时哈佛大学不像其他学校那样提供附有学生照片和基本信息的花名册。扎克伯格想为学校建立一个网络版的花名册，但学校以各种理由拒绝提供相关信息。"我只是想证明这事可以办成。"扎克伯格说。于是这位哈佛大一新生在某个夜里入侵了学校电脑的数据库，获取了里面存储的学生照片。

扎克伯格把这些照片放在他自己设计的网站上，后来这些照片的点击量超过了2.2万次。校方对他的行为非常不满，给了他一个"留校察看"的处分。扎克伯格最后向他的校友表示道歉，尽管他一直认为自己没错。他说："我只是认为这些信息应该是公开的。"

"黑客事件"后不久，扎克伯格与他的两个室友莫斯科维茨和休斯一同创建了Facebook网站。他们花了一个星期编写程序，把网站定位为哈佛校友的联系平台。2004年2月，Facebook正式对外推出，它立刻横扫哈佛校园。当月底，就有超过半数的哈佛本科生成为它的注册用户。两个月后，Facebook的影响力已经遍及所有常春藤院校和其他一些学校。截至2004年底，它的注册人数已经突破了100万。

后来扎克伯格选择从哈佛心理学系退学，专心营运Facebook网站。他在2006年接受《福布斯》杂志采访时表示，促使他决定离开哈佛，是比尔·盖茨2004年在哈佛电脑课上的一席讲话。"盖茨鼓励我们利用课余时间从事某个项目，而当时哈佛也允许学生休学创业。当时盖茨开玩笑对我们说'如果微软失败，我会重返哈佛'。"没有犹豫太久，扎克伯格追随前辈的道路，也离开了校园。

娃娃CEO

2005年春天，扎克伯格为自己的网站争取到了一笔1200万美元的风险投资。签完合同，扎克伯格从硅谷所在的帕洛·阿尔托开车前往伯克利，准备和朋友们庆祝一番。但他却在路上遭遇了人生当中一段惊心动魄的意外。

途中，扎克伯格在一个加油站下车准备给汽车加油。此时一名男子从旁边的树丛里跳出来，手里挥舞着一把枪，嘴里大声嚷着什么。"他没说要什么，我想他可能是服用了毒品。"随后，扎克伯格退回到车里，毫发无伤地离开了现场。事后回忆起这段经历，他说："我能活下来真是幸运。"

事实上，这段插曲就像扎克伯格的人生道路一样：前方充满未知，中间有曲折，但结果却好得出乎人的意料。

位于硅谷的Facebook总部更像是一间大宿舍。在这里工作的400名员工可以免费享用食物和洗衣服务。他们很晚才出现在办公室，但在办公室待得也很晚，如果有派对的话则会走得更晚。

Facebook被人称赞为继Google之后出现的最伟大创意，但Facebook后面的那张年轻得还有些青涩的脸庞让人禁不住要问，这个23岁的年轻人是否足够成熟来驾驭一家公司。《华尔街日报》硅谷专栏作家斯威舍曾把扎克伯格称为“娃娃CEO”。当被问及扎克伯格是不是一个好的CEO时，斯威舍表示：“我不好说。我认为他还很年轻。”

但扎克伯格身边的人都说他很聪明，学东西很快。虽然这位二十出头的CEO还穿着帽衫，也许不穿袜子，但他却在成长为一个成熟的企业家。和同龄人不同，23岁的扎克伯格像是一个战略思考者。

不过扎克伯格也会犯错。目前，Facebook主要靠广告和赞助盈利。去年，Facebook引进了“灯塔”项目，这个项目可以监测用户在购物网站的访问情况，并自动向用户的好友报告。用户们纷纷投诉，认为这项功能侵犯了他们的隐私。比如要是有用户在网上给他的妻子买了一枚钻戒想给她意外的惊喜，但由于“灯塔”功能早已将他的这项购物行为传播给了他的亲友，这位用户想要制造惊喜的愿望也就泡了汤。

一开始，扎克伯格对这些抱怨视而不见，直到Facebook的3家主要广告商也威胁退出，扎克伯格才做出回应。他发表声明向客户道歉：“在这个功能的建立上，我们犯了很多错误；但在我们如何处理问题方面，我们犯的错误更多。”年轻的扎克伯格并不惧怕犯错，他在各种尝试中积累成功的经验。

扎克伯格的性格也影响了整个公司，使其与众不同。在新闻集团2005年以5.8亿美元的价格收购了MySpace后，雅虎公司曾出价10亿美元想要收购Facebook，但被拒绝。

几乎每个主要的互联网公司都曾试图收购Facebook，但扎克伯格一直不为所动。这个年轻人到底在等待什么？有人认为他在等待更诱人的报价，有人则认为这只是他的计划与众不同。对此，他表示：“我只是想建立一个长期的东西。其他事情都不是我关心的。”

直到去年10月，微软公司宣布投资2.4亿美元收购Facebook 1.6%的股权。按这个价位计算，创建才3年多的Facebook市值一举超过150亿美元。至于外界关心的公司何时上市的问题，扎克伯格在日前接受美国广播公司采访时表示，Facebook在2008年上市的可能性不大。他说：“不可否认，上市将给Facebook带来重大变化。但如果你要问Facebook何时上市，我的回答是既可能两年后，也可能是三年后。”

住在小公寓

在大多数同龄人才刚刚迈出大学校园，开始自己的职业生涯时，扎克伯格已经到达了一个别人难以逾越的高度。在接受《时代》周刊采访时，他谈到自己如何看待压力。他说：“我看过对乔布斯（苹果公司总裁）的一次采访，记得他说过这样一句话，‘如果你从事了这样的工作并且处于这样的位置，那你就必须非常非常喜欢你的这份工作，否则一切就没意义了’。”

“做Facebook这件事情需要付出很多劳动，如果你不把这份工作当回事，或者认为它无足轻重，花这么多时间在它身上实在是不理智。但我却从中能够得到很多乐趣，因为我与一群志同道合的聪明人一起努力，我们来自不同背景，有过不同经历，思考方式也不同，但我们却创造出一个共同的东西。”

尽管身家已经上亿，但扎克伯格的生活仍然普通如同常人。他不买贵的衣服；他有一套一室一厅的小公寓，房间里有一张床垫，他就住在那里。他说自己曾在家里为一个女朋友下过厨，但结果很失败。

扎克伯格这样描述自己一天的生活："我每天早上醒来，然后走路去上班，因为我住的地方离办公室大概有4个街区。到了办公室，我开始工作，和人见面，整天讨论各种事情。然后我又下班回家睡觉。我没有闹钟。"有传闻说，扎克伯格曾拒绝微软高层提出的约会，原因只是微软把见面时间定在了早上8点，而扎克伯格那会儿还起不了床。

在被问到他的年龄到底是一个优势还是劣势时，扎克伯格说："可能是利弊兼有吧？我的意思是，像我这样的年龄肯定会缺乏经验和阅历。但也有一些事情是我敢做的，而一些上了年纪的人可能已经不能够敢作敢为。"

——摘自《360个人图书馆》

(4) 根据职业规划的步骤，制订一份自己的职业生涯规划，目录如下：

前言

职业目标

1 自我探索

1.1 职业兴趣——"你喜欢做什么"

1.2 职业价值观——"你要什么"

1.3 职业能力——"你擅长什么"

1.4 职业个性——"你是怎样的一个人"

1.5 综合分析——职业定向

2 组织环境和社会环境分析

2.1 家庭环境分析

2.2 朋友分析

2.3 社会环境分析

3 职业探索

3.1 专业的认识

3.2 职业信息的搜集

3.3 对就业去向的具体分析

3.4 职业与职业自我的匹配分析

4 定位与规划

4.1 初选职业方向

4.2 初选职业领域

4.3 初选职业路线

4.4 初步职业环境构想和薪酬要求

4.5 职业生涯准备

4.6 职业目标

5 实施与反馈

5.1 在校学习计划

5.2 反馈与调整设想

6 结语

第九专题

大学毕业生就业形势分析与对策建议

学习目的

(1) 了解大学生就业形势，使自己的思想能适应这种形势。

(2) 了解国家对于大学生就业的相关政策。

(3) 了解大学生就业的新趋势，从而制订自己的对策。

导引案例

大学生求职症

根据网上发表的材料，在大学生求职中，发生了一些非"典型"事例，但却有典型意义，现抄录于下：

1. 自以为是症

"我学企业管理的，虽然是个本科生，但我相信自己可以胜任，我天生就非常自信。而且他们是个刚刚成立的新企业，正准备补充各种各样的人才，这也给我申请有关的管理职位提供了可能。而且他们说了让毛遂自荐，为什么我就不能尝试呢？但结果是他们没有让我做内勤总监的职位，他们宁愿让这个职位空缺，也不愿意让我尝试。他们给我的理由是，我缺乏管理经验，老板对于让我管理公司内勤完全没有信心。而我认为这个企业老板没有魄力，干了不到两个月，没有要他一分钱，我就辞职了，他们不留我，自有留我处。"

小康是北京一著名高校本科毕业生，用她自己的话说，当时毕业时为了能把户口落在北京，忍气吞声地选择了中关村一家规模非常小的民营企业工作，做最基础的行政工作。小康说，自己当初学管理就是想有一天能做到管理的位子上，可实际上在那个公司，自己做的就是高中生都能做的业务，这和她的理想相差甚远。到现在为止，她基本上是每年都要换个工作，因为她总在抱怨没有老板愿意给她管理职位，哪怕是个中层管理职位的机会。

职业专家分析，从企业现实来看，专门学管理专业的却很少能最后做到管理的位置上。很多企业都愿意选拔在企业有积淀的人才做其管理职位。因为这些人通常对企业知根知底，非常熟悉企业的运作流程、接受企业文化熏陶时间长，老板也很了解这些人的实际工作能力，所以，老板愿意给这些人一个职业发展、提升的空间与平台。

作为管理学专业的大学生，很难一步直达管理岗位，不能自以为是，要从相关工作做起，逐步达到自己理想的岗位。专家认为：还是踏实从企业最基本的职位做起，这是企业员工成长为企业领导者的最有效出路。管理需要有很强的决策力和执行力，如果你目前欠缺这些，就还需要好好沉淀。

2. 方向缺失症

某大学光华管理学院金融专业毕业生高健因为找不到工作，开始自谋出路，在学校做广告，免费陪人聊天。他希望通过这样的方式来起步，以咨询作为将来的发展方向，自己做自己的老板，开创自己的事业。谈到自己找不到工作的原因，高健分析说，一是因为自己当时在学校的成绩不是很好。二是因为自己的性格过于内向，在学校期间，基本不和老师交流，遇到问题也就是让同学帮助一下。在他看来，自己在招聘面试的过程中很"老实地交代"了自己学习成绩，这让他失去了很多可能不错的工作机会。而且经过一年找工作的经历，他原来内向的性格已经有所改变。他认为，自己之所以敢于选择"陪人聊天"的行业起家创业，是由于自己懂得一些基本的心理学知识，也愿意把自己求职失败的经历告诉他人，让其他人从中有所借鉴，对他们的求职有所帮助。另外，他坚信咨询行业是个很有前途的行业。据高健自己说，目前，他每月的生活费还在靠父母接济。

专家认为，高健"陪人聊天"根本不算是创业，创业需要考虑目标客户、市场定位、资金、商业模式多方面因素，而他现在所做的这种完全免费的服务，充其量也就是增加了自己的阅历。要给自己一个合理的职业定位，否则，将会迷失方向，故称其为"方向缺失症"。

3. 自降身价症

在参与智联招聘调查的5296名大学生中，69.2%都表示如果暂时找不到工作，愿意在一家相对理想的单位零工资就业。谈到原因，主要还是集中在积累经验上。在这近七成愿意暂时零工资就业的大学生中，又有近八成表示之所以可以接受零工资就业是想先积累工作经验，骑驴找马。也有一成的人寄希望于能够在工作中体现自己的价值，使雇主看到自己的长处，从而能够获得该单位宝贵的工作机会。

有趣的是，有70%的企业表示不接受零工资的求职者，主要原因还是因为这些企业清楚零工资是违反劳动法的行为。在职场人看来，大学生零工资就业会带来种种问题，其中尤以三个问题最为突出。一是可能会被黑心雇主钻空子，滥用廉价劳动力。二是会加剧大学生贬值，容易造成恶性竞争，扰乱就业市场。三是违背劳动有所得的原则。另外大家普遍比较担心由此带来的自身权益的威胁，诸如雇主以此为借口，降低员工的薪酬水平，不能保障员工的基本福利等。另外，他们认为这也会造成零工资就业学生与其他同事之间的不公平竞争。

专家认为，零工资就业绝不是大学生解决就业问题的捷径，大学生就业问题的解决还是需要政府、社会、企业、学校以及大学生自身的共同努力。一方面政府、社会、企业应该给大学生创造更好的就业环境，学校应该给学生提供更多的就业信息和就业推荐，大学生自己更是要从读书期间开始，一方面为自己制订好职业规划，另一方面积极参与社会实践，为职场人生切实做好准备。

4. 谋略缺乏症

广州市环卫局下属单位公开向社会招聘第一年，286个本科生、研究生竞争13个职位。其中26人抢一环卫工作岗位。普通人难以忍受的工作环境，却引来高学历才子的青睐。其中，广州市卫生处理厂化制车间一个要终日与病死禽畜打交道的职位，就引来19名本科生和7名研究生角逐。拥有暨南大学环境工程研究生学历的小左就是当时从26个本科、研究生中脱颖而出的优胜者。她说："当时是有一些选择，在应聘这里之前也在环保公司做过，但是这里的环境已经不像以前都要手工做事，待遇很稳定，又有各种保险、公积金，不是见不得人的职业。”

作为一个名校研究生，为何选择与这些死病禽畜打交道呢？小左有些不好意思地告诉记者，就业压力很大是个现实问题。

专家认为，硕士研究生争当环卫工是“只有勇气”但没有谋略。专家表示，硕士研究生争当环卫工，其实是人才资源的一种极度浪费。这恰恰印证了不久前国家有关人事研究机构刚刚出台的调研报告的内容：目前，中国在人才的利用上还很不成熟，是个人才浪费严重的国家。（根据中华网发表的《南京毕业生市场》《北京娱乐信报》材料改编）

案例讨论：

（1）你对文章中描绘的四种求职症状有哪些看法？

（2）针对大学生求职中自以为是、方向迷失、降格以求、谋略缺乏的问题，你将采取何种就业策略？

第一节　大学毕业生就业形势分析

一、大学毕业生就业形势

职业是一个人安身立命之本、施展抱负之基、成就自我之途。选择了一种职业就是选择了一种生存方式，选择了一种生活甚至一段怎样的人生。可见，职业选择，对于人的一生有着重要的影响。但是，职业有时却是可望而不可即的，由于多种原因，大学生就业难已经成为了一个不争的事实。分析其原因，寻找解决的对策，是大学生必须面对的问题。大学生就业难的成因主要有：

1. 大学生绝对数增加

20 世纪 70 年代初，美国著名教育社会学家马丁·特罗提出高等教育发展阶段划分理论：一个国家或地区高等教育毛入学率在 15%以下，为“精英”阶段；在 15%～50%之间，为“大众”或“大众化”阶段；超过 50%，便进入“普及”阶段。不同发展阶段，高等教育的办学模式、教学方式和管理形式有很大不同(见表 9-1)。特罗理论后来得到经济合作与发展组织等机构的认可，被广泛接受。

表 9-1　高等教育发展的阶段性特征

比较维度	精英教育	大众阶段	普及阶段
毛入学率	15%以下	15%～50%	50%以上
教育功能	培养学术和政权精英	培养社会组织领导者和专业技术英才	为广大民众职业生活做准备
课程设置	高度结构化、专门化(必修制、学年制)	模块化、半结构化(选修制、学分制)	高度开放、灵活的通识教育
教学方式	导师制，个别指导或讨论式教学	弱化师承关系，课堂教学为主，讨论为辅	多样化、多元化教学
办学模式	直接选拔升学，统一性，标准化，小规模	准选拔性，入学形式多样化，标准多元化，大规模化	非选拔性，无统一标准，更加多样化、多元化

《2013 应届生求职反馈调研报告》显示，2013 年应届毕业生已经签约的人数不足三成。

截至2012年12月底仅有27.5%的毕业生在秋季招聘中收到了企业录用通知,超过七成的人尚未被任何单位录用。中国高等教育大众化发展已经呈“势不可挡”之局面。实际上,我国现阶段的高等教育既有大众教育的某些特征,又有普及教育的某些因素。随着办学机制的多样化,各种类型的学校蓬勃发展。学生绝对数的增加造成了一定程度的就业困难。同时,从表中可以看出,精英教育与大众教育有很多的不同,实际上,我国的“大众”教育蕴含着许多“普及”因素,就其教育功能看,“为广大民众职业生活做准备”已成为现阶段的现实,“高度开放、灵活的通识教育”“多样化、多元化教学”方式也会逐步被以就业为导向的学校采用,在这种情况下,如果非一类院校还沉醉于精英教育的陶醉中,学生还以“精英”为标准选择职业,那么,就业难不可避免。

2. 我国就业岗位相对不足

(1) 我国就业弹性系数下降

就业弹性系数指GDP增长一个百分点,带动就业增长的百分点。系数愈大,吸收劳动力的能力就愈强。近几年,我国就业弹性系数一直走低。其主要原因是:我国中小企业太少,就业容量不大,从国际上看,一个国家99.5%的企业属于中小企业,劳动者65%～80%在其中就业,但我国由于中小企业生存困难,造成数量太少,吸收劳动力的功能不强。

(2) 劳动密集型产业数量少

人民币增值、金融风险压力增大,导致劳动密集型企业受到影响;科学技术的发展导致高新技术产业比例增加,从业人数减少。

(3) 第三产业发展缓慢

与相近发展水平的国家相比,我国第三产业比重还比较低,发展相对较慢。受现行管理体制的种种制约,第三产业中的行政管理色彩重,行业准入限制多,人为地抑制了第三产业的发展,使一部分潜在的第三产业需求不能得到实现。与经济发展水平相比,我国城市化水平明显偏低,城市规模普遍较小,近90%的城市在15万人以下。由于城市化水平低,城市规模小,势必抑制第三产业的发展。第三产业的不发展造成就业岗位少。

3. 学校教育与社会需求脱离

(1) 专门人才素质未达标,造成岗位难得其人

我国高等院校近年来毕业生数量大增,但是专门人才的素质不能适应需要。据2000年《洛桑报告》称,在我国“合格工程师可获程度”以及“合格信息技术人员可获得程度”两项指标,在30多个国家中均属倒数第一位。这从一个方面反映了高等教育中“重分数轻能力”“重书本轻实践”的弊端。

世界著名咨询公司麦肯锡称:尽管中国每年有300多万大学毕业生,但真正适合到跨国公司工作的估计在16万人左右。大多数毕业生或缺乏专业技能,或缺少项目实践,或缺乏英语表达能力。专门人才生产与需求脱节,带来供给过剩。

(2) 学校专业设置不合理,造成人岗不匹配

大学专业调整4年一个周期,而社会人才需求变化远远高于这个速度。结果导致招生时是热门专业,分配时变成了供大于求的冷门专业。这需要加强大学毕业生信息的汇集与分析,以及动态调整。应该指出的是,学校教学往往以学科为中心,强调学科的完整性;而职位以能力为中心,强调知识的应用性。以知识发展为中心还是以就业为导向在学校还是一个未解决的问题。

4. 就业制度不配套

现在经济学理论将失业分为三种：周期性失业、摩擦性失业和结构性失业。人们通常将大学生失业视为结构性失业，进而将"转变观念"作为解决之道。然而，由于信息不对称，导致"人不知其位，位不得其人"，造成职位浪费。

此外，由于社会保障机制不健全，人才不能新陈代谢。在社会保障没有建立的情况下，相形见绌的职工，不能正常离开单位，而更为优秀的大学生也少有空位可以填充。人才既多又少。实际是一种滞胀。

5. 学生就业观念未调整

当代大学生就业价值取向发生了很大的变化，从以前追逐大城市、事业单位、大企业单位，转为到一些中小民营企业、基层单位就业。就业压力使大学生改变了以往的就业观念，主要表现在：第一，就业单位的选择范围不断扩大。外企、民营企业由于国家政策的扶持以及发展速度的迅猛，成了大学生就业的热门选择。第二，在就业时，大学毕业生更多地关注未来工作的发展前景。大学生的数量在不断增加，大部分学生开始看重自己成长过程中的发展机会。这种重视个人发展机会，轻薪酬福利的观念是正确就业价值观形成的必然趋势。

最近几年，在国家和政府政策的宣传和支持下，越来越多的大学毕业生选择了到基层、到西部工作的就业方向。我国出台的鼓励大学生到基层工作的措施主要有：大学生志愿服务西部计划、"三支一扶"政策、大学生村官政策、鼓励各类企事业单位特别是中小企业和民营企业聘用高校毕业生、鼓励高校毕业生自主创业和灵活就业、为学生创业提供税费优惠或者小额贷款，并组织创业指导、创业培训、政策咨询等活动。

二、解决就业难的措施

1. 拓宽就业空间

首先，国家已采取了多项政策，鼓励和引导毕业生到城乡基层就业；鼓励毕业生到中小企业和非公有制企业就业；鼓励骨干企业和科研项目吸纳和稳定高校毕业生就业；鼓励和支持毕业生自主创业。这些措施，无疑拓宽了大学生的就业渠道。同时，国家也采取了多项措施，切实拓宽就业空间，如：

① 国家公务员招考，提高了透明度、规范性，相当于增加了就业岗位。

② 组织实施"选聘高校毕业生到村任职""三支一扶"(支教、支农、支医和扶贫)"大学生志愿服务西部计划""农村义务教育阶段学校教师特设岗位计划""大学生村官"等，鼓励大学生到基层建功立业。

③ 鼓励高校毕业生积极参加城市社区建设。围绕面向群众的社会管理、公共服务、生产服务、生活服务、救助服务等领域，大力开发适合高校毕业生就业的基层社会管理和公共服务岗位，引导高校毕业生到城市社区从事社会管理和公共服务工作，符合公益性岗位就业条件并在公益性岗位就业的，按照国家现行促进就业政策的规定，给予社会保险补贴和公益性岗位补贴。有人估计城市社区估计有 1500 万个就业岗位有待开发，这些都为大学生就业创造了条件。

④ 鼓励大学生应征入伍，对应征入伍服兵役的高校毕业生，按规定实施相应的学费和助学贷款代偿，等等。

大学生要了解国家的相关政策，充分利用国家创造的机遇，积极就业。

2. 调整就业观念

随着我国教育的发展，大学毕业生的人数迅速增加，大学毕业生的就业压力剧增。大学毕业生准确定位、调整就业心态、改变就业观念是缓解和解决“就业难”现象的关键。要做好到基层、艰苦地区、非国有企业就业的观念，走先就业，后择业，再创业的就业之路，以灵活的就业观念，在广阔的市场上寻找或创造适合自己特长的岗位。

(1) 到西部去

我国幅员辽阔，自然资源极为丰富，改革开放以来，为了平衡东西部发展不平衡，党中央、国务院作出了开发西部的英明决策，广袤的西部大地迎来了良好的发展机遇，高校的莘莘学子也迎来了难得的发展、创业良机。不少学子响应党的号召，到西部去，到祖国最艰苦的地方去，到人民最需要的地方去。他们背起行囊，带着理想抱负，揣着自信和坚定走向这块神奇而可爱的土地。他们去拓荒，他们去创造，他们去奋斗，他们为人民的富裕、国家的富强而奋斗，我们应该学习这种精神。

(2) 到基层单位去，到生产第一线去

我国已经进入全面建设小康社会阶段，国家推出了全面繁荣农村经济，加快城镇化进程，促进区域经济协调发展等重大举措。要实现新的发展目标，必然需要大批人才的支撑，这为大学毕业生充分就业提供了重要机遇。结合目前的就业形势，到基层、到农村、到中小企业就业，应是今后一个时期高校毕业生就业的主渠道，是解决毕业生就业矛盾的根本措施。基层是年轻大学生经受锻炼、快速成长的重要天地。近年来，高校毕业生中涌现出一大批投身基层，在生产第一线建功立业的优秀典型，他们在为祖国、为人民、为社会做出贡献的同时，也找到了自己人生坐标，实现了自己的理想和人生价值。实践证明，高校毕业生在基层大有作为，是他们了解社会、报效祖国、增长才干，迅速成才的必由之路。

(3) 到民营企业去

由于过去一些政策因素的限制(如户籍制度、社会保障等)，并且由于大学生对民营企业认识的局限性以及受传统就业观念的影响，存在鄙视民企现象，错误地认为“大材小用、没出息”，这造成了民企人才短缺，劳动者队伍中专业技术人员明显偏低，这也制约了企业的更大发展和水平的提升。应当认识到，和国有企业相比，民营企业更渴望人才，更需要千千万万的大学毕业生加盟创业。毫无疑问，去民营企业就业，对大学生来说有很多发展的机会，是一个广阔的天地，也是一种值得选择的机遇。

(4) 到市场创业去

为了解决高校毕业生就业难问题，我们有必要在高等教育中向学生灌输自我创业的观念、方法、技能，提供这样的途径和鼓励机制，让毕业生在进入市场时有强烈的创业意识和意愿。《21世纪的高等教育：展望与行动世界宣言》指出：“毕业生将愈来愈不仅仅是求职者，首先将成为工作岗位的创造者。”今天，“自己当老板”已成为一部分毕业生的新观念和行动口号。随着社会的发展，国家、社会和高校也越来越重视大学生创业教育和创新能力的培养，并在政策上予以鼓励，扶持创业。如通过政府设立小额贴息贷款，或借助社会风险投资基金等方式帮助大学生创业，对毕业生自主创业经营活动，在一定期限内减免税费等。自主创业并不容易，但从小做起或从服务业做起还是可能的。如计算机专业、汽车维修专业、家电维修专业、营销专业、农业种植养殖类专业等毕业生就具备一定的从小做起、自主创业的优势条件。公共服务领域也为大学生提高了许多创业的机遇。自主创业将成为未来就业的一条宽广大道。而大学毕业生走上社会，经过了几年的实践经验积累后，寻求“自己当老板者"则越来越多。

(5) 到服务性行业去

随着高等教育大众化的实现,随着科技进步和社会发展,过去看来技术含量不高的工作岗位,逐渐由具有较高知识、技术水平的人员来从事,应是情理之中的事情。教育的不断发展推动着整个社会文化水准的提高,各级各类从业人员的知识水平必然提高。在这样的国情下,许多过去认为是工人干的"力气活"由更高素质、更多知识的大学生担任是理所应当的。

目前我国大学生不是过剩,而是很多地区和单位毕业生不屑一顾,在基层单位、在农村乡镇、在西部、在非公有制单位,有着广阔的就业空间。

第二节 国家有关大学生就业的政策

一、鼓励性政策

1. 鼓励高校毕业生到基层和艰苦地区工作

我国是一个农业大国,缩小城乡差别,促进共同富裕,一直是我党的一个重要政策。农村建设,需要一大批建设者,一大批有素质有想法有创意的人才去服务农村,建设农村,改变农村。在农村人才外流、知识相对贫乏、观念落后的状况下,如果不注入新鲜血液,那么我们的农村,将会更加贫穷、更加落后。基层是国家各项政策的落脚点,也需要一大批有志青年。所以,国家鼓励大学生到农村去,到基层去,充实城市社区和农村乡镇基层单位,从事教育、卫生、公安、农技、扶贫和其他社会公益事业。政策规定,在艰苦地区工作两年或两年以上者,报考研究生的,优先予以推荐、录取;报考党政机关和应聘国有企事业单位的,同等条件下,应优先录用。"大学生村官"和"三支一扶"等就是国家采取的重大措施。

(1) "大学生村官"

从 2006 年起,全国各地掀起了一股大学生到农村担任村党支部书记助理和村主任助理的热潮,无数刚刚毕业的大学生,怀揣着对农村的无比热情、对新农村建设的无限热忱,积极响应国家的号召,投身到广阔的农村,施展自己的抱负,实现自己的人生价值。从 2008 年起,中央启动"选聘 10 万名大学生到村任职"。选聘高校毕业生到农村任职,是党中央作出的一项重大决策,对于改善和优化农村干部的结构,增强基层组织的活力,促进农村改革与发展,加快社会主义新农村建设及解决部分大学生的就业难题具有重大意义。作为一种新生的事物,"大学生村官制度"有其优越性,焕发出勃勃生机,大学生村官计划实施以来,取得了显著的成效。

(2) "三支一扶"

人事部 2006 年颁布的第 16 号文件《关于组织开展高校毕业生到农村基层从事支教、支农和扶贫工作的通知》,从 2006 年开始,连续 5 年,每年招募 2 万名高校毕业生,主要安排到乡镇从事支教、支农、支医和扶贫工作。每年 5 月底前下达计划,采取考核考试方法进行。6 月上报大学生名单到全国"三支一扶"工作协调管理办公室备案;7 月底前派遣到服务单位报到。户口统一由省级工作协调办公室指定的有关机构管理,也可根据本人意愿,转回学前户籍所在地。县团委要在"三支一扶"乡镇择优选择 1～2 名大学生兼任乡镇团委副书记。服务期 2～3 年,工作期间给予一定生活、交通补贴。统一办理人身意外和住院医疗保险,费用由地方财政专项经费支付。到西部服务两年以上的,报考硕士研究生初试总分加 10 分,同等条件,优先录取。

2. 鼓励高校毕业生自主创业和灵活就业

凡高校毕业生从事个体经营的,除国家限制的行业外,自工商部门批准其经营之日起,1年内免交登记类和管理类的各项行政事业性收费。有条件的地区由地方政府确定,在现有渠道中为高校毕业生提供创业小额贷款和担保。为加大对高校毕业生自主创业和灵活就业扶持力度,各地都出台了相应政策,规定凡自愿到西部地区及县以下基层创业者,自筹资金不足时,可向当地经办银行申请小额担保贷款。对从事微利项目的,贷款利息由财政承担50%(中央财政和地方财政各承担25%)。有条件的地区,可通过财政和社会渠道筹集“高校毕业生创业资金”,为毕业生自主创业提供相应支持。各级政府有关部门,要为自主创业、灵活就业的高校毕业生提供必要的劳动人事保障代理服务,在劳动关系形式、社会保险交纳和保险关系接续等方面提供保障。

3. 鼓励各类企事业单位特别是中小企业和民营企事业单位聘用高校毕业生,政府有关部门要为其提供便利条件和相应服务

对企业跨地区聘用的高校毕业生,省会及省会以下城市要认真落实有关政策,取消落户限制。各地要落实企业用人自主权,鼓励各类企业根据实际需要多招聘高校毕业生。对到中小企业和非公有制单位就业的高校毕业生,在专业技术职称评定方面与国企员工一视同仁。

此外,在西部大开发,国家公务员录用方面都出台了一些鼓励接收的政策。

二、社会保障政策

毕业半年以上未能就业并要求就业的高校毕业生,可持学校证明到入学前户籍所在城市或县劳动保障部门办理失业登记。组织其参加职业培训或就业见习。对每个登记失业的毕业生,劳动部门承诺在3个月内免费提供一次政策咨询和职业指导,提供3次基本适合的岗位需求信息;对申请参加职业资格培训和见习的,按规定给予培训补贴;对失业时间较长或家庭生活困难的毕业生,要重点帮助,帮助其尽快就业。劳动保障部门所属的公共职业介绍机构和街道劳动保障机构应免费为其提供就业服务。对已进行失业登记的高校毕业生,有条件的城市、社区可组织其参加临时性的社会工作、社会公益活动,或到用人单位见习,给予一定报酬。对于因患病等原因短期无法工作并确无生活来源者,由民政部门参照当地城市低保标准,给予临时救助。此项费用由地方财政列支。

人事部2006年17号文件指出,要逐步建立完善高校毕业生就业见习制度。各地在考察用人单位工作岗位、工作环境的基础上,将条件合格并有积极性的企事业单位,确定为见习单位。对于有一定规模者确定为就业见习基地,并挂牌公布。见习期6个月到一年。见习期被录用者,见习期可以作为工龄计算。见习结束后,对高校毕业生进行考核鉴定,出具见习证明,作为用人单位招聘选用的依据。见习单位和地方财政部门根据当地实际情况对毕业生提供基本生活补助。非本地毕业生参加见习享受的优惠政策,各地自行制定。

三、户口政策

为高校毕业生办理户口和人事档案手续提供便利。对毕业离校时未落实工作单位的高校毕业生,本人要求户口和人事档案保留在学校的,按规定保留两年。在此期间,档案管理机构对保管其档案免收服务费用;本人要求将户口转回入学前户籍所在地的,公安机关应当按照户籍管理规定为其办理落户手续,人事、教育部门所属人才交流服务机构负责办理相关手续,人事部门所属人才交流服务机构免费提供人事代理服务。本人落实工作单位后,公安

机关按有关规定办理户口迁移手续。

对用人单位跨地区聘用的高校毕业生，省会城市、副省会城市、地级市应取消户口限制，简化有关手续。

国家鼓励各类中小企业和非公有制单位聘用高校毕业生，公安机关要放宽建立集体户口的审批条件。

取消对接受高校毕业生收取的城市增容费、出省费、出系统费。

公安部门对应届毕业生凭用人单位与毕业生签订的《就业协议书》和毕业生所持的《普通高校毕业证书》，为其办理落户手续。非应届生凭用人单位录用手续、劳动合同和《普通高校毕业证书》办理落户手续。

第三节　新时期大学生就业工作趋势

当前，大学生就业出现了一些值得注意的动向，研究这些动向，采取积极的策略，将会促进大学生就业工作的开展，有利于大学生更好地培养自己。

一、就业短期化成为趋势

一次就业终生在岗，这是计划经济时代人们的思维定势。但在现代社会中，由于人们思想的进步，社会中，一辈子做一份工作的概率大大降低。一方面，劳动力过剩，一方面大学生就业结构失衡，造成双向选择力度加大。用工企业优中选优无可非议，大学生找不到工作暂时性地选择并不适合的岗位就业在所难免。面对一份只是为了缓解就业压力，并不完全符合自己兴趣、性格的职业，许多毕业生将其作为一个跳板，一个暂时的避风港。在工作一段时间产生不适应后，频频跳槽，"先就业后择业"的隐忧也凸显出来。应届大学生在用人单位的成活率很低，大部分应届毕业生工作一段时间后很快便流失了。为了克服这一问题，很多企业采用两阶段雇用模式，普遍采用延长试用期的方式，从而对应聘者进行全面考察，竞争上岗，以便留住既有高素质又有高忠诚度的员工。伴随着双向选择的深化，一次性就业成为历史的遗迹，短期就业和多次就业会成为就业主流脉象，跳槽成为职业选择中的一个常用名词。在这种大趋势下，我们采取的对策建议应该是：

1. 骑马找马，积累资源

面对越来越大的就业压力和择业难度，马上找到一份心仪的工作难上加难，况且，很多专业的学生不能一步到位。考虑到融入社会，接触实践是大学生成长的一个必要阶段，专家们提倡"骑马找马"。或者找一份与理想岗位相近的工作，积累经验；或者找一份与理想职业毫不相干的工作，蓄势待发；或者找一份南辕北辙的差事，不做"啃老族"。当然，高校为了追求就业率这块"金字招牌"也为学生的"饥不择食"推波助澜，其结果是不少学生在并不清楚单位究竟是否真正适合自己的情况下，只好无奈地先进去再说。上述主客观方面的因素致使应届大学毕业生"先就业、再择业"的意识增强，临时就业者比例有增长的势头。"骑马找马"作为一个权宜之计具有一定的积极意义。毕竟，大学生走出校门，最好先找份工作，养活自己，在这个世界上自立地生活下来，然后再做打算。我们应趁这一机会积累工作经验，弥补个人经历不足，将现在的工作视为今后职业生涯的跳板。当然我们不应该频繁跳槽，有的人工作才几年，可跳槽已经很多次了，他们今天干技术、明天干销售、后天去创业，到后来又想回来做技术，最后也不知道自己究竟想干什么，适合干什么，导致多年工作经历与经验既没有连续性也没有累积和递增效果。

2. 清晰定位,慎重抉择

对于一个企业而言,需要的是对自己有清晰定位的人才,"骑马找马",先就业再择业造成的员工流动,已成为企业最不确定的风险。

有的企业常常是一年换几波人马,造成了大量的损失。我们发现,临近毕业的大学生十分浮躁,课没心思上,论文没心思写,实习没心思去,惶惶不可终日。浮躁的心往往让我们无法明确地了解自己,容易造成眼高手低的局面。有的大学生都毕业好多年了,在职场上还没定位清晰,频繁跳槽,越干越心虚,越干越没劲,没有核心竞争力,更没有练就一个"长期吃饭"的"手艺";有的人找工作时缺乏目标和规划,跟着感觉走,等进入到某个领域才发现空间有限或前景不乐观,抑或工作内容与性质不喜欢,导致自己有抱负实现不了,有能力发挥不出来,在郁闷与纠结中度过超过50%的人生时光……所以,我们一定要冷静定位,清晰地了解自己。有了对自己清晰的定位,在遇到问题的时候就能保持冷静的头脑,就不会因为外界干扰去轻易改变自己的原始目标。如果你有了目标,你就能排除一切干扰,全力以赴去做一件事情。

二、工作态度胜于专业技能

在企业招聘员工时,一个重要的趋势是企业在考察知识、能力之外更重视考察工作态度、学习能力、文化适应等内容,特别是工作态度。为什么会出现这种情况呢?在现代企业的竞争中,越来越多的企业认识到企业最需要有责任感的人才。海尔CEO张瑞敏有一段精练概括:"想干与不想干,是有没有责任感的问题,是德的问题;会干与不会干,是才的问题。"其实,不会干不要紧,只要想干,就可以通过学习、钻研、努力达到会干;会干,但不想干,工作肯定做不好。企业最希望拥有能够胜任工作的人。胜任所代表的不仅是能力,更重要的是道德、人品、责任感、积极性、进取心等职业素养。大学生在求职中,企业的要求往往是能力重于态度。一个刚参加工作的女大学生,在试用期里每天都自觉地认真打扫公司的车间走道,日复一日,其枯燥与单调可想而知。当有人问她:是什么动力能支持着她可以这样天天坚持?姑娘淡淡地回答:"既然大家都认为这么做很好,那就好好地把它做好。"就这么一件简单的卫生清扫工作,从她的态度里,反映了一个新人对工作高度的责任感。而当这种责任感变成一种习惯、一种常态,这样的新人就更让人敬重了。我们发现,许多招聘的人力资源部门十分重视人的工作责任心和工作态度。美国在线招聘小组负责人运用5项态度与性格标准来筛选新应征的员工。"结果好极了。"他们说,"我们有史以来招聘的最好员工就是这批新员工。"他们认为"招聘过程中很重要的一点就是要区分哪些方面是可以培养的,哪些方面是很难改变的",他们解释说:"到我们25岁时,我们的个性在很大程度上已经确定了。改变一个人的态度与人际关系技巧要比改变其技术及业务知识储备难得多。"他们重视的"5大性格模式"包括:严谨自律性、开放性、亲和性、外向性、情绪稳定性。

作为大学生,有了好的态度,才会发愤图强,去实现自己设定的一个又一个小目标、大目标。个人的态度不是天生就有的,态度是在长期的生活环境、教育和社会实践中逐渐形成的,是一个从无到有、从简单到复杂、从不稳定到稳定的过程。无论从个人成长的角度还是就业形势的要求,我们都应该在学校中培养自己良好的工作态度。态度是一种观念,更是一种行动。如果没有好的工作态度,你一定不会成为人才,即使你今天是人才,明天未必是人才。

"当你想把这个事做成的时候,就是哭着喊着满地打滚也要把它做出来。"这是土豆网创始人王微经常说的一句话。而王微也正是凭借这种执著的工作态度,率领土豆网闯入中国网站流量排名前十，与另一家视频网站“优酷”比肩称雄的。

三、自主创业悄然兴起

自主创业已是大学毕业生青睐的又一出路，同时也成为在校生的关注热点。创业，是一个很诱人的字眼，其过程则是一个艰苦的探索。在就业形势更加严峻的今天，它已经成为了一种新的选择。在大学生面前，另一条成长成才之路正向我们面前延伸。有报道说，华科硕士王永上卖臭豆腐——一夜成名。这位华中科技大学经济法硕士，现在在烟台已经颇为有名。被当地人誉为“臭豆腐王”，王永上曾在博客里写道：“2008 年毕业的我生不逢时，遇百年经济危机，在百般无奈生活无着之下破釜沉舟投入商界之中，时髦词谓之曰‘创业’！初始碰得自己头破血流，迷茫中不断沉沦，努力渐渐变成了挣扎。直到我偶然选择了别人不屑做、别人不敢做的项目——臭豆腐，才开始了我人生财富和创富经验的第一步积累……”因此他也自我调侃，说自己是被逼创业。如今王永上的豆腐店已经初具规模，仅在烟台和滨州等地就开了十多家店，不少人主动找上门来要求加盟，北至吉林、南到湖南、西到新疆……“臭里香”香飘全国，加盟店达 200 多家，个人身家也过了百万。一位北大副校长曾感慨地说：“只要是能把小事做大，研究生卖臭豆腐并不可惜。”

应该说，当代大学生的创业以及学校开展的创业教育，不仅是一种大学毕业生择业观的改变，更是大学能力教育的新层次；不仅是鼓励学生单纯地去创业，更是着重于培养学生的创业精神与创业能力。它的精神意义是深远的，它的魅力也是巨大的。创业能力的培养，创业精神的塑造，使大学毕业生面对全球一体化不断出现的棘手危机，能够超越传统，更好地去面对人生里的各种机遇与挑战，各种成功与失败。

实际上，人生就是一笔最巨大的“产业”，每个人都是一座金矿，如何更好地开发它，挖掘出当代大学生的精神潜能，才是创业教育最重要的现实意义。

四、就业困惑与结构性失业

结构性失业，即指尽管劳动市场有职位空缺，但人们因为没有所需的技能，或者不愿意从事该项工作，结果继续失业，也就是由于劳动力的供给和需求不匹配而造成的失业。据资料统计，很多企业招不到合适的人，又有很多的毕业生找不到合适的工作。由于就业态度不端正，人岗匹配意识不强，大学生往往对自己没有一个准确的定位，往往从世俗的观念出发，更多地考虑所谓的职业声望。抱着“皇帝的女儿不愁嫁”的心态，“高不成低不就”。最终导致结构性失业。

这里，职业生涯规划不够的问题逐步凸显出来。在一个需要终生寻求就业的时代，个体越来越倾向于通过对人生的主动设计和主动管理来保证自己生活的高品质。在国外，几乎没有大学生不去接受就业、职场的专业辅导。接受这样的指导，会让自己的人生规划变得更加合理、科学和可更具操作性，更符合社会的趋势与潮流，从而保证自己的人生规划与社会需求不会发生错位。而在我国，职业生涯规划的理念还不够普及，人们还不善于拿起这个武器，去开发自己的新天地。

树立新的就业理念，是逐步走出就业难困境的一个办法。在今后一个时期，大学生在职业选择方面将会有更大的决定权。基本走向是政府从就业市场的主导位置上逐步后撤，将以宏观调控为主要手段，逐步形成国家调控，社会及学校积极参与，毕业生成为就业最终的主体的新格局。从国外的情况看，学校是一个提高素质和知识的地方，能不能找到工作可能更多的是学生自己的事情。这种自己主导的意识将会促进大学生进一步的自我探索，促进真正意义上的“人岗匹配”。就业培训也将会从学校独自承担过渡到由学校、社会共同完成，职前教育和生涯管理培训将掀起一个新的热潮。

专题小结

(1) 大学生就业难已成为中国社会的一个重大社会问题，解决就业难，一要靠国家的发展与政策，二要靠大学生心态的调整。职业生涯规划是解决这一问题的钥匙。

(2) 大学生就业出现了一下新的趋势，主要是就业短期化、企业更加重视工作态度、微型创业兴起、职业生涯规划的地位越来越突出。

复习与探索

读“教育刚刚开始”后回答：

这是美国东部一所大学期终考试的最后一天。在教学楼的台阶上，一群工程学高年级的学生挤作一团，正在讨论几分钟后就要开始的考试，他们的脸上充满了自信。这是他们参加毕业典礼和工作之前的最后一次测验了。

一些人在谈论他们现在已经找到的工作，另一些人则谈论他们将会得到的工作。带着经过四年的大学学习所获得的自信，他们感觉自己已经准备好了，并且能够征服整个世界。

他们知道，这场即将到来的测验将会很快结束，因为教授说过，他们可以带他们想带的任何书或笔记。要求只有一个，就是他们不能在测验的时候交头接耳。

他们兴高采烈地冲进教室。教授把试卷分发下去。当学生们注意到只有五道评论类型的问题时，脸上的笑容更加扩大了。三个小时过去了，教授开始收试卷。学生们看起来不再自信了，他们的脸上是一种恐惧的表情。没有一个人说话，教授手里拿着试卷，面对着整个班级。

他俯视着眼前那一张张焦急的面孔，然后问道：“完成五道题目的有多少人?”

没有一只手举起来。

“完成四道题的有多少?”

仍然没有人举手。

“三道题？两道题?”

学生们开始有些不安，在座位上扭来扭去。

“那一道题呢？当然有人完成一道题的。”

但是整个教室仍然很沉默。教授放下试卷，“这正是我期望得到的结果。”他说。

“我只想要给你们留下一个深刻的印象，即使你们已经完成了四年的工程学习，关于这项科目仍然有很多的东西你们还不知道。这些你们不能回答的问题是与每天的普通生活实践相联系的。”然后他微笑着补充道：“你们都会通过这个课程，但是记住——即使你们现在已是大学毕业生了，你们的教育仍然还只是刚刚开始。”(引自新浪网教育论坛)

(1) 你怎样解读这个故事?

(2) 你认为，学校与社会到底差距有多大？你如何用职业生涯规划将它们有效地连接起来?

第十专题

大学生求职的方法与技巧

学习目的

(1) 了解取得就业信息的正确渠道，掌握科学的就业信息获取方式，并能够按科学原则对收集到的信息进行归类和分析。

(2) 学习求职过程中常用的自荐形式的方法和技巧，提高自身的求职能力。

(3) 通过学习，了解在面试、笔试过程中应注意的问题，提高在参加面试及笔试时的成功率。

导引案例

机会只在一瞬间

朋友阿松向我讲起他应聘部门经理时的成功经历，听来实在耐人寻味。

招聘启事见报后，应聘者一连数日把招聘单位人事部的门口堵得水泄不通。他们大多是有着较高的学历和宽松的工作，冲着这个薪水丰厚的部门经理位置蓄谋跳槽的。然而，当他们一个个走进招聘办公室，只见考官身后的墙壁上贴着一张“告示”，上书：为了节约面试时间，您务必在进来5分钟后自觉退出室外，请您合理支配时间！

许多应聘者一进屋便抓住有限的时间，向考官滔滔不绝地介绍自己的经历和经验，即使考官的办公电话响起，也不愿轻易中断介绍。往往是，每当考官拿起电话，他们的介绍才被迫尴尬中止。5分钟时间一到，有些应聘者认为面试被考官接电话占去了大半时间，以至于恳求考官再宽限一些时间，可是，他们同样被考官责令退到室外。

走出门外的应聘者，纷纷抱怨考官不仁和刻板。

轮到阿松面试，谈话进行没几句，考官办公桌上的电话便响起来。阿松心想：与电话相比，面试的紧要程度总还是次要的，因为铃声正在作响。于是，阿松浅浅一笑，在铃声响过两遍后拿起电话递给了考官。就在这时，这位面若冰霜的考官突然露出了难得的笑意：“恭喜你，你被录取了！”

后来，阿松与那位考官在工作中成了好友。

阿松带着当初的不解，问：“当时为什么录取我，而不是别人？”

“还记得面试中的那个电话吗？那是我们对每个应聘者故意安排的现场测试，能够主动中止面试而不影响我接电话的人，肯定是一位深谙商务、宽宏大度、顾全大局的人才；对于那次我们招聘的岗位来说，应聘者不需要太多的时间，几秒钟足矣！”

案例讨论：

① 在此案例中，面试者阿松能够最终获得工作机会的主要原因是什么？

② 你认为，企业在面试时最看重的是什么？

③ 作为大学生，为了将来能够面试成功，我们应该培养自己的哪些品质？

从案例中面试者阿松的经历，我们可以归纳出几点：

① 有时，人们把机会看得很重，又往往把机会的得失寄托在时间等客观因素上，殊不知，真正考验人的不是时间，而是人们一念间的素养和态度。

② 现代的企业在面试时，更加强调面试人员的综合素质，看重他们在面试时的心态以及处理问题的应变能力，而学历、工作经验往往只是一块敲门砖，不能起到决定作用。

③ 作为应聘者，无论在什么场合，我们都始终应该坚持“先做人，再做事”的原则，注重对自身综合素质的培养，只有具备了较高的道德品质、良好的接人待物的方法才能在遇到机会时把握住机会，最终取得成功。

④ 当大学生具备了相应的专业知识和技能，拥有了作为职业人需要的基本素质，接下来的工作，就是在浩瀚的职场中找到那份适合自己的工作。“找工作”也是每个大学生必经的过程，要顺利完成好这个过程，我们就应该尽早做准备。而一个完整的择业过程，至少包括收集信息、自我分析、确立目标、准备材料、参加招聘会（投递材料）、参加笔试、参加面试、签订协议、走上岗位等环节。

在本章中，我们就将从就业信息搜集及分析入手，向大家重点讲述找工作过程中需要具备的面试及笔试的方法和技巧，同时，对职场中的实用礼仪做简单的介绍。

第一节　就业信息的获取与分析

对于求职者而言，信息就是资源，信息就是财富，信息就是生命。目前，多种多样的传媒工具层出不穷。它们的出现，给求职者获取信息、传递信息、利用信息，提供了越来越多的选择。主动积极的择业之路，常常是从充分地占有信息开始的。

所谓就业信息，主要是指用人单位的需求信息，包括具体的招聘活动中各企事业单位发布的具体需求信息、岗位的薪资状况、工作内容和职业发展前景等。

一、就业信息的获取

1. 就业信息的主要内容

根据需要，我们把就业信息的主要内容概括为以下几个方面：

① 当年国家和各地方、各部门以及学校针对毕业生就业的一些政策、规定。例如“三支一扶”“支援西部”、大学生创业等相关方面的具体政策规定及要求。

② 了解本校、本专业毕业生在社会上的需求状况。

③ 就业信息要有具体的内容。例如职业岗位的名称、岗位数量，职业工作内容、性质或特点，职业的待遇，工作地点与环境，发展前途等。

④ 了解、掌握企业的需求信息。例如对从业者的知识、能力、年龄、性别、身高、体力、相貌等条件的要求。

⑤ 了解程序方面的信息。例如报名手续、联络方法、考核内容、面试与录用程序等。

⑥ 专升本的信息。

⑦ 对于毕业生求职择业有利的其他信息。

2. 就业信息搜集的基本原则

进入信息时代，人们在获取各种相关信息时，无论从手段还是从形式上都变得更加多样化，更加便捷。但是大学生在进行就业信息搜集时，一定要有目的性，要把握好就业信息搜集的几点原则：

(1) 准确性原则

就业信息是否准确是大学生能否正确择业的关键环节。信息不准确，会给就业带来决策上的失误。所以，大学生在就业信息的搜集中要本着准确、可靠、真实、可信的原则来搜集有效的就业信息，避免那些虚假、无用的信息。

(2) 适用性原则

面对众多的就业信息，必须注意信息的适用性，否则就会使就业的选择把握不住方向，造成不必要的人力、时间浪费。在信息的搜集中要针对自己的喜好、兴趣、专业、性格等来选择适合自己的就业信息。客观、理智地去选择职业，避免日后因不喜欢从事的职业而跳槽。

(3) 高效性原则

在就业信息的搜集中要注意信息的新颖和实效。一般来说，越是容易获得的就业信息，其竞争者越多。这就要求大学生在搜集就业信息时要有敏锐的洞察力，善于发现与挖掘那些他人不容易获得的、不显眼的就业信息，对这种信息的利用有可能使自己在招聘中捷足先登，提高就业成功的机会。

3. 就业信息收集的作用

① 可以对目前的形势、政策做到心中有数。

② 可以根据自己所掌握的就业信息，针对社会用人单位对本专业人才的要求，及时补充知识，提高能力，增强个人的竞争优势。

③ 可以给自己提供就业机遇。

④ 利于毕业生本人以后自主创业、自我发展以及职业生涯设计的实现。

下面，我们看一个关于就业信息搜集的案例：

小张是某校经济管理专业毕业生，但却对行政管理有浓厚兴趣，所以在大三时就开始注意有关公务员考试方面的信息，并买了一套公务员考试用书自学。早就听说公务员考试机会少，其竞争之激烈绝不亚于高考，但他坚信：功夫不负有心人，早准备，多留意，机会总是会有的。有一次，他从报上获悉，国家将在近几年内有计划地从高校选拔一批优秀毕业生充实基层，他预测不久肯定会到学校来组织招考，因而准备得更积极。大四上学期末，尽管复习紧张，但他仍坚持每天到信息栏看看。有一天，当他获悉国家机关公开招考公务员的信息时，感到十分兴奋，但详细信息要到政府网站查询。他立即来到校电子阅览室，点击该网站，然而等了半天却怎么都进不去，可能是点击该网站的人太多导致速度太慢了，加上这两天又考试，时间不等人，怎么办？对，到校就业指导中心看看。真凑巧，校就业指导中心刚把这次招考的所有信息下载下来(据说花了两天时间好不容易进入该网站的)，连报名表、报名须知全都打印出来了，以供查询毕业生复印，这下他真是"踏破铁鞋无觅处，得来全不费工夫"。最后，该同学在没有耽误正常考试的情况下，及时办理了报考公务员手续，由于平时准备充分，该生在笔试、面试过程中均表现出色，被国家某机关正式录用为公务员。

上面这个案例再一次印证了"机会总是留给有准备的人"这句名言。就业的机会往往隐含在众多的就业信息当中，这就需要我们学会收集，能够甄别，所以大学生们在日常生活中就应该做到“早准备、多留意”，重视对信息的搜集。

4. 就业信息获取的渠道

(1) 个人搜集

① 对自己感兴趣的企业或单位，可以上门搜集。

② 利用报刊上的商品服务广告搜集。

③ 采取发函、电话咨询等方式搜集。

④ 利用互联网搜集。

(2) 学校毕业生就业指导机构提供信息

学校毕业就业工作主管部门通常是学校的学生工作处、招生就业处或毕业生就业指导中心。它们是学校对毕业生进行就业政策咨询和就业工作指导的职能部门。学校就业指导部门是将毕业生就业指导工作与相关单位相连接的核心环节，它们既与毕业生就业所涉及的各级主管部门之间保持着密切的联系，又是用人单位录用毕业生所依赖的一个主要窗口。这一特定位置，决定了学校就业指导部门对就业信息的掌握量大于其他任何一个部门。同时其所掌握的就业信息的准确性和权威性也是其他任何部门所不能相比的。它们所掌握的就业信息大都来自用人单位对学校的具体专业的应届毕业生的需求，一般都具有较强的针对性和可靠性，可信度高，因此毕业生要主动依靠它们，充分利用好这些信息。

(3) 传播媒体

这种途径的最大特点是受宠面宽、传播速度快、形式活泼多样和信息传递量大。形式主要包括：报纸杂志、广播电视、互联网络、电话等。

(4) 各类就业市场

为做好每年的毕业生就业工作和招纳人才工作，各地方、各行业每年都要举办多场大型的招聘会，很多高校每年也都要组织举办大型的双选会或校园专场招聘会，这些人才市场、双选会、招聘会不但为毕业生与用人单位面对面接触提供了机会，而且所容纳的毕业生需求信息量非常大，毕业生要十分重视、充分利用这些机会，寻找机会交流，尽可能多地了解相关情况，广泛收集各单位的用人信息。

(5) 社会关系

事实证明，不少毕业生是通过社会关系找到工作的。因此，通过社会关系获取就业信息，是十分有效的求职办法。

社会关系是指毕业生的家人、亲戚、朋友、校友、同学等，通过他们提供一些就业机会，往往非常可靠。实际上大多数用人单位更愿意录用经人介绍和推荐的毕业生，认为这样录用进来的人比较可靠。如果有这样的机会，也可以很好地利用。当然，我们对社会关系获取就业信息应持端正的态度，社会关系只能给我们提供信息，而不应成为大学生求职时的依赖因素。下面是一个大学毕业生的遭遇。

Joey——某外企财务部职员

大四那年，大家都忙着找工作。听朋友说，这年头找工作，其实都不靠实力。别看那些校园招聘轰轰烈烈的，其实都是假象，那些只是企业的宣传手段。事实上，优秀的学生早已被强势的企业抢走，空余的职位也都被裙带关系内定了下来。那些不是名校毕业的，学习并不突出的，要想找到好工作比登天还难。听了这样的“恐吓”，我开始向身边的长辈求助，拜托他们为我留意好的工作。

我想，一方面我自己投个人简历，另一方面，让家人帮忙，这样双管齐下，成功率总会高出一些。在上海，有关系总比没有关系强吧。结果，"关系"果然不辜负我的一片期望。"关系"来得比我所有的offer都要快。舅舅把我介绍给了他们公司的业务对象。由于舅舅公司是对方公司的大客户，他一开口，对方就答应为我留下一个职位。接到消息的第二天，我去公司面试。有了介绍，面试也只是形式，虽然来面试的应届毕业生许多，但我心里却比谁都踏实。面试官友善地提问，没一会儿就让我回家等通知。刚走出办公大楼，我就接到了人事部的电话，心想：效率还真高。

我以为，从此我就会一帆风顺。起初的日子真的很好过，虽然大家知道我的"裙带关系"，但都表现得相当理解一样，"这年头，谁不是靠关系啊。靠关系也没什么错"。我就真的天真地以为大家都是真心喜欢我的。可是后来，由于市场的变化，舅舅和我所在的公司都受到了不小的冲击和影响。大家的关系就变得紧张起来。我就像是当年的定期存款利息一样，从刚开始银行吸引存款的筹码，一下子成为大家不在意的"零数"。当利益不复存在，我就变得那么的多余。从头至尾，我就是协议的一部分。在我准备离开公司的那一个月里，公司又"招"了一位新同事顶替我的职位，据小道消息说，他是老板给另一个大客户的"返利"。

二、就业信息分析

1. 就业信息的分类

(1) 宏观职业信息

包括国家有关经济发展的规划，与自己的求职方向相关的产业发展状况，本地区劳动力、人才供求的情况和变动趋势，有关就业和人才流动的政策、法规等等。

(2) 具体的职业信息

包括哪些用人单位正在招聘，所招聘的专业种类、职位数量、招聘条件、招聘方式、招聘单位的具体情况等。

2. 就业信息整理的一般过程

这里我们以报纸上刊登的职业广告为例，谈一谈具体做法和步骤：

第一步，收集：购买或向他人索取刊登招聘广告和就业政策的报纸，以积累原始信息。

第二步，筛选：将有关的广告和报道用笔圈出或剪下来，去粗取精。

第三步，分类：将剪报、材料分为具体的和宏观的职业信息两大类，并将具体的职业信息整理、编辑为用人单位直接招聘的广告、招聘洽谈会举办信息和中介机构的广告三种。

第四步，提炼加工：用红笔在广告和报道上，将与自己关系密切的句子或段落勾画出来，进行浓缩、提炼加工。

第五步，存储：把经过加工的剪报，分门别类地粘贴或装订，存好备查。在此基础上，还可以将其他后收集来的信息再补充进去，这就等于建立了自己的"信息库"。

对于一般的就业信息我们都可以采取以上的处理步骤，通过收集、筛选、分类、挖掘、存贮，将目标细化，找出最终的就业目标。

3. 就业信息的有效评估

信息的来源和获取的方式不同，内容必然有实有虚，我们需要对每一条就业信息进行评估。对就业信息的有效性评估应该包含两层含义：一是对客观信息本身的评估，如信息的真实性、准确性、时效性；二是对信息针对性的评估，即客观信息对于主体使用者而言是否有用。因而对就业信息的评估可以说是一个客观与主观相结合的过程。

(1) 就业信息的真实性评估

在谈到搜集招聘信息的途径时已经提到了关于文字广告,网上招聘广告的真假性的辨别。由于信息的来源渠道不同,传递方式不同,大量信息扑面而来,难免造成信息的真实程度不一。在当前人才市场尚不十分健全的情况下,假信息或不很准确的信息层出不穷,造成有的毕业生求职未成却人财两空,贻误了求职的最佳时机。因此我们务必冷静分析,增强判断就业信息真实性的能力。

郝文祥在报纸上看到某单位招聘销售人员的广告,允诺培训 3 个月,不过要大家先交纳 200 元的培训费用。郝文祥按要求交了 200 元,待到第二周再去的时候,该单位已经人去楼空。结果郝文祥求职未成,钱财与时间两空。

人在求职中,往往会"病急乱投医",像郝文祥这样上当受骗的例子还有很多。我们要吸取教训的是在评估信息的真实性时首先要考虑信息来源的可靠性,如在哪家报纸上看到招聘的广告,旁敲侧击地打听该单位的口碑、声誉如何。在与该单位的接触过程中不能亦步亦趋,别人说什么就做什么,而是要学会自己擦亮眼睛看一看。

(2) 就业信息的准确性评估

就业信息必须能够真实、全面、准确地反映用人单位的意图,不能含糊其辞,模棱两可,否则容易造成误导,产生错觉。即使在简单的就业信息中我们也要认真琢磨,仔细体会,对于一些不是十分清楚的就业信息要及时与信息的提供方取得联系或请教别人,搞清信息的准确度。

听说计算机系的高材生司马被一家国内知名的电脑公司聘用了,年薪高达 15 万。所有知道司马的人都为他高兴,也很羡慕他,理由很简单——专业对口,发展空间大,薪水丰厚。可是没过多久,又传来一个令人吃惊的消息——还没有正式工作的司马要毁约。有人说司马太冲动,有人说司马不珍惜大好机会,还有人说司马肯定疯了。其实他们说的都太夸张了,司马很冷静,也只有司马知道这其中的原因。

签约后没多久,公司要司马做好去济南工作的准备,而他根本就不知道还要到其他城市工作的事。司马是土生土长的济南人,他觉得济南不适合他的发展才考了南方的大学,并且打算在南方工作。司马觉得疑惑,于是公司人力资源部的工作人员拿出他们招聘时用的广告原稿,上面很清楚地印着:

招聘软件工程师:

工作地点:

杭州　8

北京　3

上海　4

广州　4

福州　3

西安　5

成都　4

昆明　4

济南　3

沈阳　5

当初看招聘广告时司马根本就没有注意工作地点这一信息,只想到这份工作如何适合自己。即使在签约的时候司马也没有问清楚，就飞快地签上了大名。对他来说，如果是合约一次签几年，年薪多少这样的问题还可以商量，但是涉及他的原则问题——工作地点这一关键因素，他是不会让步和妥协的。

怎么都不肯回济南的司马，最终只有选择毁约了。

司马的教训告诉我们大家，看清楚招聘广告上的每一个信息都很重要。对他来说，合约期限、年薪等不是工作的核心方面，还可以商量，而工作地点是他认为的最为重要的方面，他是不会让步的。如果司马能事先筛选出这个信息，或许他就不会这么麻烦。

(3) 就业信息的时效性评估

信息很重要的一个特性就是时效性，即信息都有时间要求，在一定时间内是有效的，过了这个时间就失去了意义和作用。因此，在搜集、整理和处理就业信息时一定要注意信息的有效时间，争取及早对信息做出应有的反应，正所谓“机不可失，时不再来”。

某校2000届机械系毕业生杨权，在学校举办的毕业生双选会上，被山西大同市几家效益较好的部属研究院相中，愿意接受，且表示若他到他们单位会有很好的发展前景。虽然杨权也愿意到该单位，但觉得山西大同这个地方不尽如人意，有些偏僻，气候不好。于是他就去找系里、学生处老师咨询，老师们一致认为该单位整体情况不错，应抓紧时间尽快决定。可能是这种机会来得太容易，杨泉反而做出了不去该研究所的决定。对此，学校老师和研究所的同志都觉得遗憾和惋惜。但仅仅过了三天，杨权思想上又发生了变化，又想去研究所工作，这时单位招聘人员已经离开了学校。后经联系，单位表示该专业的招聘计划已经完成，不能接受，杨权白白错失了一次好的工作机会。

杨权的例子说明就业信息的时效性非常强，平时我们看到每条招聘信息都会写有“请于××日之前将相关材料寄至……”，等到与用人单位达成意向签订就业协议时，用人单位仅会给你几天的考虑时间。因而面对好的职业机会，一定要抓住它，尽快决策，不然就会错失良机，后悔莫及。

(4) 就业信息的针对性评估

就业信息有效性是一个相对的概念，它是指信息对于使用者而言是否有用。也就是说，某一个就业信息，别人看来很有价值，可能是一个大好的机会，但是对我们来说，或许一文不值，这并不是信息本身的问题。同样的信息造成不同反应的原因是，不同的求职者评价信息的标准不同，每条信息都有它特有的针对性。

随着社会分工进一步细化，用人单位所要求人才的层次、专业、性别、能力等方面千差万别，五花八门。就业信息本身必须能够说明它所适用的对象，以及该对象所应具备的具体条件。否则就会让每个人产生自己都能适合、都能胜任的错觉。因此，应该注意就业信息的针对性，不能盲目追求自己都看好的职业。适合自己的信息一定要予以重视，不适合自己的也要果断地摒弃，减少求职择业的盲目性和盲从性。

学营销的欧阳是个大专毕业生，一天他看到一则招聘广告：

> “挑战与机遇共存”“一分耕耘，一分收获”——这是某某公司对你的承诺
> 某某地区医药代表/医药代表/主管
> 医学或相关专业大专以上学历
> 良好的沟通能力及团队意识，有医药行业销售经验者优先
> 良好的市场开拓能力

欧阳觉得自己虽然不懂医药，但是他对自己的销售能力很有信心。他决定去试一试。接待室里，欧阳看到不少前来应聘的大学生。从他们手里的简历欧阳看出他们中不少是学医药出生的大学本科毕业生。欧阳开始有点紧张了，面试开始了，先参加面试的几个人都垂头丧气地出来了，有人询问他们结果如何。有个参加过面试的人愤愤地说："招医药代表却一个医药方面的问题都不问，我都白准备了这么多问题，尽问我一些销售方面的问题，我哪里懂，没戏了！"欧阳听了之后，很快平静下来，回忆了一些销售方面的知识，又想了想该如何对答自己的弱项——医药知识。轮到欧阳面试了，他在大学中的销售经验以及他与人沟通的能力深深地打动了主考官，主考官认为欧阳有能力在短期内补充一些医药方面的知识来应付客户，欧阳成功了！

大专毕业没有医药知识的欧阳为什么能获得这个职位呢？因为从招聘广告我们就能看出"挑战与机遇共存""一分耕耘，一分收获"已经预示了这是一份"销售能力"多于"医药知识"的工作。欧阳是冲着招聘广告上的"相关专业"而去的，并且他充分准备了如何面对自己的优势与劣势。而其他几个医药专业的本科生只看到了自己的专业"优势"却没有看出招聘者更看重什么。对于欧阳来说，这条信息正好针对了他销售能力强的优势，因而是有效的。

就业信息有效性的评估过程事实上就是对就业信息特别是用人单位招聘信息进行筛选、过滤的过程，其质量直接关系到求职的后续环节——自我推荐的效率问题。如果评估质量低，将大量的无效信息当做有效信息去作进一步的使用，必然会增加无效自荐的次数，浪费时间和精力，因此，我们需要静下心来踏踏实实、仔仔细细地去评估就业信息的有效性。

(5) 信息的可变更性评估

对于某些招聘信息所传递的专业、性别、学历要求等，乍看上去并不符合该岗位的用人要求，因而就此却步。但实际上这只是用人单位最初的设想，随着形势的变化最初的计划会有所调整，因而我们要结合用人单位的情况和岗位的核心特征进行分析，考虑一下该信息的可变更性有多大。

李圆圆是某校2004届硕士毕业生，在网上得知南京某高校招聘辅导员，要求研究生学历，男性。李圆圆一心想留在高校里工作，也挺喜欢当辅导员。看到该职位对性别的要求是男性时她有一点失望，但抱着试试看的想法她还是投了一份简历过去。令她意外的是她居然被通知参加面试，并且在一系列笔试、面试中发挥出色，最终被该高校录取了。被录用以后李圆圆得知，起初学校非男生不要，但李圆圆的简历及面试表现让招聘人员觉得她是比较优秀的，能够胜任辅导员的工作，所以打破了只要男生的条框，录取了她。

就像我们许多毕业生在求职时会逐步调整自己的求职目标一样，有很多用人单位在开始招人时会有先定的框架，但是招聘的过程中也会随着情况的改变而调整他们的用人计划。所以在使用信息时，一方面要量体裁衣，看看哪些要求的确是我们达不到的，而这些要求又是该岗位的核心要求，那么就果断地放弃；另一方面要留一份"天真"，如果这个单位是你特别中意的，并且你所达不到的要求并非是该岗位的核心要求，那么不妨试一试，说不定会有意外的收获呢！

第二节　自荐的方法和技巧

一、选择恰当的自荐方式

自荐方式是多种多样的，选择恰当的自荐方式，在求职择业过程中无疑是十分重要的。

就每一个求职择业的大学生而言，究竟采用何种自荐方式，首先应当从自己的实际情况出发。例如，善于语言表达且有一口流利标准普通话的求职者，采用口头自荐似乎更能打动人心；倘若能写一笔隽秀的字体和漂亮的文章，则选择书面自荐更能显示出求职者的魅力。当然，运用哪种自荐方式主要还要看用人单位的需要。对招聘播音员、节目主持人的用人单位来说，口头自荐显得更受重视。招聘文秘职员的用人单位，则可能希望求职者先呈递书面的自荐材料。

二、准备充足的自荐材料

自荐信、个人简历、证明材料、学校推荐意见等要齐全、完整，不能有遗漏。这几种材料，虽然单独都能成立，但各个侧重点不同。自荐信主要表明自己的态度，个人简历主要说明自己过去的经历，证明材料强调自己所取得的成绩，学校推荐意见则体现了学校对自己的认可。缺了任何一个方面，自荐材料都不够完整。由于用人单位对求职者的要求不尽相同，自荐材料也应根据不同的需要而有所变化。例如，前往外事、旅游等部门求职，可另外准备一篇外文自荐信；欲去少数民族地区择业，能用民族文字撰写自荐信则效果更佳。另外，自荐材料的份数亦应准备充足。即使是同一个用人单位，同时呈递几份自荐材料，使各有关人员人手一份，这无疑为他们在共同商议是否录用时提供了方便。

三、采取适当的递送方式

递送自荐材料一般有三种方式：一是通过邮局邮寄，二是本人亲自面呈，三是委托亲朋好友或师长转递。邮寄自荐材料这种方式因其覆盖面宽，可以扩大自荐范围，不受时空限制，而被大学生广泛采用。但其缺点是：在竞争激烈的情况下，不易引起用人单位的注意。

当面呈递自荐材料这种方式要求求职者必须亲临用人单位或招聘会现场。其缺点是涉及面有限，尤其对路途遥远的单位更难于实现。其好处是能精耕细作，易于加深用人单位对求职者的印象，易受重视，成功率较高。究竟采用哪种方式为好，应根据实际情况而定。

四、掌握自我介绍的技巧

灵活掌握自我介绍的一些基本技巧，显然有助于顺利打开求职的大门。自我介绍时，应注意以下几个方面：

(1) 积极主动

自荐是求职者的主动行为，任何消极等待都是不可取的。自荐，个人简历等自荐材料的呈交、寄送尽量及时进行。在了解到需求信息时，更不能迟疑，否则就可能错失良机。为使用人单位更全面地了解自己的情况，事先应作好各种自荐材料的准备，不等对方索要，主动呈交；不等对方提问，主动向对方介绍；不消极等待回音，主动询问。这样，往往给人以态度积极、求职心切、胸有成竹的感觉。

(2) 重点突出

在介绍自己时，应重点突出自己的能力和知识，本人基本情况和家庭情况简单介绍即可。对于自己的专长、经验、能力、兴趣等，可以详细介绍。为了取得对方的信任，有时还要举例说明。比如，大学期间发表过的论文，获得的奖励，承担的社会工作或某些工作经验，社会阅历等。要突出自己的优势和闪光点，因为与众不同的东西，可能就是你的魅力所在。平铺直叙，过分谦虚，有碍用人单位对自己的全面了解和正确评价，而易将自己埋没在求职的大军之中。

(3) 如实全面

闪光点是要突出，但介绍自己各方面的情况时一定要实事求是，优势不羞谈，缺点不掩饰，是一说一，是二说二，客观全面，不能吹嘘或夸大。

(4) 有的放矢

针对用人单位的具体要求，强调自己的社会经验和专业所长，这样才能使招聘者相信你就是最理想的应聘者。比如用人单位招聘文秘人员，你介绍自己如何具有公关能力，就不如介绍自己文史哲知识及写作才能；用人单位招聘科研人员，你展示自己的语言才能，就不如学业成绩和科研成果来得实在；用人单位招聘管理人员，你的学生干部经验及组织管理才能可能会更受重视。强调针对性的同时，也不能抹杀相关知识才能的作用。专业特长加上广泛的知识面和兴趣爱好往往会更受用人单位青睐。总之，自我介绍既要积极主动，重点突出，又要有的放矢，如实全面。只顾如实全面，就会成为流水账，缺乏吸引力。只图闪光点，难免会有哗众取宠之嫌。只有把以上各点综合运用，才能有助于实现自己的就业志愿。

(5) 赢得好感的技巧

成功的自荐就是为了赢得用人单位的好感，赢得了好感也就达到求职目标的一半。赢得用人单位的好感不是一件容易的事情，它往往受到招聘者的思想、观点、性格特点及求职者的实力及自荐表现等诸多因素的影响。但只要自荐时把握好以下几点，赢得对方的好感也是不难做到的。

① 谦虚谨慎。向用人单位推荐自己时，切忌过高评价自己，“我”字当头，自视甚高，处处炫耀自己，对用人单位评头论足，那样也会导致招聘者反感。一个善于尊重别人的人，才会受到别人的尊重。一个对别人有好感的人，才会得到别人的好感。即使自己有过人之处，也应以谦恭的态度向对方展示。即使自己有好的建议，也应以委婉的言辞提出。前来招聘的人不是单位领导就是专业骨干或人事干部，他们从事本职工作多年，一般来说对有关专业比较了解，初出茅庐的求职者倘若在他们面前妄自尊大，班门弄斧，显然不会得到对方的好感。

② 自信大方。极端的羞涩、懦弱，过于自卑的做法亦不足取，谦虚不等于虚伪。试想一个用人单位会录用一个自己都感到信心不足的求职者吗？具体来说，自荐时洪亮的声音、洒脱的字体、从容的举止，都能表现自己的自信心。

③ 文明礼貌。礼多人不怪。礼仪是道德的一种外在表现形式，它在人际关系的调节中具有不可忽视的作用，以礼待人是赢得好感的基本原则之一，而礼貌的言谈举止是其基本的表现形式。自荐过程中，首先应当注意礼貌地称呼对方，或按照社会习惯称其职务，或沿用学校的习惯称其老师。交谈结束时，应使用辞行场合的礼貌用语。

④ 认真细致。无论哪个用人单位都会喜欢一个办事认真细致的职员。自荐材料书写工整，无涂改痕迹，文法用词恰当，无错字别字，标点符号准确无误，都会给人以办事认真的印象。

第三节　面　　试

面试是招聘者对应聘者的口头测试过程。所谓面试，就是指为了更深入了解应聘者的情况，判断应聘者是否符合工作要求而进行的招聘人员与应聘者之间的面对面的接触。它在现代生活中的应用越来越广。选拔面试是最常见的甄选工具之一。面试给予用人单位亲自评价候选人的机会，并且能够对候选人的热情和智力作出判断，评价候选人的主观方面——面部表情、仪表、紧张程度等，从而对应聘者的综合素质做出合理的判断。应聘者如果在面试过程中有出色的表现，同样也可以给用人单位留下深刻的印象，是能否获得某项工作最直接、最关键的一步。因此，面试无论是对于用人单位，还是对于应聘者来说都是十分重要的。

一、面试的几种基本类型

按照不同的角度，面试可以分一下两种基本类型。

1. 结构化面试

结构化面试是指按照事先制定好的面试提纲上的问题逐次提问，并按照标准格式记录下面试者的回答以及主试人的评价。这种面试方法的优点是可提高面试效率，了解的情况比较全面；缺点是谈话程序化，缺乏灵活性。

2. 非结构化面试

非结构化面试是指面试没有应遵循的特别形式，主试者可以问随机想起的问题，谈话可以向各个方向展开。它的优点是可鼓励求职者讲出心里话，收集更为丰富的信息，方式灵活；缺点是耗费较多的时间，且缺乏一致的判断标准，对主试者的要求较高。

在平常的应用中，用人单位往往是将这两种方式结合起来使用，采取半结构化面试。

二、常见的面试方法

(1) 一对一式的面试(单独面试)

主试者一对一地会见求职者。该方法可减小应试者的压力，但比较耗时，只适合求职者较少的情况。

(2) 小组面试(集体面试)

由一位或几位主试者会见若干位求职者。面试过程中，各位求职者会相互影响，通过参加讨论，有助于了解候选人的人际关系能力，同时还可节省面试时间。

(3) 会议型面试

由若干位主试者会见一位候选人。可使面试考察更加详尽和可信，但应试者的紧张程度较高。

(4) 压力面试

有意制造紧张气氛，以了解求职者将如何面对工作压力。面试者通过提出生硬的、不礼貌的问题故意使候选人感到不舒服，目的是为了确定求职者对压力的承受能力。仅适用于工作要求具备应付高度压力的情况。

无论是采取哪一种面试方法，都应该要体现出准确、公平、双赢的原则，让用人单位和应聘者都能够更好地利用好面试这一甄别人才的方式。

三、面试的内容

面试考查的不仅仅是应聘者某一方面的专业知识，它更加强调和看重的是应聘者的综合素质。因此，在面试过程中，用人单位考查的内容一般包括应聘者的仪表风度、求职动机、对工作及其报酬的期望、专业知识及特长、工作经验和工作态度、事业心和信心、语言表达能力、智力和反应能力、自我控制能力、人际关系能力、精力和活力、兴趣与爱好等等。

四、面试的基本注意事项

(1) 要谦虚谨慎

面试和面谈的区别之一就是面试时对方往往是多数人，其中不乏专家、学者，求职者在回答一些比较有深度的问题时，切不可不懂装懂，不明白的地方就要虚心请教或坦白说不懂，这样才会给用人单位留下诚实的好印象。

(2) 要机智应变

当求职者一人面对众多考官时，心理压力很大，面试的成败大多取决于求职者是否能机智果断，随机应变，能当场把自己的各种聪明才智发挥出来。首先，要注意分析面试类型，如果是主导式，你就应该把目标集中投向主考官，认真礼貌地回答问题；如果是答辩式，你则应把目光投向提问者，切不可只关注甲方而冷待乙方；如果是集体式面试，分配给每个求职者的时间很短，事先准备的材料可能用不上，这时最好的方法是根据考官的提问在脑海里重新组合材料，言简意赅地作答，切忌长篇大论。其次要避免尴尬场面，在回答问题时常遇到这些情况：未听清问题便回答，听清了问题自己一时不能作答，回答时出现错误或不知怎么回答的问题时，可能使你处于尴尬的境地。避免尴尬的技巧是：对未听清的问题可以请求对方重复一遍或解释一下；一时回答不出可以请求考官提下一个问题，等考虑成熟后再回答前一个问题；遇到偶然出现的错误也不必耿耿于怀而打乱后面问题的思路。

(3) 要扬长避短

每个人都有自己的特长和不足，无论是在性格上还是在专业上。因此在面试时一定要注意扬我所长，避我所短。必要时可以婉转地说明自己的长处和不足，用其他方法加以弥补。例如有些考官会问你这样的问题："你曾经犯过什么错误吗?"你这时候就可以选择这样回答："以前我一直有一个粗心的毛病，有一次实习的时候，由于我的粗心把公司的一份材料弄丢了，害的老总狠狠地把我批评了一顿。后来我经常和公司里一个非常细心的女孩子合作，也从她那里学来了很多处理事情的好办法，一直到现在，我都没有因为粗心再犯什么错。"这样的回答，既可以说明你曾经犯过这样的错误，回答了招聘官提出的问题，也表明了那样的错误只是以前出现，现在已经改正了。

(4) 显示潜能

面试的时间通常很短，求职者不可能把自己的全部才华都展示出来，因此要抓住一切时机，巧妙地显示潜能。例如，应聘会计职位时可以将正在参加计算机专业的业余学习情况"漫不经心"地讲出来，可使对方认为你不仅能熟练地掌握会计业务，而且具有发展会计业务的潜力；报考秘书工作时可以借主考官的提问，把自己的名字、地址、电话等简单资料写在准备好的纸上，顺手递上去，以显示自己写一手漂亮字体的能力等。显示潜能时要实事求是、简短、自然、巧妙，否则也会弄巧成拙。

五、如何消除面试中的紧张情绪

由于面试成功与否关系到求职者的前途，所以大学生面试时往往容易产生紧张情绪，有的大学生可能还由于过度紧张导致面试失败。紧张感在面试中是常见的。紧张是应聘者在考官面前精神过度集中的一种心理状态，初次参加面试的人都会有紧张感觉，慌慌张张、粗心大意、说东忘西、词不达意的情况是常见的。那么怎样才能在面试时克服、消除紧张呢?

(1)要保持"平常心"

在竞争面前，人人都会紧张，这是一个普遍的规律，面试时你紧张，别人也会紧张，这是客观存在的，要接受这一客观事实。这时你不妨坦率地承认自己紧张，也许会求得理解。同时要进行自我暗示，提醒自己镇静下来，常用的方法是大声讲话，把面对的考官当熟人对待；掌握讲话的节奏，"慢慢道来"；握紧双拳、闭目片刻，先听后讲；调侃两三句等等，都有助于消除紧张。

(2) 不要把成败看得太重

"胜败乃兵家常事"，要这样提醒自己，如果这次不成，还有下一次机会；这个单位不聘用，还有下一个单位面试的机会等着自己；即使求职不成，也不是说你一无所获，你可以在分析这次面试过程中的失败，总结经验，得出宝贵的面试经验，以新的姿态迎接下一次的面试。在面试时不要老想着面试结果，要把注意力放在谈话和回答问题上，这样就会大大消除你的紧张感。

(3) 不要把考官看得过于神秘

并非所有的考官都是经验丰富的专业人才，可能在陌生人面前也会紧张，认识到这一点就用不着对考官过于畏惧，精神也会自然放松下来。

(4) 要准备充分

实践证明，面试时准备得越充分，紧张程度就越小。考官提出的问题你都会，还紧张什么？“知识就是力量”，知识也会增加胆量。面试前除了进行道德、知识、技能、心理准备外，还要了解和熟悉求职的常识、技巧、基本礼节，必要时同学之间可模拟考场，事先多次演练，互相指出不足，相互帮助、相互模仿，到面试时紧张程度就会减小。

(5) 要增强自信心

面试时应聘者往往要接受多方的提问，迎接多方的目光，这是造成紧张的客观原因之一。这时你不妨将目光盯住主考官的脑门，用余光注视周围，既可增强自信心又能消除紧张感；在面试过程中，考官们可能交头接耳，小声议论，这是很正常的，不要把它当成精神负担，而应作为提高面试能力的动力，你可以想象他们的议论是对你的关注，这样你就可以增加信心，提高面试的成功率；面试中考官可能提示你回答问题时的不足甚至错误，这也没有必要紧张，因为每个人都难免出点差错，能及时纠正就纠正，是事实就坦率承认，不合事实还可婉言争辩，关键要看你对问题的理解程度和你敢于和主考官争辩真伪的自信的程度。

六、面试中应注意的礼仪

(1) 服饰要得体

就服饰而言，应聘者在去求职面试前，必须精心选择自己的服饰。那就是服饰要与自己的身材、身份相符，表现出朴实、大方、明快、稳健的风格。在面试时，着装应该符合时代、季节、场所、收入的程度，并且要与自己应聘的职业相协调，能体现自己的个性和职业特点。比如应聘的职位是机关工作人员、管理人员或教师、律师等，打扮就不能过于华丽，而应选择庄重、素雅、大方的着装，以显示出稳重、严谨文雅的职业形象；如应聘的职位是导游、公关、服务员等职位，则可以穿得时髦、艳丽一些，以表现热情、活泼的职业特点。一般说来，服饰要给人以整洁、大方得体的感觉，穿着应以保守、庄重一点为好，不要追求时髦，浓妆艳抹，尤其是女性，如果衣着过于华丽，描眉搽粉，项链、耳环、戒指都戴上，这样会给用人单位一种轻浮的印象，影响面试的成绩。此外，如果衣服的面料、品牌都挺好，却不洗不熨，不按正确的方法穿着，也容易给人一种精神不振的感觉。女同志的装束以朴实、庄重为好，男同志则以整洁、干练为好。要注意提前理好自己的发型，如在夏季，男同志可穿着整洁的衬衫或T恤衫，其他季节则以合体的中山装或西装为好。另外，装束打扮一定要与谋求的职业相称，应与自己的兴趣、爱好、个性、习惯相符合。一个平时着装随便的人，突然间让他衣冠楚楚，他会感到拘谨、不自在。

(2) 遵守时间

守时是现代交际时效观的一种重要原则，是作为一个社会人要遵守的最起码的礼仪。面试中，首先最忌的就是不守时，因为等待会使人产生焦急烦躁的情绪，从而使面谈的气氛不够融洽。有专家统计，求职面试迟到者获得录用的概率只有相当于不迟到者的一半。可见，守时这一礼仪在面试中的重要性。因此，面试时，千万不能迟到，而且最好能够提前十分钟到达面试地点，则有充分的时间调整好自己紧张的情绪，也表示求职的诚意。假如依照约定的时间匆匆前往，对方也许已在等候你，那样就显得你欠礼貌、欠诚意，同时还容易使你情绪紧张而影响面试效果。遵守时间有时还会有这样一种含义，即要遵守事先约定的面试时限。有时招聘者主动提出只能谈多长时间，有时需要你主动问可以谈多长时间，无论何种情况，求职者都一定要把握好时间，以体现你的时间观念和办事效率。

(3) 表情要自然，动作要得体

进门时，不要紧张，表情越自然越好，在对方没有请你坐下时切勿急于坐下，请你坐下时，应说声“谢谢”，坐下后要保持良好的坐姿，不要又是挠头皮、抠鼻孔，又是挖耳朵，或跷起二郎腿乱抖。对于女同学来讲，动作更应得当，任何轻浮的表情或动作都可能会让招聘人员泽你不满。另外各种手势语也要恰当得体、自然。

(4) 要讲究文明礼貌

进门时应主动打招呼：“您好，我是某某。”如果是对方主动约自己面谈，一定要感谢对方给自己这样一个机会；如果是自己约对方面谈，一定要表示歉意“对不起，打扰您了”等等。面谈时要真诚地注视对方，表示对他的话感兴趣，决不可东张西望，心不在焉，不要不停地看手表，否则，显得不尊重对方。另外，对对方的谈话的反应要适度，要有呼应。他说幽默话时，你的笑声会增添他的兴致；他说话严肃认真时，你屏住呼吸则使这种气氛保持着，利于他的叙述。这种反应要自然坦率，不能故意做作或大惊小怪地做出表情。

(5) 保持安静

在等候面试时，不要到处走动，更不能擅自到考场外面张望，求职者之间的交谈也应尽可能地降低音量，避免影响他人应试或思考。最好的办法就是抓紧时间熟悉可能被提问的问题，积极做好应试准备。

(6) “听”的学问

有位大学毕业生到一家编辑部去求职，主编照例同他谈话，开始一切都很顺利，由于对他第一印象很好，主编后来就拉家常式地谈起了自己在假期的一些经历，大学生走了神，没有认真去听。临走时，主编问他有何感想，他回答说：“您的假期过得太好了，真有意思。”主编盯了他好一会儿，最后冷冷地说：“太好了？我摔断了腿，整个假期都躺在医院里。”可见，善于聆听，是面谈成功的又一个要诀。那么怎样听人说话才能取得对方的好感呢？首先，要耐心。对对方提起的任何话题，你都应耐心倾听，不能表现出心不在焉或不耐烦的神色，要尽量让对方兴致勃勃地讲完，不要轻易打断或插话。其次，要细心。也就是要具备足够的敏感性，善于理解对方的“弦外之音”，即从对方的言谈话语之间找出他没能表达出来的潜在意思，同时要注意倾听对方说话的语调和说话的每一个细节。再次，要专心。专心的目的是要抓住对方谈话的要点和实质，因此，你应该保持饱满的精神状态，专心致志地注视对方，并有表示听懂或赞同的声音或动作；如果对方提出的问题本身很明确，但你却没有完全理解，那么你可以以婉转诚恳的语言提出不明确的部分，对方会进一步解释的。这样既能弄清问题的要点和实质，又能给对方以专心致志的好印象。最后，要注意强化。要认真琢磨对方讲话的重点或反复强调的问题，必要时，你可以进行复述或提问，如：“我同意您刚才所提的……”“您是不是说……”来重复对方强调的问题，会使对方产生“酒逢知己千杯少”的感觉，往往会促进情感的融合。

(7) 交谈的学问

“听”有学问，“说”同样有学问。参加面谈的求职者不可避免地会不同程度地产生紧张情绪或羞怯心理，因此你谈话之前应尽可能地清除紧张、克服羞怯，并坦率、谦虚地告诉对方“对不起，我有点紧张”等，对方会理解你，甚至会安慰你，帮助你放松。承认紧张对推荐自己没有什么消极影响，反而会显示你实在、坦率和求职的诚意，这是良好交谈的第一步。其次，采用呼应式的交谈，并巧妙地引导话题。求职面谈既不同于当众演讲，又不同于自言自语，而在于相互间的呼应。成功的对话是一个相互应答的过程，自己每一句话都应是对方上一句话的继续，并给对方提供发言的余地，还要注意巧妙地引导话题。如当所谈内容与求职无关，而对方却大谈特谈时，你可以说：“这件事很有意思，以后一定向您请教。现在我有个问题不明白……”，从而巧妙地转移了话题；“您认为某项工作应具备哪些素质？”以引起双方感兴趣的话题。再次，谈话要动之以情，处处表现情真意切，实实在在。不要海阔天空，华而不实，更不能虚情假意，说假话、空话。另外，人们在紧张的情况下，往往讲话的节奏加快，这不利于进行情感交流，因此，谈话时应掌握节奏，必要时可用机智、幽默、风趣的语言使双方都放慢谈话的节奏。

(8) 尊重对方，善解人意

取得招聘者的好感必须真正尊重对方，善解人意。在求职时往往有这种情况：招聘者的资历或学历、职称、年龄等可能不如求职者，此时千万不能妄自尊大。如果一旦流露出不尊重对方的表情，处处显示出优于对方、待价而沽的情绪，引起了对方的反感，往往会将好事办砸。

七、面试中的禁忌

(1) 忌握手无力，靠近主试者过近

中国人见面问候的方式是握手，面试时与主试者应恰如其分地轻轻一握，不要有气无力地被动握手，给对方一种精力不足、身体虚弱之感。落座后应与对方保持合适的距离，不能过分靠近对方，逼视对方。更不能以姓名直呼主试者，而应时时表现出你对他们的尊敬。

(2) 忌坐立不安，举止失当

面试时决不能做小动作，如摇头晃脑、频频改变坐姿，更不能嚼口香糖、抽烟。主试者可能示意你抽烟，但最好谢绝他的好意。主试者的“宽宏大量”是暴露应聘者弱点的最佳武器之一，在整个面试过程中，注意不要让自己的小毛病浮出水面。

(3) 忌言语离题

有的求职者讲话不分场合，不看对象，让主试者听得莫名其妙。例如说些俗不可耐的笑话，谈及家庭和经济方面的问题，讲些涉及个人生活的小道消息或对面试室的家具和装修评头论足。主试者可没有时间猜测你想真正表达的是什么。

(4) 忌说得太急

言谈中迫不及待想得到这个工作，急着回答自己没听清或没有理解透彻的问题，而不是有礼貌地请对方再说一遍或再说明；不加解释就自称掌握某种技术，何处培训、何时参加、何人教授一律避而不答，令人生疑。所谓“欲速则不达”。

(5) 忌提问幼稚

在向考官提问时要考虑自己提的问题是否有价值或者主考官是否已经回答过或解释过。千万别提一些很幼稚的问题，如“办公室有空调吗?”“你知道某某主任在哪里吗?”。

(6) 忌言语粗俗

粗俗的语言，毫不修饰地语言习惯并不代表你男子汉的气概或不拘小节，反倒令人难堪、生厌。

(7) 忌反应迟钝

聆听主考官讲话并非单纯用耳朵，还包括所有的器官；不仅用头脑，还得用心灵。如果对方说话时你双眼无神、反应迟钝，这就已让考官对你失去信心，不论你将来如何推销自己，一切都是徒劳，败局已定。

(8) 忌做鬼脸

顽童做鬼脸，人们往往觉得其天真可爱，而且在平时人们的表达中也经常用到。但是，在面试中，夸张的鬼脸会使主试者认为你过于造作、善于伪装、会演戏，另外，表达恶意的鬼脸更容易令对方觉得你是没有礼貌、无教养的。

(9) 忌像个嫌疑犯一般

面试是一种机会平等的面谈，不是公安机关审讯嫌疑犯。不要过多理会主试者的态度。一开始就与你谈笑风生的主试者几乎是没有的，多数人的表情是正儿八经的。但应聘者还是应该把自己解放出来，不要担当被审察的角色。这样才利于自己正常的发挥。

第四节　笔　试

笔试主要适用于应试人数多、需要考核的知识面广或需要重点考核文字能力的情况。一般来讲，大企业、大单位大批量用人，国家机关选聘公务员，往往采用笔试作为第一轮的考核形式，即作为获取面试资格的途径。

一、笔试的基本类型

1. 专业考试

检验应试者专业知识水平和相关的实际能力。

2. 心理测试

心理测试是用事先编制好的标准化问卷要求被试者完成，根据完成的数量和质量来判定其心理水平或个性差异的方法。

3. 技能测验

技能主要包括毕业生熟练操作和使用计算机、英语会话和阅读能力，以及在财会、法律、驾驶等方面的能力。

4. 命题写作

用人单位通过论文或公文写作的形式考查应试者文字表达能力以及分析归纳能力。

5. 国家公务员考试

大学生求职中多遇到录用非领导职务的一般公务员，实行面向社会的公开竞争性考试。

二、做好笔试的准备工作

“好的开始是成功的一半”，笔试只是一种检测人才的手段，要想在笔试中取得好成绩，离不开平时的努力学习。同时，在笔试之前还应进行必要的复习。除此之外，还有最重要的一点就是要始终保持良好的身心状态。在此基础上，通过增强信心，做好准备，掌握科学的答卷方法，就为笔试的成功打下了良好的基础。

复习与探索

看下面材料，看后写出自己的体会。

16 个经典问题回答思路

问题一：请你自我介绍一下。

思路：① 介绍内容要与个人简历相一致。

② 表述方式上尽量口语化。

③ 要切中要害，不谈无关、无用的内容。

④ 条理要清晰，层次要分明。

⑤ 事先最好以文字的形式写好背熟。

问题二：谈谈你的家庭情况。

思路：① 家庭情况对于了解应聘者的性格、观念、心态等有一定的作用，这是招聘单位问该问题的主要原因。

② 简单地罗列家庭人口。

③ 宜强调温馨和睦的家庭氛围。

④ 宜强调父母对自己教育的重视。

⑤ 宜强调各位家庭成员的良好状况。

⑥ 宜强调家庭成员对自己工作的支持。

⑦ 宜强调自己对家庭的责任感。

问题三：你有什么业余爱好？

思路：① 业余爱好能在一定程度上反映应聘者的性格、观念、心态，这是招聘单位问该问题的主要原因。

② 最好不要说自己没有业余爱好。

③ 不要说自己有那些庸俗的、令人感觉不好的爱好。

④ 最好不要说自己仅限于读书、听音乐、上网，否则会令面试官怀疑应聘者性格孤僻。

⑤ 最好能有一些户外的业余爱好来“点缀”你的形象。

问题四：你最崇拜谁？

思路：① 最崇拜的人能在一定程度上反映应聘者的性格、观念、心态，这是面试官问该问题的主要原因。

② 不宜说自己谁都不崇拜。

③ 不宜说崇拜自己。

④ 不宜说崇拜一个虚幻的或是不知名的人。

⑤ 不宜说崇拜一个明显具有负面形象的人。

⑥ 所崇拜的人最好与自己所应聘的工作能“搭”上关系。

⑦ 最好说出自己所崇拜的人的哪些品质、哪些思想感染着自己、鼓舞着自己。

问题五：你的座右铭是什么？

思路：① 座右铭能在一定程度上反映应聘者的性格、观念、心态，这是面试官问这个问题的主要原因。

② 不宜说那些易引起不好联想的座右铭。

③ 不宜说那些太抽象的座右铭。

④ 不宜说太长的座右铭。

⑤ 座右铭最好能反映出自己某种优秀品质。

⑥ 参考答案——“只为成功找方法，不为失败找借口。”

问题六：谈谈你的缺点。

思路：① 不宜说自己没缺点。

② 不宜把那些明显的优点说成缺点。

③ 不宜说出严重影响所应聘工作的缺点。

④ 不宜说出令人不放心、不舒服的缺点。

⑤ 可以说出一些对于所应聘工作“无关紧要”的缺点，甚至是一些表面上看是缺点，从工作的角度看却是优点的缺点。

问题七：谈一谈你的一次失败经历。

思路：① 不宜说自己没有失败的经历。

② 不宜把那些明显的成功说成是失败。

③ 不宜说出严重影响所应聘工作的失败经历。

④ 所谈经历的结果应是失败的。

⑤ 宜说明失败之前自己曾信心百倍、尽心尽力。

⑥ 宜说明仅仅是由于外在客观原因导致失败。

⑦ 说明失败后自己很快振作起来，以更加饱满的热情面对以后的工作。

问题八：你为什么选择我们公司？

思路：① 面试官试图从中了解你求职的动机、愿望以及对此项工作的态度。

② 建议从行业、企业和岗位这三个角度来回答。

③ 参考答案——“我十分看好贵公司所在的行业，我认为贵公司十分重视人才，而且这项工作很适合我，相信自己一定能做好。”

问题九：对这项工作，你有哪些可预见的困难？

思路：① 不宜直接说出具体的困难，否则可能令对方怀疑应聘者不行。

② 可以尝试迂回战术，说出应聘者对困难所持有的态度——“工作中出现一些困难是正常的，也是难免的，但是只要有坚韧不拔的毅力、良好的合作精神以及事前周密而充分的准备，任何困难都是可以克服的。”

问题十：如果我录用你，你将怎样开展工作？

思路：① 如果应聘者对于应聘的职位缺乏足够的了解，最好不要直接说出自己开展工作的具体办法。

② 可以尝试采用迂回战术来回答，如“首先听取领导的指示和要求，然后就有关情况进行了解和熟悉，接下来制订一份近期的工作计划并报领导批准，最后根据计划开展工作。”

问题十一：与上级意见不一时，你将怎么办？

思路：① 一般可以这样回答“我会给上级以必要的解释和提醒，在这种情况下，我会服从上级的意见。”

② 如果面试你的是总经理，而你所应聘的职位另有一位经理，且这位经理当时不在场，可以这样回答：“对于非原则性问题，我会服从上级的意见，对于涉及公司利益的重大问题，我希望能向更高层领导反映。”

问题十二：我们为什么要录用你？

思路：① 应聘者最好站在招聘单位的角度来回答。

② 招聘单位一般会录用这样的应聘者：基本符合条件、对这份工作感兴趣、有足

够的信心。

③ 如“我符合贵公司的招聘条件，凭我目前掌握的技能、高度的责任感和良好的适应能力及学习能力，完全能胜任这份工作。我十分希望能为贵公司服务，如果贵公司给我这个机会，我一定能成为贵公司的栋梁！”

问题十三：你能为我们做什么？

思路：① 基本原则是“投其所好”。

② 回答这个问题前应聘者最好能“先发制人”，了解招聘单位期待这个职位所能发挥的作用。

③ 应聘者可以根据自己的了解，结合自己在专业领域的优势来回答这个问题。

问题十四：你是应届毕业生，缺乏经验，如何能胜任这项工作？

思路：① 如果招聘单位对应届毕业生的应聘者提出这个问题，说明招聘单位并不真正在乎“经验”，关键看应聘者怎样回答。

② 对这个问题的回答最好体现出应聘者的诚恳、机智、果敢及敬业。

③ 如“作为应届毕业生，在工作经验方面的确会有所欠缺，因此在读书期间我一直利用各种机会在这个行业里做兼职。我也发现，实际工作远比书本知识丰富、复杂。但我有较强的责任心、适应能力和学习能力，而且比较勤奋，所以在兼职中均能圆满完成各项工作，从中获取的经验也令我受益匪浅。请贵公司放心，学校所学及兼职的工作经验使我一定能胜任这个职位。”

问题十五：你希望与什么样的上级共事？

思路：① 通过应聘者对上级的“希望”可以判断出应聘者对自我要求的意识，这既是一个陷阱，又是一次机会。

② 最好回避对上级具体的希望，多谈对自己的要求。

③ 如“作为刚步入社会的新人，我应该多要求自己尽快熟悉环境、适应环境，而不应该对环境提出什么要求，只要能发挥我的专长就可以了。”

问题十六：你在前一家公司的离职原因是什么？

思路：① 最重要的是：应聘者要使招聘单位相信，应聘者在过往的单位的“离职原因”在此家招聘单位里不存在。

② 避免把“离职原因”说得太详细、太具体。

③ 不能掺杂主观的负面感受，如“太辛苦”“人际关系复杂”“管理太混乱”“公司不重视人才”“公司排斥我们某某的员工”等。

④ 但也不能躲闪、回避，如“想换换环境”“个人原因”等。

⑤ 不能涉及自己负面的人格特征，如不诚实、懒惰、缺乏责任感、不随和等。

⑥ 尽量使解释的理由为应聘者个人形象添彩。

第十一专题

大学生求职中的法律保护

学习目的

(1) 了解大学毕业生就业时所拥有的基本劳动权利。

(2) 了解《劳动合同法》对毕业生的法律保障,加强对自身权利的保护意识。

导引案例

期待的仲裁裁决书

2007 年 8 月,刚刚大学毕业的燕某因工作无着落,经人介绍,被聘为某商场的营业员,并与该商场签订了为期两年的劳动合同,合同规定:燕某需先交 5000 元风险抵押金,如果燕某违约,则 5000 元押金不再退还,燕某试用期为六个月,试用期每月工资为 500 元,试用期满后每月工资 800 元。合同还规定,如果燕某严重违反商场的劳动纪律或者患病住院、怀孕等,商场有权立即解除劳动合同,并且不需要给燕某任何经济补偿。燕某的志向是做一个管理者,她希望通过营业员这个岗位熟悉业务,适应环境,逐步进入白领阶层,或者寻找创业的机会。

2008 年 8 月,已在商场工作了一年的燕某突然遇到了一个机会,某知名品牌服装欲在商场开办一个连锁店,经人介绍,来考察的经理看中了燕某的勤奋与机智,想选择燕某作为其代理人。燕某求之不得,随即向商场提出辞职。商场提出按合同办理。燕某当时未提出异议。

为了庆祝燕某开店成功,亲朋好友一起聚会,席间,几杯红酒下肚,当燕某说出自己的不快时,颇有些法律常识的一位表哥立即提出,她与单位定的合同存在如下几处违法:

(1) 用人单位不得以各种名义向劳动者收取风险抵押金。

(2)"如果违约,则押金不再退还",明显违法。现行《劳动合同法》规定,违约金只适用于两种情况:① 劳动者违反服务期的约定。② 劳动者违反竞业限制的约定,其他情况不得约定违约金,单位也不得收取。

(3)"试用期为六个月"违法,劳动合同期限一年以上不满三年的,试用期不得超过二个月;本案合同期限是两年,试用期不得超过二个月。

(4)"试用期每月工资为 500 元,试用期满后每月工资 800 元。"试用期每月工资为 500 元违法,《劳动合同法》规定:劳动者在试用期的工资不得低于本单位相同岗位最低档工资或者劳动合同约定工资的百分之八十，并不得低于用人单位所在地的最低工资标准。本案中试用期的工资低于劳动合同约定工资的百分之八十，故违法。

(5)“患病住院、怀孕等，商场有权立即解除劳动合同，并且不需要给任何经济补偿”违法。劳动者患病有一个医疗期，医疗期未满，用人单位不得解除劳动合同，即使要解除，也要等医疗期满后，并且必须支付经济补偿金。怀孕的妇女，用人单位不得解除劳动合同。

违法手段签订的就业协议书无效。应视为无效协议。根据表哥的建议，小燕与单位协商，单位坚持，当时定协议时双方自愿，白纸黑字，应该履行。小燕在与单位交涉无果的情况下，未向本单位劳动争议调解委员会申请调解，而直接向区劳动争议仲裁委员会申请仲裁，她期待着区劳动争议仲裁委员会下达仲裁裁决书……

案例讨论：

(1) 你认为裁决书应该怎样仲裁？

(2) 你认为燕某表哥提出的合同违法的事实存在吗？

(3) 从这个案例中，你体会最深的是什么？

随着每年大学毕业生的增多，大学毕业生就业竞争日益增大，就业压力使大学毕业生在求职就业过程中处于较为弱势的地位，加上招聘单位鱼龙混杂、招聘形式纷乱不齐、就业人群多样化，有关就业的问题日益增多和复杂。

特别是由于现在许多毕业生社会资历尚浅，对于相关的就业法律法规知之甚少，加上就业形势的严峻，在就业过程中经常会碰到许多陷阱，自身的合法权益经常受到侵犯。调查显示：超过85%的大学毕业生渴望了解相关法律知识，特别是2008年实施的《劳动合同法》；75%的大学毕业生对“三金”(养老保险金、医疗保险金、失业保险金)等社会保险知识知之甚少；对“试用期”“见习期”“违约金”“转正”等就业中司空见惯的词汇的具体内容不太了解；大多数同学对待就业问题很慎重，但是相关法律常识的匮乏，使他们无法更好地保护自己的合法权益。

本专题与你一起探讨大学生在就业中所拥有的劳动权利，识别就业“陷阱”，学会拿起法律的武器，保护自己的权利。

第一节　职业生活中的法定权利和义务

作为一名刚刚踏入社会的大学毕业生，在选择就业时，应当知道自己即将成为一名劳动者，作为劳动者在我国的法律中具有哪些基本的权利，掌握这些权利是选择就业的前提保障，这些权利规定在我国的《宪法》和《劳动法》中主要有下述几方面的权利。

一、劳动权

我国《宪法》《劳动合同法》规定：“中华人民共和国公民有劳动的权利和义务，国家通过各种途径，创造劳动就业条件，加强劳动保护，改善劳动条件。”“劳动者享有平等就业和选择职业的权利。”“我国公民的就业权，不因民族、种族、性别、宗教信仰不同而受歧视。”法律对劳动权的规定，对每一个选择就业的人来说既是权利，又是义务，就权利来讲，首先是平等就业和选择职业的自由；再者是享受国家对劳动者所创造的就业条件和劳动保护。同时劳动权又是一项义务，是作为一个公民为国家建设应当尽的一项基本的义务，任何一个社会，都必须要求它的公民要履行其为社会建设的责任，只有有了劳动者的劳动，才能有进步、繁荣的社会，因此一个社会要进步必须有劳动者的参与，从这一点来说劳动权又是一项义务。

二、劳动报酬权

劳动者付出劳动，同时获取其报酬是我国《宪法》和《劳动法》赋予劳动者的一项权利。求职择业的劳动者应理解这一报酬有两层含义，一是劳动者与用人单位约定报酬的权利，二是用人单位必须遵守劳动法有关规定支付劳动报酬。其中劳动者与用人单位有关劳动报酬的约定必须符合《劳动法》的有关规定，主要有以下几方面：一是有关最低工资标准的规定，即用人单位支付给劳动者的工资不得低于当地最低工资保障水平。二是有关工资支付的规定，用人单位应当以货币的形式按月支付劳动者的工资不得克扣或者无故拖欠工资。三是有关特殊规定，劳动者在法定节假日和婚丧假期间，用人单位应当支付工资。

三、劳动保护权和劳动保障权

劳动者在劳动过程中其身体健康和生命安全应受到保障的权利，《劳动法》第 52 条对劳动保护作了具体的规定，要求用人单位对劳动者要提供安全、卫生、特种劳动作业者的身体保障措施的条件。

四、职业培训权

职业培训是劳动者为提高职业技能或就业能力而进行各种业务学习和职业技能训练的权利。《劳动法》第 63 条规定：用人单位应当建立职业培训制度，按照国家的规定提取和使用职业培训费用，根据本单位实际，有计划地对劳动者进行职业培训。劳动者的职业培训权是实现劳动者的劳动权的重要前提条件，特别是在现代化生产条件下，劳动者的职业培训有利于提高劳动者素质，以完成各项劳动任务。

五、社会保险、福利权

社会保险、福利权是劳动者在年老、患病、工伤、失业、生育或丧失劳动能力的情况下获得物质帮助和补偿的权利。《宪法》规定：国家在发展生产的基础上，提高劳动者的福利待遇，用人单位应当创造条件，改善福利待遇。

除以上权利外还有法律法规规定的其他权利，都是作为选择就业的大学毕业生首先应当掌握的劳动者的劳动权利的内容。

六、试用期与见习期

调查中我们发现，绝大多数学生对试用期、见习期的概念不清楚，不懂得其法律含义，上当受骗、被侵权现象十分严重。试用期的含义是用人单位和劳动者建立劳动关系后为相互了解、选择而约定的不超过六个月的考察期。试用期包含在劳动合同期限中。《劳动合同法》中关于试用期的长短规定如下：劳动合同期限在六个月以下的，试用期不得超过十五日；劳动合同期限在六个月以上一年以下的，试用期不得超过三十日；劳动合同期限在一年以上两年以下的，试用期不得超过六十日；劳动合同期限在两年以上的，试用期也不得超过六个月。必须强调的是，试用期适用于初次就业或再次就业时改变工作岗位或工种的劳动者。

试用期期间双方都具有较为自由的解除合同的方式。根据《劳动合同法》相关规定，劳动者在试用期期间，被证明不符合录用条件的，用人单位可以解除劳动合同，但用人单位必须举证证明劳动者在试用期间不符合录用条件。举证责任在用人单位。用人单位如果没有证据证明劳动者在试用期间不符合录用条件，用人单位就不能解除劳动合同，否则，用人单位需承担因违法解除劳动合同所带来的一切法律后果。

了解了什么叫试用期、试用期的期限、试用期满后的相关事宜，可以使毕业生在就业过程中做到心中有数，事先询问，防止权利被损害。

见习期是相对应届毕业生进行业务适应及考核的一种制度，不是劳动合同制度下的概念，而是人事制度下的做法。根据相关规定，用人单位招收应届毕业生后，原则上都要安排见习，期限为一年。国家机关、高校、医药研究所、医疗行政部门大都采用见习期。如果毕业生找的是这些单位，就要知道一年见习期是正常的。

七、就业协议书和劳动合同

就业协议书是大学毕业生和用人单位在签订劳动合同前，双方确定就业意向和权益的依据，具有民事合同的性质。所以订立就业协议应当遵循如下两个原则：主体合法原则、平等协商原则。

毕业生在找工作时都有就业协议书，所以对它并不陌生，但对劳动合同就不太了解了。劳动合同是劳动者与用人单位确立劳动关系、明确双方权利和义务的协议，受《劳动合同法》约束，签订劳动合同后，学生的身份就变成了劳动者。劳动合同订立后，就业协议就自动终止了。当然，也不是说原来的协议条款都无效了。就业协议中的有关条款，包括合同期、服务期、试用期、福利待遇、工资、违约金等符合《劳动法》的内容，应当作为签订劳动合同的依据。劳动合同具有法律约束力。

当毕业生毕业后，正式到单位报到上班时，双方即建立起了劳动关系，可以这样说，就业协议书中的核心问题也已完成。双方的权利义务应当严格按照《劳动法》的相关规定来执行，最重要的程序就是双方要签订劳动合同。因为建立劳动关系就必须依法签订劳动合同，双方应当以劳动合同来约定双方的权利和义务关系，合同内容应当包括在就业协议中约定的工作岗位、劳动报酬、服务期、试用期。如果双方就以上事项达成新的协议，则可以改变，以之前的约定为准；如果任何一方不愿改变，则应将就业协议书中内容原原本本的写入劳动合同中，这是最关键的程序，完成了以上程序，才真正实现了《劳动合同法》规定的建立劳动关系的过程，否则就是构成违约。

第二节　大学生职业生活中面临的侵害

一、大学生面临的就业权益侵害

1. 就业歧视现象依然存在

大学毕业生在就业过程中，往往受到就业歧视。该现象很多，如女大学毕业生在就业过程中受到的性别歧视；非本地生源受到的地域性歧视；因某些实际并不影响就业的疾病，如浙江招考公务员淘汰乙肝病毒携带者引发纠纷；还有身材相貌歧视、经验歧视、学历歧视和血型歧视等等。就业歧视本身侵害了大学生就业时的合法权益，给大学毕业生的就业带来巨大阻碍，值得我们高度重视。

2. 学校强迫分配时有发生

个别学校，为了片面追求就业率，强迫学生到某些单位就业或以实习为幌子变相就业。实际上，学校作为培养学生的机构，它的主要任务是培养合格人才，但是人才培养出来以后，根据《劳动法》的规定，学生必须跟单位协商一致来签订劳动合同，才是实现就业的办法。学生不是学校的附属品，说放到哪儿就放到哪儿，学校没有权利决定学生将来的命运。学生毕业以后，他就已经是《劳动法》意义上的劳动者，他自然就享有择业权和就业权，他通过跟用人单位采用双向选择的形式，最终来确定自己到哪个单位工作，然后办理根据教委的有关规定从学校进入企业就业的手续，而学校根本没有权利强迫你到某个单位工作，这是违反《劳动法》的。学校应以学生为本来引导学生的就业，但是某些个别高校不为毕业生在择业期内保管档案、户口，甚至违背毕业生意愿强迫其就业；不能及时、公开、公平地公开就业信息等等，都导致大学毕业生处于被动地位，其合法权益受侵害，就业质量不高。

3. 招聘单位变相侵权普遍

招聘单位和中介的就业陷阱多如牛毛，如以招聘为名盗取个人信息，如利用大学毕业生提交的身份证复印件开银行账户进行非法勾当，将大学毕业生当做“替罪羊”；招聘单位通过向应聘大学毕业生收取风险抵押金、培训费、建档费等各种不合理费用骗取钱财；职业介绍机构提供虚假信息、假招聘，侵吞中介费及中介机构与用人单位联手坑骗求职者；以招聘之名诱人犯罪；招聘时以高薪为诱饵，进入单位后却违背承诺；试用期陷阱，通过延长试用期盘剥廉价劳动力；签订“一边倒合同”来侵害毕业生的权益等等。这些都需要大学毕业生在就业过程中多加防范。

二、大学生面临的就业陷阱

每年五六月份，正值应届大学毕业生求职的高峰期，多年来寒窗苦读，终于到了得以展现自己能力之时，他们无不全身心地投入求职的人海中。然而，由于高校扩招、部分市场需求饱和等因素，大学毕业生就业已不容乐观，而五花八门的招聘陷阱更是无处不在。在此，根据几位应届毕业生在求职过程中的招聘经历，给大家介绍一下大学毕业生就业面临的六个就业陷阱。

1. 黑中介浑水摸鱼

案例：大学毕业后，小吴在一家职业中介交了10元注册费，成为会员又交了150元的信息费后，中介将为他联系5个用人单位进行面试。没想到，小吴5次面试均碰壁，对方要么称“已招到人”，要么称“不合适”。小吴发现，其他在该中介注册的大学毕业生也遇到了和他一样的情况，他明白自己碰上了“黑职介”。

在对“到民办职业介绍所求职，是否会先问清楚该中介的许可证、营业执照、收费许可证等”的调查中发现，46.6%的同学根本没考虑过这个问题，11.0%的同学表示不会主动去查询中介机构是否具有相应的资质、是否为合法机构。正是由于部分学生自我法律保护意识的欠缺，才造成一些中介机构利用毕业生迫切找工作的心理提供虚假就业信息，进行信息欺诈或设置就业陷阱。这不仅可能使毕业生在财产上受到侵害，甚至还可能遭遇传销禁锢等人身侵害。

2. 试用期五花八门

案例：某电视台工作已半年的赵某在毕业找工作时有过这样的一次遭遇。赵某回忆说：“我是一名大专生，学的是摄像，毕业那年，一个电视栏目组到我们学校招聘，我当时被选中了，非常高兴，当时谈的条件是试用三个月。这期间没有工资，试用合格后，正式聘用，工资800元加奖金。在那三个月中，赵某没有一个休息日。除了正常工作之外，还要在每个周六、周日的时候和老摄像们一起去做婚礼录像。录一个婚礼，最多给我一包烟，吃一顿婚宴。”赵某说。虽然工作如此努力，但是三个月后，赵某还是被“炒”了。制片人的理由是，赵某和节目组的另外一名实习的女生关系暧昧，而在栏目组中是不允许同事之间谈恋爱的。后来赵某才知道，这个栏目组每三个月进行一次招聘，都是以试用期三个月为名。三个月满后，会以各种理由将试用人员辞退，之后继续招收。这样，他们就可以免费用到劳动力。

调查发现有60.7%的同学知道有试用期的规定，但仍有37.9%的同学不知道有试用期规定。对试用期的具体时间掌握上，如试用期的最长时间的法律规定，45.6%的同学不能准确回答。这种以试用期为借口，损害大学毕业生的合法权益。试用期是用人单位对新录用的劳动者是否合格进行考核，劳动者对用人单位是否适合自己进行详细了解的期限。然而，立法者之初衷却遭用人单位扭曲，大学毕业生在就业中的弱势地位，加之缺乏工作经验，试用期被用人单位滥用。一方面，试用期长短及试用期内的报酬由用人单位单方决定；另一方面，用人单位以实习期、见习期为由规避试用期规定，或者利用试用期随意解除劳动合同。试用期的应有作用并未发挥，相反，却成为用人单位侵害大学毕业生就业权益的工具。

3. 故意规避劳动合同的

劳动合同的订立是劳动合同制度的核心，事关劳动者合法权益保护的问题。但用人单位以各种借口规避劳动合同签订的现象非常严重，其中建筑、餐饮等非技术行业的劳动合同签约率最低。用人单位不愿意与劳动者签订劳动合同的原因有二：一是想降低用工成本，不签劳动合同有可能逃避为职工缴纳社会保险的义务，降低解雇职工时支付经济补偿金等成本；二是现行法律规定中，用人单位不签订劳动合同承担的法律责任仅是员工可以随时辞职、单位终止双方关系的必须支付员工工龄经济补偿金以及小额的罚款等。较轻的法律责任对用人单位的这种行为没有强有力的处罚措施。由于缺乏书面劳动合同，劳动者合法权益得不到有效维护。此外，用人单位还以就业协议书签订代替劳动合同签订，规避自身责任。事实上，就业协议书与劳动合同性质截然不同，就业协议书是毕业生、用人单位和学校三方达成的用人单位同意接收毕业生的承诺，是传递毕业生人事关系的依据，并不涉及劳动合同的具体条款，其效力始于签订之日，终于学生到工作岗位报到之时。显然，就业协议是不可能取代劳动合同的，劳动合同才是真正就业的法律体现。

4. 巧立名目乱收费现象泛滥

案例：应届毕业生小刘同学，一天他接到某公司的面试通知，于是高兴地到该公司参加面试。一番面试后，该公司并没有当时就向他收取培训费，只是说让他先试用一段时间，然后再考虑是否录取他。小刘十分高兴，想好好表现一下，争取能留在该公司工作。于是，他起早贪黑地干了近一个月，结果却被告知：你干得不错，但专业知识不足，公司需要对你进行培训，请先交 300 元培训费。当小刘对此进行质疑时，该公司却说，不交培训费可以走人，但此前工作一个月的薪水免谈，令小刘气愤不已。

一些公司在招聘时常常不查看任何学历证明，甚至不安排任何面试，而只是要求求职者支付诸如信息费、报名费、登记费、资料费、推荐费、注册费等名目繁多的费用，而当用人单位和中介公司填满了自己的“钱袋”之后，就会找出各种理由将应聘者“辞掉”。其实国家劳动和人事部门早就明文规定，用人单位不得以任何名义向应聘者收取报名费、抵押金、保证金等费用，对于员工的培训费用，应当从企业成本中支出。有些企业和公司置国家规定于不顾，巧立名目向应聘者收取费用，就是因为许多毕业生不了解国家这些规定。

5. 霸王条款剥夺学生意志

案例：2009 年，长春市某大学 10 名学生集体到广西的一家民营企业做食品检验工作。当时该企业给学生的口头承诺是：月薪 4000 元，外加年终分红；工作满一年，分房；工作满三年，配车。所有人都认为这几个学生遇到了天上掉馅饼的好事。到了广西之后，急于求成的学生们草率地与该企业签订了工作合同。一个月之后，所有人都大呼上当。他们的月薪确实是定在了 4000 元，但是在工作中他们经常违反合同上的“霸王条款”。例如，迟到一次罚款 500 元；在食堂吃饭，剩饭、剩菜罚款 100 元。结果，大家一个月工作下来，扣掉各种罚款，实际发到手里只有可怜的三四百元钱。学生集体反抗，说要辞职不干了，该企业拿出工作合同,要求每个学生交8000元的违约金。面对该企业拿出的劳动合同,众学生木然。

霸王条款是对合同中不公平的格式条款的俗称。用人单位在劳动合同的订立中居于主导地位,在劳动合同订立时多使用预先拟定好的合同文本。大学毕业生就业者只有签与不签的选择,很少也很难与用人单位讨价还价,使劳动合同事实上成为格式条款。虽然格式条款具有节省成本、提高效率的作用,但其广泛运用导致了诸多问题的产生。在劳动合同中,格式条款的不合理主要体现在:第一,用人单位回避提醒义务,使劳动者难以注意限制自身权利的条款;第二,用人单位免除自身责任;第三,用人单位注明劳动合同条款的最终解释权归自己所有,一旦发生争议,劳动者往往由于已经承认格式条款而处于不利地位。霸王条款既是对劳动者权益的侵害,也是对合同公平、公正的挑战。

6. 合同短期化现象严重

案例:本地某名牌大学毕业生敬某,经过三个月的努力,顺利通过了公司的试用期,然而在和公司签订劳动合同时,小敬犯难了,公司提供的合同中,劳动合同期限只有半年,小敬跟人事部门主管反映,希望能延长合同期限至少是一年一签时,却被告知,公司惯例,在公司服务未满2年的员工,合同都是半年一签。无奈,小敬只得遵从公司的"惯例"。

目前,劳动合同期限以短期合同为主,这一状况已经影响了劳动者的职业稳定感和对企业的归属感。这种影响对大学毕业生尤为严重,原因在于大学毕业生在毕业之际,除了激烈的就业竞争之外,同时面临住房、结婚生子等人生中的重要问题。如果其职业稳定感缺乏,在物质与精神双重压力下,势必影响社会的稳定和发展。劳动权是公民生存的基础,是重要的人权。职业稳定权作为劳动权的内涵之一,在社会文明进步的今天,理应获得应有的保护。

第三节　职业生活中的法律保护

大学毕业生就业的严峻形势表明,这是一个关乎社会稳定、发展大局的重大社会问题,对构建社会主义和谐社会有着举足轻重的作用。因此,强调对大学毕业生就业者的法律保障,对于实现依法治国方略、构建和谐社会意义重大。《中华人民共和国劳动合同法》(简称《劳动合同法》)已由中华人民共和国第十届全国人民代表大会常务委员会第二十八次会议通过并予以公布,自2008年1月1日起施行,这无疑给大学毕业生就业提供了更有力的保障。

一、《劳动合同法》强化对大学毕业生就业的具体制度保护

1. 强调劳动合同签订的强制性,并明确用人单位是签订劳动合同的责任主体

全面推进劳动合同制度,签订劳动合同是大学毕业生就业者维权的基础。同时,有关部门不断制定和完善适用于不同行业的劳动合同示范文本,明确用人单位对劳动条件、劳动内容、工资报酬、职业危害的告知等法定义务,指导用人单位与劳动者签订内容规范的劳动合同。

2. 强调确定职业稳定感,保障大学毕业生就业者的生存与发展

具体表现在以下两个方面:第一,防止试用期滥用。《劳动合同法》第十九条、第二十条等条款确定了试用期期限,同时,保护劳动者试用期间的劳动报酬、社会保险等权利。此外,第二十一条、第三十九条、第四十条等条款严格规范试用期劳动关系的解除条件以及违反规定的法律责任。第二,制约合同短期化。《劳动合同法》第十四条、第二十条规定了用人单位

签订无固定期限劳动合同的义务和签订条件。此外,《劳动合同法》第四十条、第四十一条、第四十二条、第四十三条等条款规定了劳动合同解除和终止的条件和经济补偿金的支付。特别值得一提的是,《劳动合同法》规定了劳动合同终止时,用人单位应向劳动者支付经济补偿金。国家从制度框架入手,适当提高了劳动解除和终止的代价,促进无固定期限劳动合同的广泛应用,以维护劳动者的职业稳定感。

3. 完善劳动合同条款,避免格式条款成为霸王条款

首先,《劳动合同法》规定的劳动合同必备条款与《劳动法》相比,增加了用人单位的名称、法定代表人或者主要负责人、劳动者的姓名、住址和居民身份证或其他有效身份证件号码等条款;工作地点条款;工作时间和休息休假条款;社会保险条款;职业危害防护等条款。在现实生活中,劳动者相比用人单位来说是弱势方,在签订合同时供劳动者表达意见、进行选择的空间非常小。从这个角度来说,《劳动合同法》增加了必备条款的内容,完善了劳动合同条款,更有利于保护劳动者的利益。此外,出于降低成本、提高效率的目标,在劳动关系中劳动合同文本由用人单位提供已经成为一种通例。但是,由于劳动者在劳动关系中处于弱势地位,格式条款的不公平一直损害着劳动者的劳动权及其基本生存。因此,对劳动合同格式条款做出限制,使其符合保护劳动者合法权益的目的非常必要。其一,用人单位作为格式条款的提供者,应当在订立合同前,向劳动者对格式条款进行说明和提醒,即履行告知义务;其二,如果格式条款中有不公平、不合理的内容或者免除用人单位责任而排除劳动者权利或加重劳动者的责任,使劳动者的合法权益受到侵害,该格式条款应确认为无效条款;其三,当格式条款的解释发生异议时,应做出对劳动者一方有利的解释。

二、《劳动合同法》对大学毕业生就业合同中的权利保护

1. 用人单位的告知义务

《劳动合同法》为大学毕业生就业提供了强制性保护。《劳动合同法》第八条规定:"用人单位招聘劳动者时,应当如实告知劳动者工作内容、工作条件、工作地点、职业危害、安全状况、劳动报酬,以及劳动者要求了解的其他情况。"法律对用人单位的义务以及劳动者的知情权都作了详细规定,同时《劳动合同法》对于劳动者和用人单位建立劳动关系,进行了强制性规定,劳资双方在进入试用期后应当订立书面合同。《劳动合同法》又规定劳动合同应具备"劳动合同期限""工作内容和工作地点""工作时间和休息休假""劳动报酬""社会保险""劳动保护""劳动条件和职业危害防护"等条款。这就意味着,在试用期内,用人单位必须为大学毕业生购买社会保险。所以,大学毕业生进入用人单位试用期间,应要求与用人单位签订劳动合同,并要求购买社会保险。若用人单位在试用期 1 月后,没有与劳动者签订劳动合同,将因此赔付劳动者双倍的工资;若用人单位在试用期内没有为劳动者购买社会保险,将承担相应的法律责任。此条规定为大学毕业生就业提供了强制性保护,对大学毕业生的权益保护落到实处。

2. 限制用人单位滥用试用期

大学毕业生不再是廉价劳动力。《劳动合同法》明确规定了试用期内劳动者的合法权益,我国高校毕业生就业制度的发展具有明显的阶段性,这一变化的轨迹始终伴随着经济改革、社会发展需要的推动而发生、发展。在劳动力市场中,大学毕业生与用人单位签订合同的目的是出卖自己的劳动力以换取劳动报酬,维持自己和家庭的生存。如第九条规定:"劳动合同期限三个月以上不满一年,试用期不得超过一个月,劳动合同期限一年以上不满三年的试用期不得超过二个月,三年以上固定期限和无固定期限的劳动合同,试用期不得超过六

个月。同一用人单位与同一劳动者只能约定一次试用期。以完成一定工作任务为期限的劳动合同或劳动合同期限不满三个月的，不得约定试用期。试用期包含在劳动合同期限内。劳动合同仅约定试用期的，试用期不成立，该期限为劳动合同期限。”此条规定对用人单位合理设定试用期，作出了明确的约束，用人单位不可再随心所欲地延长试用期限，有效地遏制了用人单位滥用试用期。另一方面，此条规定也是对劳动者的保护，缩短试用期减少了大学毕业生的求职成本，即使不能达成最终的劳动关系，大学毕业生也不至于错过下轮的求职最佳时期。此外，《劳动合同法》第二十条规定：“劳动者在试用期的工资不得低于本单位和同岗位最低档工资或者劳动合同约定工资的80%，并不得低于用人单位所在地的最低工资标准。”第二十一条规定：“在试用期中，除劳动者有本法第二十九条和第四十条第一项、第二项规定的情形外，用人单位不得解除劳动合同。用人单位在试用期解除劳动合同的，应当向劳动者说明理由。”此两条规定为用人单位免费、随意使用大学毕业生画上了句号，大学毕业生也可以据此争取自己在试用期内合理的劳动报酬，不用过分担心在试用期内遭遇解除劳动关系从而对用人单位的不合理要求都照单全收。《劳动合同法》第十九条到第二十一条的规定，极大地提高了大学毕业生就业的积极性。这些规定的直接效果是能有效地提高高校毕业生的初次就业率。

3. 限制用人单位乱设高额违约金

在《劳动合同法》实施前，一些用人单位利用其强势地位，常常在劳动合同中设置不平等条款，如设定高额违约金，限制大学毕业生在职场上的自由流动，妨碍了大学毕业生择业自主权的行使，并由此引发大量劳动争议。《劳动合同法》明确规定只可以对两类劳动者在劳动合同中约定违约金。一是用人单位为劳动者提供专项培训费用，对其进行专业技术培训的，可以与该劳动者订立协议，约定服务期。如果劳动者违反服务期约定的，应当按照约定向用人单位支付违约金。违约金的数额不得超过用人单位提供的培训费用。同时用人单位要求劳动者支付的违约金也不得超过服务期尚未履行部分所应分摊的培训费用。二是对负有保守商业秘密和保护知识产权义务的人员，用人单位可以与之约定竞业限制，若劳动者违反竞业限制的约定，应当按照约定支付违约金。除这两类劳动者外，用人单位不得与劳动者约定不符合规定的违约金。再者，大学毕业生从学生转变为社会人需要一段时间进行角色转换，他们在就业、择业的过程中需要不断地做出调整。如果限制他们在职场上的自主选择权将会使大学毕业生对就业产生消极情绪，不利于劳资关系的稳定，也不利于社会的稳定和谐发展。因此，《劳动合同法》的明确规定对限制用人单位乱设高额违约金，保障大学毕业生的自主选择权，对大学毕业生的初次就业、灵活就业、稳定就业有积极意义。

专题小结

(1) 主要职业法律

从适用对象上看：

具有普遍适用性的——《劳动法》。

具有一定普适性的——《公务员法》。

具有特定适用性的——《教师法》《律师法》《法官法》等。

从法律层次来说：

全国人民代表大会及常务委员会制定的法律。

国务院及其主管部门制定的行政法规和规章。

地方人大及常委会和地方政府制定的地方性法规和规章。

从内容上看：

对用人单位和从业人员权利与义务的规定。

对从业人员的资格、职业行为的规定。

对用人单位招聘、录用程序的规定等。

(2)《劳动法》的基本原则

① 维护劳动者合法权益与兼顾用人单位利益相结合的原则。维护劳动者的合法权益是《劳动法》的立法宗旨。

② 按劳分配与公平救助相结合的原则。公平救助原则的实现以按劳分配原则的贯彻为基础。

③ 劳动者平等竞争与特殊劳动保护相结合的原则。

④ 劳动行为自主与劳动标准制约相结合的原则。

(3) 劳动者的权利与义务

权利：

平等就业和选择职业的权利。

获得劳动报酬的权利。

休息休假的权利。

获得劳动安全卫生保护的权利。

接受职业技能培训的权利。

享受社会保险和福利的权利。

提请劳动争议处理的权利。

法律法规规定的其他权利。

义务：

完成劳动任务。

提高职业技能。

执行劳动安全卫生规程。

遵守劳动纪律和职业道德。

复习与探索

(1) 什么是试用期？法律对劳动者在试用期的权利是怎样规定的？

(2) 就业协议书和劳动合同有什么区别？

(3)《劳动合同法》在哪些方面体现对毕业生的保护？

第十二专题

大学生求职中的自我心理调试

学习目的

（1）了解在求职过程中的心理问题及其产生的根源。

（2）探讨面对压力时的自我心理调试。

（3）了解职场中的适应和发展问题，帮助你成为一名真正的职场达人。

导引案例

招聘会现场素描

拥挤的人流、嘈杂的环境，难挡用人单位人力资源部“伯乐”们寻找“千里马”的热情，他们左手接着简历，右手发着面试条，眼睛盯着求职者，嘴更是没闲着，他们在利用一切机会试探着应聘者的反应能力，求贤若渴地为企业寻觅着人才。

上午10时，我们来到招聘会现场，看到了以下几个片段：

（1）小齐到一个单位去面试，可是没过多久就被淘汰了。原来是小齐在面试期间太过紧张，回答问题是面红耳赤，常常说不出话来，把之前辛辛苦苦准备的台词忘得一干二净……

（2）小明是个很有能力的大学生，对自己的未来有很大的抱负，但当有机会让他面试时，他总是马虎应付。心里期待着有一个最适合自己的工作机会，但是迟迟没有让他如愿……

（3）在我们采访的十几个毕业生中，小王信心十足，她觉得自己肯定能应聘上，并认为招聘会上的工作机会要靠自己找出来的，靠自己争取来，她形象地比喻大多数只注重投放简历的行为为“守株待兔”，她认为应聘者应该主动些。她说，应聘者应充分考虑自己的兴趣和工作能力，精心制作几份档案，到招聘会上不要盲目投放，应考虑自己有无足够兴趣、能否胜任，有把握后再投，同时索要公司电话，跟公司沟通或直接到公司拜访。她说：“别太看重企业标榜的条件，别总盯着工资待遇，只要应聘者主动、自信地找到单位，诚恳地表现自己的才华与能力，让企业看到自己对他们的价值，他们会放宽所谓的学历和工作经验的限制，优先录用的。”

（4）现场招聘的一位经理告诉我们，她参加了无数次招聘会，据她讲，许多大学生都有一种“十年寒窗，一举成名”的心理，因此对择业的期望相当高。大多希望到生活条件好、福利待遇高的大城市、大机关、大公司工作,高期望驱使毕业生总是向往高薪水、高职位、高起点、高回报率,并一厢情愿地对用人单位提出种种要求,将自己就业的目标定得很高,即使找不到合适的单位也不肯降低就业期望值。因此当发现现实与理想的差异较大时,就容易出现"高不成低不就"现象,并产生偏执、幻想、自卑、虚伪等心理问题,并可能导致择业行为的偏差。

以上的素描说明,现在的大学毕业生或多或少在心理上都存在一定的问题,不少大学生在求职时只想成功,一旦遭受挫折就会像泄了气的皮球,一蹶不振,陷入苦闷、焦虑、失望的情绪之中不能自拔。他们对求职中的挫折既缺乏估计也缺乏承受能力,不能很好调节自己的心态,也不会通过总结求职中的经验教训来获得下一次的成功。如何帮助他们能够放松心态,沉稳应对压力是我们将要探索的问题。

第一节　求职中的心理问题及其产生原因

经济飞速发展的现今社会,市场竞争越来越激烈,作为生产力发展的第一要素,对人才的要求也越来越严格。大学生年年都面临着找工作的问题,却普遍反映工作不好找,在日益严峻的就业压力面前,大学生的心理都承受着超乎寻常的压力,而此时就容易产生各种各样的心理问题,而这些心理问题又无形中给学生的就业带来了更多的压力。

一、求职过程中产生的心理问题

在一次次的求职失败后,大学生的心理防线必定经受着相当大的考验,情绪也很难淡定。在如此激烈的竞争环境下,心理问题的出现也在所难免。就目前掌握的情况来看,大学生在求职过程中存在的心理和心态问题同样存在许多:

1. 自我认知障碍

(1) 自卑情绪,缺乏自信心

许多同学认定自己不如其他人,不敢去同他们竞争,尤其当他们失败时,更是觉得事事不如人。

(2) 自负和骄傲

持这种心理的同学对自己的评价甚高,不根据自己的实际情况,只一味地寻求待遇优厚的工作机会,好高骛远。

2. 人际心理障碍

(1) 怯懦和冷漠

部分大学生思想包袱过重,总想些乱七八糟的事情,如"如果自己在回答问题时出错了怎么办啊",这使得他们在真正面试时无法放开胆子来说,不能把自己的优点和特长很好地表达出来,虽然准备充分,但无法发挥自己的真实水平。

(2) 嫉妒

这种心理在如今的大学生当中很常见。在求职过程中此心理的表现为看到别人的职业比自己好时,产生羡慕,程度深时转化为痛苦、不甘心。甚至为了不让他人比自己发展得更好而在背地里拆台。

(3) 攀比

在同学中往往会出现互相攀比的情况,互相炫耀自己的工作待遇,这就使得他们对自己的期望越来越高,在看到别人拥有一份好工作时就感觉心理不平衡,认为自己能够比别人做得更好,因此很难就业。

3. 情绪障碍

(1) 抑郁和逆反

在求职过程中遭遇一次又一次的挫折后,许多同学就会感到无能为力,丧失信心,消极处事,严重时减少与外界的接触,对事抱着无所谓的态度,最后演变成抑郁症。还有些学生在面对善意的就业指导和批评时怀揣着不信任和怀疑的态度,偏要反着干,在求职时我行我素,不接受任何建议。

(2) 过度焦虑和急躁

毕业后的大学生既希望自己能找到一份理想的工作,又担心在求职的道路上遇见各种各样的挫折(被用人单位拒之门外或选择了错误的职业),这使得他们对未来的职业生活充满了担忧,这是很正常的,只是有些同学过度地焦虑,这就造成了不必要的心理负担。

大学生在找工作时,不能冷静地分析当前的局势和用人单位的情况,以至于烦躁不安,心急如焚,做了很多无用功。更有甚者在不了解用人单位的情况下与之草率签约,到最后发现工作于自己并不适合,才后悔莫及。

(3) 逃避和抵触

这种心理问题尤其发生在现今的80后、90后的毕业生身上,这些学生过惯了校园生活,对家庭朋友的依赖性很强,一旦独立面对社会上各种各样复杂的人际关系和人情世故时往往感到手足无措,继而产生逃避和抵触的情绪。

(4) 消极等待和"怀才不遇"的心理

此心理与急躁表现相反,大学生在面对就业问题上很消极,漠不关心,不能主动积极地争取机会,只期待会有单位主动相邀。即使在找到一份工作时也不肯轻易签约,还想着会有更好的机会。还有些大学生自认为"才高八斗""博古通今",在求职失败后只把原因归结到用人单位方面,认为他们无慧眼不识英雄,自己没找到工作是因为没有遇见欣赏自己的伯乐,抱怨自己运气不好,怨天尤人。

(5) 说谎并抱有侥幸心理和懒散

一些大学生认为用人单位不会去核实自己的相关信息,所以在面试过程中胡编乱造,把别人的证书复印成自己的,明明没有当过班委,也很少参加实践活动,但全都写得天花乱坠,并且把自己说得无所不能,但往往在技术考核或试用时立马就原形毕露了。有些幸运的大学生在毕业时就已经找到工作,这就很容易出现懒惰情绪,认为自己已有工作保证,无需担忧,在学习时就没了动力,不遵守学校纪律,到最后发展为被学校开除,并且因此丢了工作。

(6) 不满情绪

在社会上的确存在相当一些不公平的事实,例如单位的用人歧视以及托人找关系走后门。或者有些学校和专业不好找工作,这使得一些大学生求职碰壁并因此产生心理问题,严重时还会伴随着生理的不良反应。

(7) 观望态度

总是期待会有更好的机会降临,迟迟不肯定下来。

这些心理问题的存在让大学生在求职过程中处处碰壁,且无限反复恶性循环。在这个角度来说,大学生如果想要在就业的路途中走得平坦,就要想办法解决上述心理问题,保持良好的心态,面对激烈的挑战。

由于上述问题的存在,大学生在面对就业时容易形成以下几种类型:① 迷茫型,这种情况表现为找工作时不知从何下手，感到无助和困惑。② 盲目型，表现为不根据自己的专业特长和实际情况，只要是工作就去面试。③ 悲观型，在一次又一次的求职失败后，产生习得性无助，否定自己的价值，认为自己不能再找到一份工作。④ 恐惧型，心理太过紧张，不能轻松上阵思想包袱太重。⑤ 自负型，对自己的评价过高，认为一般的工作不能满足自己的需要，最后"高不成低不就"。

二、就业初期产生的心理问题

对于初入职场的大学生来说，在最初的3～6个月的试用期中，跳槽的现象频繁发生，因此这个阶段被称为职业的浮躁期。如果只是盲目的浮躁，没有既定的目标和方向，很容易迷失自己，对自己今后的发展也是不利的。所以，对待这段浮躁期要有充分的认识。而产生这种情况主要有以下几个方面：

(1) 理想与现实的差距太远

大学生在学校里努力学习专业知识，自然是希望以后能找到一家工资水平高，福利效益好，在未来有足够的空间发展提升自己的工作单位，也想着能在工作岗位上充分发挥自己的专业特长。但是步入社会后才发现并不是事事顺心，更多的大学毕业生从事的工作都是在一些小型企业，与他们之前的想象完全不一样，甚至很多都不与自己的专业对口，因此，经常会出现跳槽的现象。

(2) 急于求成的心态

刚刚进入职场的大学生，一定都怀揣着一展抱负的理想，所以在工作当中会全力以赴，希望能够让领导看到自己的努力，脱颖而出。但是就是因为这种心理，当你做得比别人好的时候却没有得到你想要的奖励时，就会认为在这个公司里没有伯乐懂得欣赏你，觉得继续在这个公司待下去会埋没自己的才能，因此产生跳槽的想法。但也许你并不知道的是你虽然工作表现好，但有很多员工的经验和技术都比你足，公司没有马上奖励你只是因为他们还处在一个观望的状态，再需要一些时间就会让你从事更重要的工作。由于你急于求成的心态，让你与这次不久后到来的机会失之交臂。

(3)"围城"心理

什么是"围城"心理，就是说很多大学生对自己目前就职的工作感觉很不满意，对别人的离职也很不了解，认为那么好的职业为什么要放弃它，这就是"围城"。里面的人想出来，外面的人想进去。他们只会站在自己的角度上看待问题，只以自己的需要和满足作为标准，并不去考虑公司的发展和现实问题。所以在工作当中出现浮躁情绪的时候，仔细想想是自己的原因还是公司的原因，不要一味地推卸责任，也不要草率地做出决定，踏踏实实地再干一段时间之后，如果还是觉得这份工作不适合你的话，再考虑辞职。

所以，大学生在校期间应该慎重地定位自己今后的职业，不要期望太高，在就业后要调整自己的心态，别让工作去适应你，而是你去适应工作。在做去留问题的打算上，要仔细思考过后才做决定，不要让自己后悔。

三、产生心理问题的客观原因

大学生之所以会感觉就业压力过大，主要有以下几种原因：

1. 社会因素

(1) 在人数方面

每年毕业的大学生数量直线上升，还有硕士、博士，但社会上能提供的工作单位毕竟是少数，只能满足一小部分人的需要，这就造成一部分大学生群体处于无工作状态。

(2) 在用人单位方面

录用员工是择优录取,优胜劣汰,你不如别人自然要被淘汰,造成竞争加剧;同时,有些用人单位在一定程度上都存在专业歧视、学历歧视、性别歧视和地域歧视,这给大学生就业带来了很大的压力。

(3) 在地区分布方面

东部、中部尤其是东南沿海经济发达地区一带,劳动力需求过剩,而西部却需求不足,且存在严重的人才流失情况。

2. 个人的原因

(1) 家庭方面

父母对子女的期望过高,望子成龙,望女成凤,这在无形中增添了子女在找工作过程中的心理压力。

(2) 个人方面

有些学生尤其是贫困生深知父母供其读书的不易,在心理上存在回报父母的想法也是很正常的。还有一点原因就是有些人非要找到那些他们自认为说出去不会丢面子的工作来满足自己的"自尊心"和"攀比心"。

(3) 传统价值观方面

虽然近几年有所改善,但还是有一部分人认为只要考上大学就出人头地了,等到大学毕业后自然有一份待遇优厚的工作,所以当他们在求职过程中遭遇到挫折时,令他们很难接受。

第二节 求职中的心理调试

面对着社会上越来越激烈的竞争,压力的产生在所难免,关键是心理素质,我们自己必须要懂得调整心态,放松心情。要想在万紫千红中脱颖而出,在求职的道路上稳步前进,就必须保持自己良好的心态。

一、心理调整的领域

1. 客观认识自我

方法主要有以下几种:

(1) 自我评价

在面对矛盾和冲突时,要能冷静理智地自我剖析。应当明确自己今后的职业发展方向是什么,自己的兴趣爱好是什么,自己的性格气质是什么,自己最适合干什么工作,自己的优势和劣势是什么等等。自我静思的关键是要真实、客观。只有通过理智冷静的自我思考,才能对自己有一个客观的评价,才能在求职过程中处于主动地位。

(2) 社会比较

人不是孤立存在的,而是与社会相融合的,所以将自己与社会上其他人做比较,特别是与自己条件地位类似的人相比较是自我认识的一个方法。其次要通过社会上其他人对自己的态度来认识自己。再次要通过对自己参加社会活动结果的分析来评价自己,即在客观上寻找评价的参照尺度来认识自己。

(3) 心理测验

心理测验是心理测试的一种工具和手段,是根据一定的法则对人的行为用数字或曲线加以确定的方法。它有很多类型，如智力测验、人格测验、能力测验和神经心理测验。毕业生可以根据自己的需要选择使用，通过测量找到心理方面的主要问题是什么，然后有针对性地去纠正和调节。

2. 认识客观现实，调整就业期望值

许多大学生对就业市场的现实情况认识不足，经过求职的深刻体验后，我们必须明白现实就是如此，抱怨和气愤都是没有用的，我们与其因为这无法改变的事实而浪费自己的时间，影响自己的心情，不如勇敢地承认和接受面临的现实，抛弃美好的幻想，脚踏实地地寻找解决问题的方法。

而社会上的另一种现象就是用人单位招不到人，毕业大学生找不到工作，这就是因为现在的大学生就业的期望值太高，进不了大公司，又不满足于小企业。所以我们必须合理调整我们的就业期望值，这并不代表只要是工作就去，而是根据制订的职业生涯规划来定位自己的人生轨迹，不需要把第一次的就业看做是永久性的，应该有“先就业，后择业，再创业”的观念。也就是说，在择业时不要期望太高，可以先选择一个职业，不断提高自己的社会生存能力，增加工作经验，然后再凭借自己的努力，通过正当的职业流动，来逐步实现自我价值。

3. 充分认识职业价值，树立合理的职业价值观

传统的观念认为人们找工作只是为了满足正常的生活需要，但是现代职业对人们的意义不仅如此。人们的需求越来越高，而职业可以满足人们从低到高的要求，并且对个人的发展和社会的进步都有重要的意义。

现代人们找工作时不仅仅只看它的经济收入、工作地点等方面，他们更看重于这份职业是否有发展的空间，是否能帮助实现自己的价值。所以，当我们找工作时，应优先考虑哪些发展潜能大，能使自己充分发挥才能的工作单位。要在求职前树立自己的就业观念，确定就业方向，并以此来指导今后的就业选择方向。

4. 确定和接受职业自我，主动把握机遇

这是调节就业心理的重要途径。在求职前，我们必须明确今后的就业方向，要了解什么工作适合我们，了解我们能胜任什么工作。很多同学一直都认为自己能力超群，但在实践中却表现得不尽如人意，因此出现失望、沮丧的情绪，只是一味地抱怨客观现实。所以，我们必须提前认清自己，确定就业方向，接受职业自我，这样，在求职的过程中将会事半功倍。

人要懂得争取，天上不会掉馅饼，即使掉了，也要会把握住机会。在清楚地知道自己的目标后，我们就应该针对自己的专业特长和职业爱好来收集相关工作的信息，并且多参加招聘会，抓住一切机会，主动出击，不能犹豫不决，也不要害怕失败，应有敢试敢闯的精神。

5. 坦然面对和接受就业挫折，提高心理承受力

如今的市场竞争十分激烈，大学生在求职过程中遭遇到挫折也是在所难免。关键在于自身的心态调节，我们要提高自己面对突发事件的应对能力和心理承受力。实际上，我们可以把它看做一次宝贵的经验。因为在挫折中，我们可以更清晰地认识到自己的不足，并加以提升完善自己，为以后的求职打下基础。

在遭遇挫折时我们要冷静对待，懂得分析其中的原因。首先，人无完人，并不是所有的工作都适合你，你也不能胜任所有的工作，有缺点就弥补，要学会通过求职活动来发展自己，促进自我成熟。其次，有些时候求职失败并不是自己的原因，有可能是工作单位的用人歧视，或者二者的价值观不符合。总之，要正确分析自己失败的原因，调整自己的求职策略，学会安慰自己，以便在下次的求职中获得成功。

6. 调整就业心态,促进人格完善

有些同学在求职过程中会出现一些心理问题,这时可以进行自我心理调试。如果情况严重的话可以求助于专业的心理咨询师。进行自我心理调适的方法有很多,首先,可以进行积极的自我心理暗示,鼓励自己、相信自己,帮助自己渡过难关。其次,可以向朋友、老师倾诉,寻求他们的安慰与支持。最后,还可以通过体育锻炼、听音乐、郊游等方式转移自己的注意力,排解心中的烦闷,放松自己的心情。

很多人在就业后才发现自己种种不良的心态,这给他们的工作和生活都带来了极大的困扰,所以说,问题越早暴露越好,我们可以尽早积极改变自己、发展自己,使自己的人格更加成熟,使自己将来的人生道路更顺利。

二、心理调试的方法

刚刚讲了心理调试的领域,接下来就给大家列举几种保持良好心态的方法。

1. 自我调试的方法

(1) 自我转化法

有些时候,不良情绪是可以控制的。这时可以采取迂回的方法,把自己的情感和精力转移到其他活动中去,如学习一种新知识新技能,参加自己感兴趣的活动,利用假期去旅游等,使自己没有时间沉浸在不良情绪中,以求得心理的平衡,保护自己。

(2) 自我适度宣泄法

大学生择业时处于焦虑、抑郁等消极状态时,不能一味地把自己的不良心情藏在心底,当挫折情绪已经带来巨大的心理压力,而意识难以克服困难化解压力时,可以主动地把心理压力转化为适度的情绪反应,并通过适当的方法发泄出来。比较妥当的方法就是向知心朋友或老师倾诉,把自己心中的不快说出来,甚至可以大哭一场,使紧张的情绪得以缓解或消除。另外,也可以参加一些大运动量的户外活动,如打球、跑步、登山等。但是宣泄一定要注意场合、身份、气氛,注意适度,应是无破坏性的。

(3) 自我慰藉法

自我慰藉就是自我安慰,实质上是自我辩解。毕业生择业中遇到困难和挫折,在经过最大努力仍无法改变状况时,要说服自己,适度让步,“退一步海阔天空”,将不成功归因于客观条件和客观现实,同时要勇于承认并接受现实。这样,就能缓解因心理矛盾而引起的悲观等不良情绪,重新找回自信,树立继续努力的信心。

(4) 自我激励法

毕业生在择业面试中常常出现胆怯、信心不足等现象,可以通过积极地自我暗示、自我激励进行调节,增强自信心。例如,运用内部语言或书面语言来调节情绪,在心里默念“我会发挥得很好”“我一定能成功”。

(5) 放松练习

放松练习是一种通过练习学会在心理上和躯体上放松的方法。放松训练可帮助人们减轻或消除各种不良的身心反应,如焦虑、恐惧、紧张、心理冲突、入睡困难、血压增高、头痛等症状,且见效迅速。大学生在择业时如遇类似心理反应,可在有关人员指导下尝试进行放松练习。

(6) 理性情绪法

人的不良情绪产生的根源是人的非理性观念,反之亦然。要消除人的不良情绪,就要设法将人的非理性观念转化为理性观念。大学生在运用理性情绪法时,应首先分析自己有哪些消极情绪，从中分析、综合、抽象、概括出相应的非理性观念，并对其进行质疑；同时对比两种观念状态下个人的内心感受，鼓励自己向理性观念方面转化，从而有助于排除不良情绪。

应对就业挫折，根据不同的情境还可采用诸如环境调节法、广交朋友法、自我暗示法、幽默疗法等来调节心理状态，克服焦虑、紧张、自卑、恐惧等不良就业情绪，保持坚定平和、积极向上、豁达乐观的就业心情。面对就业压力，出现紧张、焦虑等不良的情绪很正常的，但并不是必然的。现代心理学研究成果表明，人的情绪不是外在刺激直接作用的结果，而是经由个体内在认知评价后才得以产生的。因此，内在认知观点的调节可以影响情绪的产生。大学生可以通过调整自己的观点，变就业压力为学习动力，变悲观等待为乐观进取，在竞争中享受快乐，在挑战中感受幸福。

2. 心理按摩

这是一种在十分钟之内就能快速减压的小方法，能让大家给自己的心理找到适合的按摩法，迅速调整自己。每个人心态的失衡都是一个渐变的过程。在求职的过程中，如果你注意到自己心理上的小问题，及时地摆脱压力造成的扭曲，迅速摆正姿态，是很容易调整过来的，也不会出现积重难返的心理崩溃。

（1）做深呼吸

闭上双眼，尽量长地进行深呼吸。此时要将全部意识集中在一呼一吸上。

（2）闭目冥想

在脑海里构思出宁静、安详的画面，譬如空气清新的草原，构思得越详细、越投入，就越能起到作用。

（3）轻松音乐

听一些轻松的音乐，比如古典钢琴曲或者其他一些节奏舒缓的新歌等，都可以让你更加平静、放松。

（4）短途散步

十几分钟的一次短途散步有助于吸入更多的氧气，提高你的兴致和情绪，一扫压力带来的阴霾。

（5）开怀一笑

想点儿让你开心一笑的事情或者笑话。笑不但可以降血压，还可以在血液里产生一种让你感觉安宁的物质。

3. 心理训练

大学生就业除了必需的诸多专业知识储备，还应进行一些基本技能训练，如认知技能、沟通技能、成功与挫折的自我调控技能、时间管理技能、择业技能、求职书信技能与面试技巧等。有针对性地进行恰当的心理训练，可以有效提升大学毕业生求职能力，增加求职成功率。

（1）模拟面试法

模拟面试就是根据毕业生就业供需见面会的形式，组织学生进行模拟求职的一种实践活动。具体方法是组织学生按照求职的程序，填写好求职表，由教师到现场进行模拟的招聘工作，并在招聘工作结束后公布被“录取”的学生名单。一般经过模拟面试的毕业生，在真正求职时能表现出较稳定的心理素质，通常不容易发生怯场和临场发挥不好的现象。

（2）“心理剧”或“角色扮演法”

由教师在课堂上布置，学生课后准备，然后在课堂上表演求职的场景。可以一对一地扮演求职者与招聘者，也可以由五六人同时组成求职组和招聘组。根据假定的情节进行训练，这种方法可以克服求职者自卑、胆怯、焦虑、紧张等方面的心理问题，纠正求职者在求职过程中容易出现的诸如仪表、礼节、姿势等方面存在的问题。

通过毕业实习、到企业参观访问、参加社会服务等多项社会实践活动，使学生了解社会就业与职业的实际状况，减少猜测误解，完成就业前的必要训练。

希望以上的几种方法能够帮助大家放松心情，以轻松的状态来面对压力。

第三节　职业适应与发展

职业适应是个体对工作任务、环境、人际关系等的适应过程和适应结果，是人与职业的相互协调和有机统一的过程。职业适应性反映了个体与职业之间通过不断磨合达到和谐的过程和结果，是大学生适应性的重要组成部分。

大学生职业适应性主要包括学习及技能适应性、人际适应性、职业意识适应性、职业选择适应性、职业环境适应性五方面。

职业发展就是在自己选定的领域里，在自己能力所及的范围内，成为最好的专家。

我们要把握它的五大原则：① 把握机遇；② 掌握成功的标准；③ 发挥自身优势；④ 学会与上司相处；⑤ 理解企业文化。

一、现代大学生的职业适应情况

据调查表明，现阶段的大学生职业适应情况比过去好了很多，具体表现在以下几方面：

① 半数以上的高年级学生已经具有明确的择业意识并开始做择业的准备。

② 当代大学生择业价值取向中最被看重的是今后的发展前景。

③ 多数学生在收入水平的期望方面比较接近当前的社会实际。

④ 部分学生对职业需求和自己的职业适应性有一定的了解。

⑤ 部分学生能够以良好的心态面对日益激烈的择业竞争。

但是大学生在职业适应性方面也存在诸多问题，有些与学生的心理健康有关，有些则是因为教育和管理的欠缺，主要有以下几点：

① 部分学生择业意识的形成比较滞后。

② 面对竞争日益激烈的择业环境，部分学生明显存在适应不良的现象（如消极情绪和盲目攀比心理）。

③ 部分学生对自己的职业适应性缺乏应有的了解。

④ 学校在帮助学生提高社会适应性和就业能力方面还存在一些问题。

二、提高大学生职业适应性的对策

大学作为培养学生职业适应能力的重要场所，对大学生毕业后工作岗位的适应性起着重要的作用，尤其是对大学生树立正确的职业价值观、适应职业环境、形成良好的就业心态，具有深远的意义。因此，培养和提高大学生的职业适应性，一方面需要企业、社会和学生共同努力，另一方面需要高校为学生的职业适应性和职业生涯发展奠定良好的基础。高校不应该仅仅注重就业率，更重要的是帮助大学生提高适应岗位、适应社会的能力，为大学生实现人职匹配、人与组织匹配、人与团队匹配奠定基础。高校在此方面应该做的工作有：

（1）加强职业适应性教育的宣传和培训力度，帮助大学生更好地适应未来职业环境。高校应该充分重视大学生的职业适应教育工作，通过开展职业指导讲座，让学生充分认识学业与就业的关系，更好地面对将来所要面对的就业竞争市场，树立良好的就业心态，培养良好的职业心理素质。同时，高校应该指导大学生结合未来职业与人格特征及时开展职业生涯规划，选择适合自己的工作，缩短职业磨合期。

(2) 从多方面着手，系统地培养大学生的职业适应素养。大学生的职业适应性包括学习及技能适应性、人际适应性、职业意识适应性、职业选择适应性、职业环境适应性等五个方面，而不仅仅是知识和技能的适应。因而高校在开展大学生职业适应教育和培养的过程中，既要培养学生的职业技能，又要培养学生的职业意识和职业人格，使他们能够从职业意识、职业能力和职业人格等方面更好地适应未来就业和职业发展的需要。

(3) 为大学生提供更多的实践锻炼机会。社会实践对于增强学生的职业适应能力具有重要的作用。本研究也发现，学生干部在职业适应性上明显优于非学生干部。为此，高校应该本着提高学生未来职业适应能力的基本原则，在各种实践活动中培养学生的自主学习、自我管理、人际交往等方面的能力和职业人格，使他们能够更快更好地适应未来的职业生活。

(4) 认真做好大学生的暑期社会实践和毕业实习工作。学生的暑期社会实践和毕业实习工作对于增加大学生的职业体验，缩小从学校到职场的心理冲突，有着十分重要的作用。高校要建立一大批的暑期学生社会实践基地和学生毕业实习基地，为学生的职业适应提供良好的环境条件。

(5) 低年级大学生职业适应性的培养值得关注。大学生具备职业适应能力不是一朝一夕的事情，而是逐步形成的，低年级学生对未来的职业适应与高年级学生比较而言，紧张度不够，就业压力感不强，造成了适应性高的假象，对此必须高度重视。要培养低年级学生职业适应的危机感，培养他们的职业适应意识，使他们自觉自愿地加强自身知识能力、人格等方面的培养，为未来就业做好心理准备，而不是到毕业前“临阵磨枪”。

(6) 要关注女大学生的职业适应性。当前女大学生成绩虽然相对较好，而部分用人单位出于自身利益因素的考虑，在职场中表现出歧视女性的行为，因此给女大学生的职业心态和环境适应性带来了不利的影响。在培养职业适应能力过程中，一方面要帮助女大学生树立正确的择业价值观，摆正心态；另一方面要培养她们敢于竞争、积极进取的择业意识。同时社会也应该对用人单位的行为进行相应的制约和规范。

对于女性求职者，我认为应该做到以下五点：① 克服自卑感，扫除心理障碍。② 开拓自己的视野，扩大求职面。③ 知己知彼，百战不殆，在求职前，应首先收集掌握对方的详细资料，做好充分的准备。④ 提高自己的综合素质和能力，是金子总会发光的。⑤ 克服娇气，埋头苦干。很多用人单位之所以有性别歧视就是因为一些女性职员总认为自己是女性就把粗活重活推脱，所以想要用人单位一视同仁，首先自己就要摆正姿态。

三、转变就业观念

这是大学生适应社会发展，自我提高适应性的一种途径，主要有如下几种情况：

1. 要有超前意识

想要找到一份好工作，我们不光是要在求职过程中表现得好，还要在求职前下番工夫，不能临时抱佛脚，要在平时掌握求职准备的四大原则：

① 求职要尽早动手。俗话说得好，早起的鸟儿有虫吃，在学校时有些同学就只把学习当成最重要的任务，不去考虑找工作的事情，可哪知毕业时再着急已来不及，大部分工作岗位早已被那些提前做好准备的人给应聘了，所以我们不光要把学习放第一位，还要时时刻刻注意社会上的职业动向。

② 不要太注重表面的东西，要注重素质培养。有些同学在写简历时经常夸大其词，写的自己无所不能，结果在实践环节中露馅。所以我们要注重培养自己的内在品质，提升自己的综合素质。

③ 尽早确立自己感兴趣的职业和行业。不要在求职过程中没有目标地乱撒网，既浪费时间也浪费精力。

④ 针对目标行业的职业，平时注重积累相关知识，并进行一些能力培训。

2. 要有奋斗意识

现在高校里都提倡大学生走入基层，走入西部，走入欠发达地区。这是国家根据世界经济发展趋势和中国经济社会发展趋势，从贯彻科学发展观，构建社会主义和谐社会的高度所作出的号召，并且已经提出多种开发策略，这些开发策略增加了更多的就业机会，正是学生们大显身手的好时机，大学生可以到祖国和人民最需要的地方去，创造人生的崇高价值。

3. 要有创业意识

大学生是有理想、有抱负、有创新精神、敢作敢为的青年先锋。因此大学生要有自主创业的打算，这既可以在毕业后马上实现也可以通过一定的社会积累后再实行。大学生们一定要有开拓自己事业的信心与勇气。当前一些大学生的创业公司不少遇到了一些困难，不过也有相当多成功的案例。大学生创业肯定是值得鼓励的，关键是要有准确的观念与思路，要对自己有一个合理的规划与定位，要与有市场经验的人合作，要摆脱学生公司的意识，要进行科学化、职业化的管理。

专题小结

(1) 大学毕业生在求职过程中普遍有以下几种消极心态：自卑心理、自负心理、盲目攀比心理、盲目从众心理、嫉妒心理、消极依赖的心理等。我们要正确认识这些问题的存在，做好必要的心理准备。

(2) 毕业生遇到了就业心理问题时，可以尝试从以下几个方面来进行自我调节。客观、准确地自我认识、认识社会，树立合理的价值观，坦然面对挫折，提高心理承受力。可采用心理学的一些心理调试方法，调控自己的情绪。

(3) 职业适应是指从业者进入职业角色，履行职业角色义务，享受职业角色权力，遵守职业角色规范的发展过程。当前大学生在职业适应性的发展方面要有比较明确的择业意识和面对竞争的心理准备. 但同时也存在着择业意识的形成相对滞后、职业适应水平偏低等问题。针对存在的问题，应进一步转变观念，加强对职业适应能力的培养，增强学生的社会适应能力。

复习与探索

根据给定的纲目写一份十年远景书。

想象十年后，有个杂志要写一篇关于你的特别报道，请你选择一种杂志，并写出这篇报道的概要，特别是你希望它突出的内容。

内容可以涉及你的职业准备、职业困惑、职业探索、职业适应、职业发展、职业成就，特别是你想给初入职场的大学生留下点什么。

你选择的杂志是________________________________。

选择这本杂志的原因是____________________________。

这本杂志的读者群是____。

这篇文章描述你的哪些方面____。

文章具体如何描述你____

____

____。

附录一

霍兰德职业兴趣测验

一、测试说明

如果问你有哪些兴趣爱好，每个人都能列举出许多，比如听音乐、看电影、钓鱼、踢足球、游泳、读书、摄影、书法、设计服装等等，但是，如果问你这些兴趣与职业选择有什么关系时，就不大容易回答了。

下面的测试将帮助你发现和确定自己的职业兴趣和能力所长，从而更好地做出求职择业的决策。

本测验共分七个部分，每部分都没有时间限制，但你应当尽快去做。为了便于修改，请用铅笔填写。

测试结果使用说明：

1. 得分最高的职业类型意味着是最适合你的职业。比方说，假如你在Ⅰ型(研究型)上得分最高，说明你最适合做自然科学方面的研究工作，如气象研究、生物学研究、天文学研究或科学杂志编辑等。其余类推。

2. 人格类型的区分性或稳定性。你的前三个类型的得分差距越大(如 30－20－10)，说明你的人格特质区分性或稳定性越高。如果得分差距较小(如 21－20－18)，则说明你的人格特质稳定性较弱。

3. 如果你的职业类型和你的理想工作不太一致，或者职业能力和职业兴趣不相匹配，那么请你参照第 7 部分——你的职业价值观来做出最佳选择。比方说，假如你兴趣部分在 S 型上得分最高，但能力部分在 R 型上得分高，那么请参考你最看重的因素——价值观；如果你最看重能充分发挥自己的能力特长，那么 R 型工作(如工程师等)最适合你；假如你最看重能从事自己感兴趣的工作，那么 S 型工作(如教师、导游等)最适合你。

二、测试题目

第 1 部分　您心目中的理想(专业)

对于未来的职业(或升学进修的专业)，您也得早有考虑，它可能很抽象、很朦胧，也可能很具体、很清晰。不论是哪种情况，现在都请您把自己最想干的 3 种工作或最想读的 3 种专业按顺序写下来：

(1) ______________________________。

(2) ______________________________。

(3) ______________________________。

第 2 部分　您所感兴趣的活动

下面列举了各种活动，请就这些活动判断您的好恶。喜欢的活动，请在“是”栏里打

"√";不喜欢的活动,请在"否"栏里打"×"。答题时不必考虑过去是否干过和是否擅长这种活动,只根据您的兴趣直接做出判断。务必请按顺序回答全部问题。

针对以下问题请回答:你喜欢从事下列活动吗?

R:现实型活动	是	否
(1) 装配修理电器或玩具	□	□
(2) 修理自行车	□	□
(3) 用木头做东西	□	□
(4) 开汽车或摩托车	□	□
(5) 用机器做东西	□	□
(6) 参加木工技术学习班	□	□
(7) 参加制图描图学习班	□	□
(8) 驾驶卡车或拖拉机	□	□
(9) 参加机械和电气学习	□	□
(10) 装配修理机器	□	□

统计"是"的总数为__________

A:艺术型活动	是	否
(1) 素描/制图或绘画	□	□
(2) 参加话剧戏曲	□	□
(3) 设计家具布置室内	□	□
(4) 练习乐器/参加乐队	□	□
(5) 欣赏音乐或戏剧	□	□
(6) 看小说/读剧本	□	□
(7) 从事摄影创作	□	□
(8) 写诗或吟诗	□	□
(9) 进艺术(美术/音乐)培训班	□	□
(10) 练习书法	□	□

统计"是"的总数为__________

I:调查型活动	是	否
(1) 读科技图书和杂志	□	□
(2) 在试验室工作	□	□
(3) 改良水果品种,培育新的水果	□	□
(4) 调查了解土和金属等物质的成分	□	□
(5) 研究自己选择的特殊问题	□	□
(6) 解算式或数学游戏	□	□
(7) 物理课	□	□
(8) 化学课	□	□
(9) 几何课	□	□
(10) 生物课	□	□

统计"是"的总数为________

S：社会型活动	是	否
(1) 学校或单位组织的正式活动	□	□
(2) 参加某个社会团体或俱乐部活动	□	□
(3) 帮助别人解决困难	□	□
(4) 照顾儿童	□	□
(5) 出席晚会、联欢会、茶话会	□	□
(6) 和大家一起出去郊游	□	□
(7) 想获得关于心理方面的知识	□	□
(8) 参加讲座会或辩论会	□	□
(9) 观看或参加体育比赛和运动会	□	□
(10) 结交新朋友	□	□

统计"是"的总数为________

E：企业型活动	是	否
(1) 说服鼓动他人	□	□
(2) 卖东西	□	□
(3) 谈论政治	□	□
(4) 制订计划，参加会议	□	□
(5) 以自己的意志影响别人的行为	□	□
(6) 在社会团体中担任职务	□	□
(7) 检查与评价别人的工作	□	□
(8) 结识名流	□	□
(9) 指导有某种目标的团体	□	□
(10) 参与政治活动	□	□

统计"是"的总数为________

C：常规型活动	是	否
(1) 整理好桌面和房间	□	□
(2) 抄写文件和信件	□	□
(3) 为领导写报告或公务信函	□	□
(4) 核查个人收支情况	□	□
(5) 参加打字培训班	□	□
(6) 参加算盘、文秘等实务培训	□	□
(7) 参加商业会计培训班	□	□
(8) 参加情报处理培训班	□	□
(9) 整理信件、报告、记录等	□	□
(10) 写商务贸易信	□	□

统计"是"的总数为________

第3部分　您所擅长或胜任的活动

下面列举了各种活动，其中您能做或大概能做的事，请在“是”栏里打“√”；反之，在“否”栏里打“×”，请回答全部问题。

针对以下问题请回答：你擅长或胜任下列活动吗？

R：现实型能力	是	否
(1) 能使用电锯、电钻和锉刀等木工工具	□	□
(2) 知道万用表使用方法	□	□
(3) 能够修理自行车或其他机械	□	□
(4) 能够使用电钻床、磨木机或缝纫机	□	□
(5) 能给家具和木制品刷漆	□	□
(6) 能看建筑等设计图	□	□
(7) 能够修理简单的电气用品	□	□
(8) 能修理家具	□	□
(9) 能修收录机	□	□
(10) 能简单地修理水管	□	□

统计“是”的总数为__________

A：艺术型能力	是	否
(1) 能演奏乐器	□	□
(2) 能参加三部或四部合唱	□	□
(3) 独唱或独奏	□	□
(4) 扮演剧中角色	□	□
(5) 能创作简单的乐曲	□	□
(6) 会跳舞	□	□
(7) 能绘画、素描或书法	□	□
(8) 能雕刻、剪纸或泥塑	□	□
(9) 能设计海报、服装或家具	□	□
(10) 写得一手好文章	□	□

统计“是”的总数为__________

I：调查型能力	是	否
(1) 懂得真空管或晶体管的作用	□	□
(2) 能够列举三种含蛋白质多的食品	□	□
(3) 理解铀的裂变	□	□
(4) 能用计算尺、计算器、对数表	□	□
(5) 会使用显微镜	□	□
(6) 能找到三个星座	□	□
(7) 能独立进行调查研究	□	□
(8) 能解释简单的样品	□	□
(9) 理解人造卫星为什么不落地	□	□

(10) 经常参加学术的会议 □ □

统计“是”的总数为__________

S：社会型能力	是	否
(1) 有向各种人说明解释的能力	□	□
(2) 常参加社会福利活动	□	□
(3) 能和大家一起友好相处地工作	□	□
(4) 善于与年长者相处	□	□
(5) 会邀请人、招待人	□	□
(6) 能简单易懂地教育儿童	□	□
(7) 能安排会议等活动顺序	□	□
(8) 善于体察人心和帮助他人	□	□
(9) 帮助护理病人或伤员	□	□
(10) 安排社团组织的各种事务	□	□

统计“是”的总数为__________

E：企业型能力	是	否
(1) 担任过学生干部并且干得不错	□	□
(2) 工作上能指导和监督他人	□	□
(3) 做事充满活力和热情	□	□
(4) 有效地用自身的做法调动他人	□	□
(5) 销售能力强	□	□
(6) 曾作为俱乐部或社团的负责人	□	□
(7) 向领导提出建议或反映意见	□	□
(8) 有开创事业的能力	□	□
(9) 知道怎样做能成为一个优秀的领导者	□	□
(10) 健谈善辩	□	□

统计“是”的总数为__________

C：常规型能力	是	否
(1) 会熟练地打印中文	□	□
(2) 会用外文打印机和复印机	□	□
(3) 能快速记笔记和抄写文章	□	□
(4) 善于整理、保管文件和资料	□	□
(5) 善于从事事务性的工作	□	□
(6) 会用算盘	□	□
(7) 能在短时间内分类和处理大量文件	□	□
(8) 能使用计算机	□	□
(9) 能搜集数据	□	□
(10) 善于为自己或集体作财务预算表	□	□

统计"是"的总数为__________

第 4 部分　您所喜欢的职业

下面列举了许多职业，请一一认真地看，如果是您有兴趣的工作，请在"是"栏里打"√"；如果是不太喜欢、不关心的工作，请在"否"栏里打"×"，请全部回答。

针对以下问题请回答：你喜欢从事下列职业吗？

R：现实型职业	是	否
(1) 飞机机械师	□	□
(2) 野生动物专家	□	□
(3) 汽车维修工	□	□
(4) 木匠	□	□
(5) 测量工程师	□	□
(6) 无线电报话务员	□	□
(7) 园艺师	□	□
(8) 长途公共汽车司机	□	□
(9) 火车司机	□	□
(10) 电工	□	□

统计"是"的总数为__________

A：艺术型职业	是	否
(1) 乐队指挥	□	□
(2) 演奏家	□	□
(3) 作家	□	□
(4) 摄影家	□	□
(5) 记者	□	□
(6) 画家、书法家	□	□
(7) 歌唱家	□	□
(8) 作曲家	□	□
(9) 电影电视演员	□	□
(10) 节目主持人	□	□

统计"是"的总数为__________

I：调查型职业	是	否
(1) 气象学或天文学学者	□	□
(2) 生物学学者	□	□
(3) 医学实验室的技术人员	□	□
(4) 人类学学者	□	□
(5) 动物学学者	□	□
(6) 化学学者	□	□
(7) 数学学者	□	□
(8) 科学杂志的编辑或作家	□	□

	是	否
(9) 地质学学者	□	□
(10) 物理学学者	□	□

统计“是”的总数为__________

S：社会型职业	是	否
(1) 街道、工会或妇联干部	□	□
(2) 小学、中学教师	□	□
(3) 精神病医生	□	□
(4) 婚姻介绍所工作人员	□	□
(5) 体育教练	□	□
(6) 福利机构负责人	□	□
(7) 心理咨询员	□	□
(8) 共青团干部	□	□
(9) 导游	□	□
(10) 国家机关工作人员	□	□

统计“是”的总数为__________

E：企业型职业	是	否
(1) 厂长	□	□
(2) 电视编制人	□	□
(3) 公司经理	□	□
(4) 销售员	□	□
(5) 不动产推销员	□	□
(6) 广告部长	□	□
(7) 体育活动主办者	□	□
(8) 销售部长	□	□
(9) 个体工商业者	□	□
(10) 企业管理咨询人员	□	□

统计“是”的总数为__________

C：常规型职业	是	否
(1) 会计师	□	□
(2) 银行出纳员	□	□
(3) 税收管理员	□	□
(4) 计算机操作员	□	□
(5) 簿记人员	□	□
(6) 成本核算员	□	□
(7) 文书档案管理员	□	□
(8) 打字员	□	□
(9) 法庭书记员	□	□

(10) 人口普查登记员 □ □

统计“是”的总数为__________

第 5 部分　您的能力类型简评

下面这张表是您在 6 个职业能力方面的自我评分表，您可以先与同龄者比较出自己在每一方面的能力，然后经斟酌对自己的能力作一一评价。请在表中适当的数字上画圈。数字越大表示您的能力越强。

注意：请勿全部画同样的数字，因为人的每项能力不可能完全一样。

自我评分表

项目	R 型	A 型	I 型	S 型	E 型	C 型
	机械操作能力	艺术创作能力	科学研究能力	解释表达能力	商业洽谈能力	事务执行能力
	7	7	7	7	7	7
高	6	6	6	6	6	6
	5	5	5	5	5	5
中	4	4	4	4	4	4
	3	3	3	3	3	3
低	2	2	2	2	2	2
	1	1	1	1	1	1

第 6 部分　统计和确定您的职业倾向

请将第 2 部分至第 5 部分的全部测验分数按前面已统计好的 6 种职业倾向(R 型、I 型、A 型、S 型、E 型和 C 型)得分填入下表，并作纵向累加。

测验结果

测　验	R 型	A 型	I 型	S 型	E 型	C 型
第 2 部分						
第 3 部分						
第 4 部分						
第 5 部分						
总　分						

请将上表中的 6 种职业倾向总分按大小顺序依次从左到右排列：

______型、______型、______型、______型、______型、______型。

选出您的职业三字母(得分排在前三位的顺序排列)____________。

以上测验完毕。您可以将测验得分排在第一位的职业类型找出来，然后对应您的职业三字母与在测验后所附的“职业索引”对照，判断适合自己的职业类型。

第 7 部分　您所看重的东西——职业价值观

这一部分测试列出了人们在选择工作时通常会考虑的九条因素。现在请您在其中选出最重要的两项因素，以及最不重要的两项因素，并将序号填入下边相应空格上。

最重要：____。

次重要：________________________________。

最不重要：________________________________。

次不重要：________________________________。

三、测试结果分析

测验完毕，请将您测验得分居第一位的职业类型找出，对照下面的职业索引，初步判断一下自己适合的种类。再把分数最高的3个代号的职业兴趣类型找出来，按照职业类型三字母，在附录中寻找与您职业兴趣代号3字母相近的职业，如您的职业兴趣代号是RIA，那么牙科技术员、陶工等适合您。

职业索引

对照表——职业兴趣代号与其相应的职业

R(现实型)　木匠、农民、X光的操作员、工程师、飞机机械师、鱼类和野生动物专家、自动化技师、机械工(车工、钳工等)、电工、无线电报话务员、火车司机、长途公共汽车司机、机械制图员、修理机器和电器师。

A(艺术型)　室内装饰专家、图书管理专家、摄影师、音乐教师、作家、演员、记者、诗人、作曲家、编剧、雕刻家、漫画家。

I(调查型)　气象学者、生物学者、天文学者、药剂师、动物学者、化学家、科学报刊编辑、地质学者、植物学者、物理学者、数学家、实验员、科研人员、科技工作者。

S(社会型)　社会学者、导游、福利机构工作者、咨询人员、社会工作者、社会科学教师、学校领导、精神病医院工作者、公共保健护士。

E(企业型)　推销员、进货员、商品批发员、旅馆经理、饭店经理、广告宣传员、调度员、律师、政治家、零售商。

C(常规型)　记账员、会计、银行出纳、法庭速记员、成本估算员、税务员、核算员、打字员、办公室职员、统计员、计算机操作员、秘书。

下面是与您3个代号的职业兴趣类型一致的职业表。

RIA　牙科技术员、陶工、建筑设计员、模型工、细木工、制作链条人员。

RIS　厨师、服务员、跳水员、潜水员、染色员、电器修理工、眼镜制作工、电工、纺织机器装配工、报务员、装玻璃工人、发电厂工人、焊接工。

RIE　建筑和桥梁工程、环境工程、航空工程、公路工程、电力工程、信号工程、电话工程、一般机械工程、自动工程、矿业工程、海洋工程、交通工程技术人员、制图员、家政经济人员、打捞员、计量员、农民、农场工人、农业机器操作工、清洁工、无线电修理工、汽车修理工、手表修理工、管子工、线路维修工、盖(修)房工、电子技术员、伐木工、机械师、锻压操作工、造船装配工、工具仓库管理员。

RIC　船上工作人员、接待员、杂志保管员、牙科医生的助手、制帽工、磨坊工、石匠、机器制造员、机车(火车头)制造员、农业机器装配工、鞋匠、锁匠、货物检验员、电梯维修工、托儿所所长、钢琴调音员、装配工、印刷工、建筑钢铁工人、卡车司机。

RAI　手工雕刻和制作模型人员、家具木工、制作皮革品人员、手工绣花者、手工钩针编织者、排字工人、印刷工人、图画雕刻和装订工。

RSE　消防员、交通巡警、警官、门卫、理发师、房间清洁工、屠夫、锻工、开凿工人、管道安装工、出租汽车驾驶员、货物搬运工、送报员、勘探员、娱乐场所的服务员、起重机操作工、灭害虫者、电梯操作工、厨房助手。

RSI 纺织工、编织工、农业学校的教师、某些职业课程教师(诸如艺术、商业、技术、工艺课程)、雨衣上胶工人。

REC 抄水表员、保姆、实验室动物饲养员、动物管理员。

REI 轮船船长、航海领航员、大副、试管实验员。

RES 旅馆服务员、家畜饲养员、渔民、渔网修补工、水手长、收割机操作工、搬行李工人、公园服务员、救生员、登山导游、火车工程技术员、建筑工人、铺轨工人。

RCI 测量员、勘测员、仪器操作者、农业工程技术、化学工程技师、民用工程技师、石油工程技师、资料室管理员、探矿工、煅烧工、烧窑工、矿工、保养工、车床工、取样工、样品检验员、纺纱工、炮手、绕筒子工、漂洗工、电焊工、锯木工、刨床工、制帽工、手工缝纫工、油漆工、染色工、按摩工、木匠、农民建筑工人、电影放映员、勘测员助手。

RCS 公共汽车驾驶员、一等水手、游泳池服务员、裁缝、建筑工人、石匠、烟囱修建工、混凝土工、电话修理工、爆炸手、邮递员、矿工、裱糊工人、纺纱工。

RCE 打井工、吊车驾驶员、农场工人、邮件分类员、铲车司机、拖拉机司机。

IAS 普通经济学家、农场经济学家、财政经济学家、国际贸易经济学家、实验心理学家、工程心理学家、心理学家、哲学家、内科医生、数学家。

IAR 人类学家、天文学家、化学家、物理学家、医生病理学家、动物标本制作者、化石修复者、艺术品管理员。

ISE 营养学家、饮食顾问、火灾检查员、邮政服务检查员。

ISC 侦察员、电视播音室修理员、电视修理服务员、验尸室人员、编目录的人、医学实验室技师、调查研究者。

ISR 水生生物学者、昆虫学家、微生物学家、配镜师、矫正视力者、细菌学家、牙科医生、骨科医生。

ISA 实验心理学家、普通心理学家、发展心理学家、教育心理学家、社会心理学家、临床心理学家、目录学家、皮肤病学家、神经病学家、妇产科医生、眼科医生、五官科医生、医学实验室技术专家、民航医务人员、护士。

IES 细菌学家、生理学家、化学专家、地质学家、地理物理学专家、纺织技术专家、医院药剂师、工业药剂师、药房营业员。

IEC 档案保管员、保险统计员。

ICR 质量检验技术员、地质学技师、工程师、法官、图书馆技术辅助员、计算机操作员、医院听诊员、家禽检查员。

IRA 地理学家、地质学家、水文学家、矿物学家、古生物学家、石油专家、地震学者、声学物理学家、原子和分子物理学家、电学和磁学物理学家、气象专家、设计审核员、人口统计学家、数学统计学家、外科医生、城市规划家、气象员。

IRS 流体物理学家、物理海洋学家、等离子体物理学家、农业科学家、动物学家、食品科学家、园艺学家、植物学家、细菌学家、解剖学家、动物病理学家、作物病理学家、药物学家、生物化学家、生物物理学家、细胞生物学家、临床化学家、遗传学家、分子生物学家、质量控制工程师、地理学家、兽医、放射治疗技师。

IRE 化验员、化学工程师、纺织工程师、食品技师、渔业技术专家、材料测试工程师、电气工程师、土木工程师、地质工程师、电力工程师、口腔科医生、牙科医生。

IRC 飞机领航员、飞行员、生理实验室技师、文献检查员、农业技术专家、动植物技术专家、生物技师、油管检查员、工商业规划者、矿藏安全检查员、纺织品检验员、照相机修理者、工程技师、设计计算机程序者、工具设计者、仪器维修工。

CRI 簿记员、会计、记时员、铸造机操作工、打字员、按键操作工、复印机操作工。

CRS 仓库保管员、档案管理员、缝纫工、讲述员、收款人。

CRE 标价员、实验室工作者、广告管理员、自动打字机操作员、电动机装配工、缝纫机操作工。

CIS 记账员、顾客服务员、报刊发行员、土地测量员、保险公司职员、会计师、估价员、统计员、邮政检查员、外贸检查员。

CIE 打字员、统计员、支票记录员、订货员、校对员、办公室工作人员。

CIR 校对员、工程职员、海底电报员、检修计划员、发报员。

CSE 接待员、通讯员、电话接线员、卖票员、旅馆服务员、私人职员、商学教师、旅游办事员。

CSR 运货代理商、铁路职员、交通检查员、办公室通信员。

CSI 簿记员、出纳员、银行财务职员。

CSA 秘书、图书管理员、办公室办事员。

CER 邮递员、数据处理员、航空邮件检查员。

CEI 推销员、经济分析家。

CES 银行会计、记账员、法人秘书、速记员、法院报告人。

ECI 银行行长、审计员、信用管理员、地产管理员、商业管理员。

ECS 信用办事员、保险人员、各类进货员、海关服务经理、售货员、购买员、会计。

ERI 建筑物管理员、工业工程师、农场管理员、护士长农业经营管理人员。

ERS 仓库管理咒、房屋管理员、货栈监督管理员。

ERC 邮政局长、渔船船长、机械操作领班、木工领班、瓦工领班、驾驶员领班。

EIR 科学、技术和有关出版物的管理员。

EIC 专利代理人、鉴定人、运输服务员、检查员、安全检查员、废品收购人员。

EIS 警官、侦察员、交通检查员、安全咨询员、合同管理者。

EAS 法官、律师、公证人。

EAR 展览室管理员、舞台管理员、播音员、驯兽员。

ESC 理发师、裁判员、政府行政管理员、财政管理员、工程管理员、职业病防治员、售货员、商业经理、办公室主任、人事负责人、调度员。

ESR 家具售货员、书店售货员、公共汽车驾驶员、日用商品售货员、护士长、自然科学和工程的行政领导。

ESI 博物馆管理员、图书馆管理员、古迹管理员、饮食业经理、地区安全服务管理员、技术服务咨询者、超级市场管理员、零售商品店店员、批发商、出租汽车服务站调度。

ESA 博物馆馆长、报刊管理员、音乐器材售货员、广告商、售画营业员、导游、轮船或班机上的事务长、飞机上的服务员、船员、法官、律师。

ASE 戏剧导演、舞蹈教师、广告撰稿人、报刊专栏作者、记者、演员、英语翻译。

ASI 音乐教师、乐器教师、美术教师、管弦乐指挥、合唱队指挥、歌星、演奏家、哲学家、作家、广告经理、时装模特。

AER 新闻摄影师、电视摄像师、艺术指导、录音指导、丑角演员、魔术师、木偶戏演员、骑士、跳水员。

AEI 音乐指挥、舞台指导、电影导演。

AES 流行歌手、舞蹈演员、电影导演、广播节目主持人、舞蹈教师、口技表演者、喜剧演员、模特。

AIS 画家、剧作家、编辑、评论家、时装艺术大师、新闻摄影师、男演员、文学作者。

AIE 花匠、皮衣设计师、工业产品设计师、剪影艺术家、复制雕刻品大师。

AIR 建筑师、画家、摄影师、绘图员、环境美化工、雕刻家、包装设计师、陶器设计师、绣花工、漫画工。

SEC 社会活动家、退伍军人服务管理员、工商会事务代表、教育咨询者、宿舍管理员、旅馆经理、饮食服务管理员。

SER 体育教练、游泳指导。

SEI 大学校长、学院院长、医院行政管理员、历史学家、家政经济学家、职业学校教师、资料员。

SEA 娱乐活动管理员、国外服务办事员、社会服务助理、一般咨询者、宗教教育工作者。

SCE 部长助理、福利机构职员、生产协调者、环境卫生管理人员、戏院经理、餐馆经理、售票员。

SRI 外科医师助手、医院服务员。

SRE 体育教师、职业病治疗者、体育教练、专业运动员、房管员、儿童家庭教师、警察、引座员、传达员、保姆。

SRC 护理员、护理助理、医院勤杂工、理发师、学校儿童服务人员。

SIA 社会学家、心理咨询者、学校心理学家、政治科学家、大学或学院的系主任、大学或学院的教育学教师、大学农业课程教师、大学工程和建筑课程教师、大学法律教师、大学数学、医学、物理、社会科学和生命科学的教师、研究生助教、成人教育教师。

SIE 营养学家、饮食学家、海关检查员、安全检查员、税务稽查员、校长。

SIC 描图员、兽医助手、诊所助理、体检检查员、监督缓刑犯的工作者、娱乐指导者、咨询人员、社会科学教师。

SIR 理疗员、救护队工作人员、手足病医生、职业病治疗助手。

SCA 理发师、指甲修剪师、包装艺术家、美容师、整容专家、发式设计师。

SAE 听觉病治疗者、演讲矫正者。

SAZ 图书馆管理员、小学教师、幼儿园教师、学前儿童教师、中学教师、师范学院教师、盲人教师、智力障碍人的教师、聋哑人的教师、学校护士、牙科助理、飞行指导员。

由于篇幅限制这里不可能把社会上所有的职业都列进去。此外，有些类型与我国情况不尽相符。但是，社会上所有的职业都可以归入上面的某类职业索引中。如果与您职业一致的职业从索引中不可能获得，或者由于某些原因，您不愿从事这些职业，那么您可以根据自己的职业兴趣类型特点，寻找与其一致的职业。

附录二

成就动机检测

一、量表

本问卷共30道题目，每一道题目就是一个陈述，请您根据陈述与自己的看法相符的程度做出判断。

A. 完全符合　　B. 基本符合　　C. 有点符合　　D. 完全不符合

1. 我喜欢对我没有把握解决的问题坚持不懈地努力。
2. 我喜欢新奇的、有困难的任务，甚至不惜冒风险。
3. 给我的任务即使有充裕的时间，我也喜欢立即开始工作。
4. 面临我没有把握克服的难题时，我会非常兴奋、快乐。
5. 我会被那些能了解自己有多大才智的工作所吸引。
6. 我会被有困难的任务所吸引。
7. 面对能测量我能力的机会，我感到是一种鞭策和挑战。
8. 我在完成有困难的任务时，感到快乐。
9. 对于困难的任务，即使没有什么意义，我也很容易卷进去。
10. 能够测量我能力的机会，对我是有吸引力的。
11. 我希望把有困难的工作分配给我。
12. 我喜欢尽了最大努力能完成的工作。
13. 如果有些事不能立刻理解，我会很快对它产生兴趣。
14. 对于那些我不能确定是否能成功的工作，最能吸引我。
15. 对我来说，重要的是做有困难的事，即使无人知道也无关紧要。
16. 我讨厌在完全不能确定会不会失败的情境中工作。
17. 在结果不明的情况下，我担心失败。
18. 在完成我认为是困难的任务时，我担心失败。
19. 一想到要去做那些新奇的、有困难的工作，我就感到不安。
20. 我不喜欢那些测量我能力的场面。
21. 我对那些没有把握能胜任的工作感到忧虑。
22. 我不喜欢做我不知道能否完成的事，即使别人不知道也一样。
23. 在那些测量我能力的情境中，我感到不安。
24. 对需要有特定机会才能解决的事，我会害怕失败。
25. 那些看起来相当困难的事，我做时很担心。
26. 我不喜欢在不熟悉的环境下工作，即使无人知道也一样。

27. 如果有困难的工作要做,我希望不要分配给我。

28. 我不希望做那些要发挥我能力的工作。

29. 我不喜欢做那些我不知道我能否胜任的事。

30. 当我遇到我不能立即弄懂的问题,我会焦虑不安。

二、评分方法

每题选 A 记 4 分,选 B 记 3 分,选 C 记 2 分,选 D 记 1 分。

第 1～15 题的总分记为 M_s(成功的动机),第 16～30 题的总分记为 M_{af}(害怕失败)。当 $M_s - M_{af} > 0$ 时,分值越高,成就动机越高;当 $M_s - M_{af} = 0$ 时,追求成功和害怕失败相当;当 $M_s - M_{af} < 0$ 时,数值越小(负数),成就动机越低。

三、分数解释

成就动机是指在面对任务情景时,朝向高标准、设置具有挑战性的工作目标,并为实现这一目标进行艰苦努力,希望获得优秀成绩的欲望。

各分数段对应的解释如下:

$M_s - M_{af} < 0$:成就动机弱。通常不愿意面对挑战新的任务,不喜欢参加与他人竞争的活动,工作中可能会表现得比较保守。在具体活动中不太愿意承担责任,出现问题时,可能会喜欢抱怨他人,会比责任,听之任之。

$M_s - M_{af} = 0$:成就动机中等。有时愿意承担具有一定难度的任务,并能承担一定的责任。

$M_s - M_{af} > 0$:成就动机强。有追求成功的强烈愿望,喜欢挑战新的任务,愿意为自己设置高目标,肯冒风险,喜欢尝试新事物,希望在竞争中获胜。活动过程中积极主动,愿意承担责任。

附录三

MBTI 人格量表及使用说明

一、使用说明

MBTI 向我们揭示了性格类型的多样性，不同的性格影响着我们观察事物的角度、思考问题的方式、行事风格等。这些不同的性格类型与某种职业有一定的适应性。人的性格倾向，就像分别使用自己的两只手写字一样，都可以写出来，但惯用的那只手写出的会比另一只更好。每个人都会沿着自己所属的类型发展出个人行为、技巧和态度，而每一种也都存在着自己的潜能和潜在的盲点。

世界上关于人格理论的划分有很多种，MBTI 的人格类型分四个维度，每个维度有两个方向，共计八个方面，即共有八种人格特点，具体如下：

我们与世界相互作用方式	外向(E)——内向(I)
我们获取信息的主要方式	感觉(S)——直觉(N)
我们的决策方式	思考(T)——情感(F)
我们的做事方式	判断(J)——知觉(P)

每个人的性格都在四个维度相应分界点的这边或那边，我们称之为“偏好”。例如，如果你落在外向的那边，称为“你具有外向的偏好”；如果你落在内向的那边，称为“你具有内向的偏好”。

在现实生活中，每个维度的两个方面你都会用到，只是其中的一个方面你用得更频繁、更舒适，就好像每个人都会用到左手和右手，习惯用左手的人是左撇子，习惯用右手的人是右撇子。同样，你的人格类型就是你用得最频繁、最熟练的那种。

量表使你按 MBTI 的测评体系得出你的性格特征、职业偏好和你的性格组合“四字母”。对性格的基本特征、存在的盲点、适合的领域与职业进行分析，写出分析报告。

——报告对人格特点及动力特点进行了详细描述，它能够帮助你拓展思路，接受更多的可能性，而不是限制你的选择。

——报告结果没有“好”与“差”之分，但不同特点对于不同的工作存在“适合”与“不适合”的区别，从而表现出具体条件下的优势、劣势。

——你的动力、人格特点由遗传、成长环境和生活经历决定，不要想象去改变它，但却可以通过有效利用，扬长避短，更好地发挥个人潜力。

——报告展示了你的性格偏好和做事动力状况，而不是你的知识、经验、技巧。

二、量表

请选出下列选项中对你来说最真实的倾向。请注意，这里的所有选择没有“对”与“错”

之分，并且每一个问题都只有A和B两种选择。请仔细阅读题目，但不要在某一道题上花格外多的时间，如果当时不清楚的话，可以先跳过去，待会儿再回过头来做。

请尽可能地答完所有问题。

第一部分

哪一个答案更接近地描述了你自己通常的感受或行为方式？

(1) 当你某日想去一个地方，你会______。

A. 事先计划好了，然后再去　　B. 先去，然后随机应变

(2) 如果你是一位老师，你愿教______。

A. 注重实践的课程　　B. 注重理论的课程

(3) 遇到问题时，你通常喜欢______。

A. 和别人讨论解决方法　　B. 自己想办法解决

(4) 你认为______。

A. 很早就应该开始为聚会、约会等做准备　　B. 不必先做准备，去了以后见机行事

(5) 你通常和______相处得更好。

A. 喜欢想象的人　　B. 注重现实的人

(6) 你更多的时候是______。

A. 让情感驾驭理智　　B. 让理智驾驭情感

(7) 当你和一群人在一起时，你常常是更愿意______。

A. 加入到大家的谈话中去　　B. 独自和熟识的人交谈

(8) 你最喜欢______做事情。

A. 按兴致　　B. 按计划

(9) 你希望自己被看做是一个______。

A. 实干家　　B. 发明家

(10) 当别人问你一个问题时，你经常会______。

A. 马上就做回答　　B. 先在脑子里想一想

(11) 你喜欢与______打交道。

A. 常有出人意料想法的人　　B. 按照常理行事的人

(12) 按日程表办事______。

A. 正合你意　　B. 束缚了你

(13) 你觉得通常别人______。

A. 要花很长的时间才能和你相熟　　B. 很快就能和你熟识

(14) 为“如何过周末”定一个计划______。

A. 是有必要的　　B. 完全没必要

(15) 下列哪一个评价更适合你？______。

A. 性情中人　　B. 理智的人

(16) 更多的时候，你倾向于______。

A. 独处　　B. 同他人在一起

(17) 在日常工作中，你更喜欢______。

A. 在时间紧迫的情况下，争分夺秒地工作

B. 做好提前量，尽早把工作做完

(18) 你更愿把______作为朋友。
A. 总能有新想法的人　　B. 脚踏实地的人
(19) 你是一个______。
A. 兴趣广泛,什么都想尝试的人　　B. 专注地投入某个兴趣的人
(20) 当你有一项特别的工作要做时,你喜欢先______。
A. 察看到工作的全貌　　B. 找出必须要做的环节
(21) 你更接受______。
A. 以情动人　　B. 以理服人
(22) 当你为了消遣而阅读时,你______。
A. 欣赏作者奇特、独创的表达　　B. 喜欢作者的表达直接、明确
(23) 新认识你的人______了解到你的兴趣所在。
A. 马上就能　　B. 只有真正和你熟悉以后才能
(24) 在旅行时,你喜欢______。
A. 随兴致行事　　B. 事先知道一天中该做的事
(25) 做许多人都做的事时,你喜欢______。
A. 按惯例去做　　B. 发明自己的新方法
(26) 多数人说你是一个______。
A. 不爱吐露心事的人　　B. 非常坦率的人

第二部分

你更容易喜欢或倾向哪一个词?注意:这里的倾向不是指你向往得到的,而是指你现在已经具有的。

(27) A. 看不见的　　B. 看得见的
(28) A. 计划　　B. 随意
(29) A. 温情　　B. 坚定
(30) A. 事实　　B. 想法
(31) A. 思维　　B. 情感
(32) A. 热忱　　B. 平静
(33) A. 说服　　B. 打动
(34) A. 陈述　　B. 概念
(35) A. 分析　　B. 同情
(36) A. 系统性　　B. 随机性
(37) A. 敏感　　B. 精确
(38) A. 缄默　　B. 健谈
(39) A. 常识性的　　B. 理论性的
(40) A. 侠肝义胆　　B. 深谋远虑
(41) A. 正式　　B. 非正式
(42) A. 沉静　　B. 活跃
(43) A. 利益　　B. 祝福
(44) A. 理论性　　B. 确定性
(45) A. 坚定的　　B. 忠诚的

(46) A. 理想　　B. 现实
(47) A. 雄心　　B. 柔肠
(48) A. 想象中的　　B. 事实上的
(49) A. 冷静的　　B. 激情的
(50) A. 制作　　B. 创造
(51) A. 热情的　　B. 中立的
(52) A. 明理的　　B. 迷人的
(53) A. 有同情心　　B. 有逻辑头脑
(54) A. 生产　　B. 设计
(55) A. 冲动　　B. 抉择
(56) A. 公正的　　B. 体谅的
(57) A. 安静的　　B. 爱交际的
(58) A. 理性　　B. 感性
(59) A. 不受限制的　　B. 安排好的
(60) A. 具体　　B. 抽象
(61) A. 能干的　　B. 细腻的
(62) A. 开放　　B. 私密
(63) A. 建造　　B. 发明
(64) A. 有序的　　B. 随便的
(65) A. 想象　　B. 现实
(66) A. 好胜的　　B. 好心的
(67) A. 理论　　B. 事实
(68) A. 很少的朋友　　B. 很多的朋友
(69) A. 可能　　B. 确知
(70) A. 宽容的　　B. 坚决的
(71) A. 新异的　　B. 已知的
(72) A. 温柔　　B. 力量
(73) A. 实用　　B. 创新

第三部分

哪一个答案更接近地描述了你自己通常的感受或行为方式？

(74) 和一群人在一起聚会通常会让你感到______。
A. 兴致勃勃　　B. 筋疲力尽

(75) 你在做一个决定时，更多地会______。
A. 权衡实际的得失　　B. 考虑其他人的感受

(76) 通常你更喜欢______。
A. 提前安排好该做什么　　B. 到时候率性而为

(77) 当你一个人在家时，你______。
A. 能够沉静在自己的思维中　　B. 总觉得应该做点什么事情

(78) 多数情况下，你______。
A. 随兴致做事　　B. 按日程表做事

(79) 你通常______。

A. 容易和大家打成一片　　B. 独处的时候更多

(80) 你做事更倾向于______。

A. 等到各方面的信息都全了以后再做计划　　B. 提前很久就定计划

(81) 别人______交上朋友。

A. 容易和你　　B. 较难和你

(82) 你通常喜欢上______的课程。

A. 探讨理论和概念　　B. 列举事实和图表

(83) 在聚会时,你______。

A. 说的时候多　　B. 听的时候多

(84) 你觉得自己更倾向于是一个______。

A. 随意的人　　B. 有秩序的人

(85) 你______。

A. 只同那些兴趣相同的人才能长谈　　B. 只要愿意,和任何人都可以长聊

(86) 当你有一个报告需要在一个星期内交出时,你______。

A. 常留出足够的时间并能提早完成　　B. 常常是在最后一刻及时赶出来

(87) 哪一个对你来说是更高的评价?______。

A. 有好胜心　　B. 有同情心

(88) 你觉得按日程表办事______。

A. 虽有必要,但不喜欢　　B. 有帮助,非常喜欢

(89) 你更愿在一个______的老板手下工作。

A. 态度亲切,但有时会感情用事　　B. 态度严厉,但始终按逻辑办事

(90) 在完成一项大任务时,你常常是______。

A. 边做边考虑下一步　　B. 事先想好每个步骤

(91) 在社交场合,你通常觉得______。

A. 很难和不认识的人进行交谈　　B. 很容易和多数人谈笑风生

(92) 你常常是______。

A. 按已经有效的方法做事　　B. 尝试一下有没有更好的办法

(93) 你更喜欢按______做事情。

A. 当天的感觉　　B. 已订好的日程表

三、记分规则

E—I 量表:

(3),(7),(10),(19),(23),(32),(62),(74),(79),(81),(83)中有多少选 A,就在 E 维度上加几分。(13),(16),(26),(38),(42),(57),(68),(77),(85),(91)中有多少选 B,就在 E 维度上加几分。

两者之和即为 E 维度原始得分。I=21−E。若 E 大于 I,在答题纸上标注 E,反之,标注 I。得分不同,虽然同属一种维度,但程度有所差别。以下分类可以做一个参考:

E(I)=11~13,轻微偏向外向(内向);

E(I)=14~16,中等程度外向(内向);

E(I)=17~19,明确外向(内向);

E(I)＝20～21，绝对外向(内向)。

S—N量表：

(2)，(9)，(25)，(30)，(34)，(39)，(50)，(52)，(54)，(60)，(63)，(73)，(92)中有多少选A，就在S维度上加几分。(5)，(11)，(18)，(22)，(27)，(44)，(46)，(48)，(65)，(67)，(69)，(71)，(82)中有多少选B，就在S维度上加几分。

两者之和即为S维度原始得分。N＝26－S。若S大于N，在答题纸上标注S，反之标注N，若两者相等，标注N。得分不同，虽然同属一种维度，但程度有所差别。以下分类可以做一个参考：

S(N)＝13～15，轻微偏好感觉(直觉)；

S(N)＝16～20，中等程度偏好感觉(直觉)；

S(N)＝21～24，明确偏好感觉(直觉)；

S(N)＝25～26，绝对偏好感觉(直觉)。

T—F量表：

(31)，(33)，(35)，(43)，(45)，(47)，(49)，(56)，(58)，(61)，(66)，(75)，(87)中有多少选A，就在T维度上加几分。(6)，(15)，(21)，(29)，(37)，(40)，(51)，(53)，(70)，(72)，(89)中有多少选B，就在T维度上加几分。

两者之和即为T维度原始得分。F＝24－T。若T大于F，在答题纸上标注T，反之标注F，若两者相等，标注F。得分不同，虽然同属一种维度，但程度有所差别。以下分类可以做一个参考：

T(F)＝12～14，轻微偏好思考(情感)；

T(F)＝16～20，中等程度偏好思考(情感)；

T(F)＝21～22，明确偏好思考(情感)；

T(F)＝23～24，绝对偏好思考(情感)。

J—P量表：

(1)，(4)，(12)，(14)，(20)，(28)，(36)，(41)，(64)，(76)，(86)中有多少选A，就在J维度上加几分。(8)，(17)，(24)，(55)，(59)，(78)，(80)，(84)，(88)，(90)，(93)中有多少选B，就在J维度上加几分。

两者之和即为J维度原始得分。P＝22－J。若J大于P，在答题纸上标注J，反之，标注P，若两者相等，标注P。得分不同，虽同属一种维度，但程度有所差别。以下分类可以做一个参考：

J(P)＝11～13，轻微偏好判断(知觉)；

J(P)＝14～16，中等程度偏好判断(知觉)；

J(P)＝17～20，明确偏好判断(知觉)；

J(P)＝21～22，绝对偏好判断(知觉)。

四、16种性格类型特征

(一) 外向　直觉　情感　判断　ENFJ——“外交家”

1. 基本描述

(1) 你善于社交、气宇不凡、易感应、善劝服。你精力旺盛，热情洋溢，能很快理解他人情感的需要、动机和所忧虑的事情，你把注意力放在帮助他人、鼓励他人进步向上。你是催化剂，能引发出他人的最佳状态。既可以做有号召力的领袖，也可以做忠实的追随者。

(2) 你性情平和,心胸宽阔,且很圆滑,很会促进周边关系的和睦,对于批评和紧张特别敏感。你容易看出他人的发展潜力,并倾力帮助他人发挥潜力。你愿意使大家和睦又感到愉快。

(3) 你是理想主义者,非常看重自己的价值,对自己尊重景仰的人、事业和公司都非常忠诚。有责任感、谨慎、坚持不懈,同时对新观点很好奇。若能为人类的利益有所贡献,会感到深受鼓舞。

(4) 你对现实以外的可能性,以及对他人的影响非常感兴趣,发现别人看不到的意义和联系。

2. 可能的盲点

(1) 你非常理想化,认为世界是自己想象中的那样,不愿意接受与此相抵触的事情。

(2) 你依照情感行事,很少用逻辑,无视行为所带来的后果,有时会过度陷入别人的情感和问题中。总是避免冲突,有时会不够诚实和公平。试着更多地去关注事情,而不只是人,更有利于你合理地做出决定。

(3) 你有很高的热情,有时会做出错误的假设或过于草率的决定。建议你获取足够多的信息之后再做决策。

(4) 你总想得到表扬,希望自己的才能和贡献得到赏识,对于批评非常脆弱,容易失去自信。当压力很大时,会变得暴躁、慌乱、吹毛求疵。

3. 类型解释

(1) 优势

① 关注与周围人员的关系。

② 乐于领导和推动促进团队。

③ 鼓励合作。

④ 能够发现他人的价值。

⑤ 具有较强的对新事物的好奇心和洞察力。

(2) 劣势

① 将他人理想化;在冲突时只关注无关紧要的问题。

② 可能为了人际关系忽视任务,尤其是任务的细节问题。

③ 在判断决定时,更多地采用个人的主观评判,可能忽视逻辑性和现实性。

(3) 工作风格

① 用热情进行领导。

② 在管理人和项目上采取参与立场。

③ 对下属的需求能够作出反应。

④ 要求组织采取与其价值相吻合的行动。

⑤ 善于激发新的变化。

(4) 工作情景

① 致力于使事情变得更有益于他人的同事。

② 人员导向。

③ 支持性和社会化。

④ 具有和谐精神。

⑤ 鼓励自我表现。

⑥ 固定的、有序的。

(5) 发展建议

① 需要防止盲目的信任和赞同。

② 需要有成效地管理冲突。

③ 需要像关注人一样关注任务的细节。

④ 需要仔细倾听外界的反馈信息。

(6) 适合的领域与职业

① 领域：培训、咨询、教育、公共关系等。

② 职业：人力资源开发、培训人员、销售经理、广告客户经理、作家、记者、小企业经理等。

(二) 外向　直觉　情感　知觉　ENFP——"一切皆有可能"

1. 基本描述

(1) 你对周围的人和事物观察得相当透彻，能够洞察现在和将来。随时可以发现事物的深层含义和意义，并能看到他人看不到的事物内在的抽象联系。

(2) 你崇尚和谐善意、情感多样、热情、友好、体贴、情绪强烈，需要他人的肯定，也乐于称赞和帮助他人。你总是避免矛盾，更在意维护人际关系。

(3) 你富有活力，待人宽厚，有同情心，有风度，喜欢让人高兴。只要可能，你就会使自己适应他人的需要和期望。你倾向于运用情感作出判断，决策时通常考虑他人的感受。你在意维护人际关系，愿意花费很多心思，结交各种各样的人，而不是做事。

(4) 你有丰富的想象力，善于创新，自信，富有灵感和新思想，警觉，善于寻找新方法，更注重理解，而不是判断。你喜欢提出计划，并大力将其付诸实施。你特别善于替别人发现机会，并有能力且愿意帮助他们采取行动抓住机会。

2. 可能的盲点

(1) 你非常理想化，容易忽视现实和事物的逻辑，只要感兴趣，什么都去做。你通常在事情开始阶段或有变化的阶段较为投入，而对后续较为常规或沉闷的部分，难以持续投入。

(2) 你总是能轻意想出很多新主意，喜欢着手许多事情，无法专注于一件事情，很少能把事情"从头做到尾"。你总能看到太多的可能性，因此无法确定哪些事情是自己真正追求的。建议你认真选择一个目标，善始善终，以免浪费时间和挥霍自己的天赋。

(3) 你组织纪律性比较弱，不肯服从，无视限制和程序。你喜欢即兴发挥，不愿意筹备和计划，对细节没有兴趣。如果你要有所作为，应尽量使自己的新思路现实，可操作。与更实际的人一起工作会对你很有帮助，这也符合你的特点，因为你不喜欢独自工作。

3. 类型解释

(1) 优势

① 能够看到新的可能性和新的途径。

② 关注于可能性，尤其是在人的方面。

③ 通过具有强烈感染力的热情为他人打气和鼓劲。

④ 能够引发新的规划和行动；欣赏他人。

(2) 劣势

① 在一个项目尚未完成的情况下就转向了新的计划或想法。

② 忽视有关的细节。

③ 过分扩张，尝试太多的事情。

④ 拖拉。

(3) 工作风格

① 用想象力和创新精神进行领导。

② 喜欢积极参与工作任务的初始阶段。

③ 对于他人的愿望和要求有出色的洞察力。

④ 致力于包容和支持他人。

⑤ 关注激励人的东西。

(4) 工作情景

① 富有想象力、关注可能性的同事。

② 富于色彩。

③ 参与气氛。

④ 提供变化和挑战;观念导向。

⑤ 不受限制。

(5) 发展建议

① 需要设立优先级,考虑轻重缓急,发展持之以恒。

② 需要关注重要的细节。

③ 需要学会审查计划或规划,而不是尝试去做所有看起来有吸引力的事情。

④ 需要学会并运用时间管理技能。

(6) 适合的领域与职业

① 领域:无明显限定领域。

② 职业:人力资源经理、广告撰稿人、宣传人员。

(三) 外向　直觉　思考　判断　ENTJ——"组织管理者"

1. 基本描述

(1) 你直率、果断,能够妥善解决组织的问题,是天生的领导者和组织的创建者。你擅长发现一切事物的可能性并很愿意指导他人实现梦想,是思想家和长远规划者。

(2) 你逻辑性强,善于分析,能很快地在头脑里形成概念和理论,并能把可能性变成计划。树立自己的标准并一定要将这些标准强加于他人。你看重智力和能力,讨厌低效率,如果形势需要,可以非常强硬。你习惯用批判的眼光看待事物,随时可以发现不合逻辑和效率低的程序并强烈渴望修正它们。

(3) 你善于系统、全局地分析和解决各种错综复杂的问题,为了达到目的,你会采取积极行动,你喜欢研究复杂的理论问题,通过分析事情的各种可能性,事先考虑周到,预见问题,制订全盘计划和制度并安排好人和物的来源,推动变革和创新。

(4) 愿意接受挑战,并希望其他人能够像自己一样投入,对常规活动不感兴趣。擅长于需要论据和机智的谈吐的事情,如公开演讲之类。

2. 可能的盲点

(1) 你经常在没有了解细节和形势之前就草率地做决定。

(2) 你总是很客观、带有批判性地对待生活,容易对别人的情况和需要表现得较粗心、直率、无耐心。建议你注意倾听周围人的心声,并对别人的贡献表示赞赏。你需要学会在实施自己的计划之前听取别人的建议,以免独断专横。

(3) 你考虑问题非常理智,很少受无关因素影响。你没有时间和兴趣去体会情感,容易忽略他人的感受，显得不近人情。但当你的感情被忽视或没有表达出来的时候，你会非常敏感。你们需要给自己一点儿时间来了解自己的真实感情，学会正确地释放自己的情感，而不是爆发，并获得自己期望和为之努力的地位。

(4) 你容易夸大自己的经验、能力。你需要接受他人实际而有价值的协助，才能更好地提高能力并获得成功。

3. 类型解释

(1) 优势

① 善于通过仔细思考分析，提出新的计划和方法。

② 强调组织的结构化和程序化。

③ 通常在必要时能够迅速负起责任。

④ 善于直接处理由混乱和无效率引起的问题。

(2) 劣势

① 在关注事情时无视他人的需要。

② 无视实际要求和局限。

③ 太快地作出决定，表现得没有耐心和极权。

④ 忽视和压抑自己情感。

(3) 工作风格

① 精力充沛、行动导向；为组织提供长期的预见。

② 必要时直接管理并铁面无私。

③ 喜欢担任和负责管理工作。

④ 尽可能加快组织的进展步伐。

(4) 工作情景

① 关注于解决问题独立的、结果导向的同事。

② 目标导向。

③ 有效的系统和人；挑战。

④ 奖励果断；有铁面无私的人。

⑤ 结构化的。

(5) 发展建议

① 需要区分人的因素并欣赏他人的贡献。

② 需要在埋头苦干之前，仔细检查可利用的、实际的人与情境资源。

③ 在决策前，需要花时间三思问题的所有方面。

④ 需要学会认同和看重感情。

(6) 适合的领域与职业

① 领域：工商界、政界、管理、咨询、培训。

② 职业：人事、销售、营销经理，公共工商管理岗位。

(四) 外向　直觉　思考　知觉　ENTP——“天生的创业者、创造者”

1. 基本描述

(1) 你喜欢挑战让你兴奋的事情，聪慧，许多事情都比较拿手，致力于自己才干和能力的增长。

(2) 你有很强的创造性和主动性，绝大多数是事业型的。你好奇心强，喜欢新鲜事物，关注事物的意义和发展的可能性。通常把灵感看得比什么都重要，多才多艺，适应性强且知识渊博，很善于处理挑战性的问题。

(3) 你善于快速抓住事物的本质，喜欢从新的角度和独到的方式思考问题，对问题经常有自己独到的见解。你机警而坦率，有杰出的分析能力，并且是优秀的策略家。

(4) 你不喜欢条条框框的限制和因循守旧的工作方式，习惯便捷的问题解决方法。你喜欢自由的生活并善于发现其中的乐趣和变化。

(5) 你认为"计划赶不上变化"，并以实际行动证明大部分规定和规律都是有弹性、可伸缩的，通常会超出被认可和期望的限度。

(6) 你善于理解，而非判断他人。乐观、善于鼓舞他人，能用自己的热情感染他人。

2. 可能的盲点

(1) 你总是充满热情地寻找新鲜事物，但行事缺少稳定的计划和流程，经常依靠临场发挥，可能因为忽视必要的准备工作，而草率地身陷其中。

(2) 你的注意力容易游移，对目标的韧性和坚持性不够，缺乏足够的耐心，有时不能贯彻始终。一旦主要问题被解决了，就会转移到下一个目标，而不能坚持将一件事完完整整地结束。

(3) 你非常注重创造力和革新，容易忽略简单、常规的方法和一些重要的细节，不愿遵守规则和计划。建议多关注解决问题的常规方法。

(4) 你通常同时展开多项任务与活动，不愿丢掉任何一种可能性，致力于寻找新的变化，可能使别人的计划和时间安排受到影响。你要好好考虑一下自己的行动给他人带来的影响，这有助于你变得更可靠。

(5) 你有天生的直觉和预知能力，会使你误认为知道了别人的想法。建议你认真倾听他人，避免表现得不耐烦。

3. 类型解释

(1) 优势

① 将限制视作要克服的挑战。

② 关注新的发展可能性并能够提出新的做事方式。

③ 善于启发并激励他人。

④ 喜欢复杂的挑战。

(2) 劣势

① 对日常的工作不太关注。

② 有时缺乏一定的坚持性和持久性。

③ 不太愿意接受他人的支持和帮助。

④ 过分夸大自己。

⑤ 可能与组织中标准的规范和程序不相适应。

(3) 工作风格

① 鼓励他人的独立性。

② 强调逻辑性的系统思考。

③ 对想做的事使用强制性理由。

④ 能够充当人员与组织系统间的催化剂角色。

(4) 工作情景

① 善于解决复杂问题的独立工作的同事。

② 灵活而富于挑战性。

③ 变化取向;有能力的人。

④ 奖励冒风险;鼓励自主性;不官僚。

(5) 发展建议

① 需要关注现在;需要承认和确认别人的投入。

② 需要设立现实的优先级和时间表。

③ 需要喜欢如何在系统中为项目而工作。

(6) 适合的领域与职业

① 领域:自我创业、创造性领域、项目策划、投资顾问。

② 职业:开发人员、营销策划、广告创意指导、金融规划师。

(五) 外向 感觉 情感 判断 ESFJ——"我能为您做些什么"

1. 基本描述

(1) 你非常重视与别人的关系,易觉察出他人的需要,并善于给他人实际关怀,待人友好、善解人意并有很强的责任心。看到周围的人舒适和快乐,也会感到快乐和满足,很健谈,因此非常受欢迎。

(2) 你热情,有活力,乐于合作,有同情心,机敏圆滑,希望得到别人的赞同和鼓励,冷淡和不友善会伤害你。你需要和睦的人际关系,对于批评和漠视非常敏感,竞争和冲突会让你感觉到不愉快,因此尽力避免发生这样的事情。

(3) 你很实际,有条理,做事彻底,有一致性,对细节和事实有出色的记忆力,并且希望别人也如此。着眼于目前,在经验和事实之上做出决策,将事情安排妥当,喜欢成为活跃而有用的人物。能很好地适应日常的常规工作和活动,不喜欢做需要掌握抽象观点或客观分析的工作。喜爱自己的全部,对自己爱护有加。

(4) 喜欢组织众人和控制形势,与他人合力圆满又按时地完成任务。喜欢安全和稳定的环境,支持现存制度,注重并很好地遵守社会约定规范。忠于自己的职责,并愿意超出自己的责任范围而做一些对别人有帮助或有益处的事情,在遇到困难和取得成功时,都很积极活跃,希望付出能得到回报或赞扬。

2. 可能的盲点

(1) 你过分在意别人的情感和想法,以至于总是给予别人额外的关心和帮助,有时态度强硬,容易侵占别人的空间,你需要考虑一下自己提供的帮助是不是他人的需要。当遇到冲突时,为了保护和睦的人际关系,通常采取回避或妥协的方式,而非积极的、正面的处理。

(2) 你很敏感,做事总是希望得到别人的鼓励和赞赏,担心被忽视,不愿接受批评,很可能变得沮丧和郁闷。

(3) 你总是容易陷入情感和细节中,很难从问题中跳出来更宏观、更客观地对待;取悦或帮助他人,而内心忽视自己的需求,难以说出"不",怕让别人失望。

(4) 你通常很难变通,拒绝尝试新方法,习惯根据经验做出决定,以至于信息不足造成决策的草率。建议尽量开放地接受外部变化,放慢决定的速度。

3. 类型解释

(1) 优势

① 与他人良好地协同工作,尤其是在团队方面。

② 密切关注人的需要和要求。

③ 尊重规范和权威。

④ 能够按时准确地完成任务，有效地处理日常工作。

(2) 劣势

① 回避冲突，只管无关痛痒的事。

② 由于渴望取悦他人，将自己组织的优势地位看得很轻。

③ 可能认为组织成员都能够认识到什么才是人和组织所需要的。

④ 可能忽视工作发展的可能性和远景。

(3) 工作风格

① 通过个人对他人的关注进行领导。

② 通过各种良好的关系获得良好意愿。

③ 使组织成员对工作状况都能够清晰明了。

④ 在组织中设立努力工作和持之以恒的榜样。

⑤ 拥护组织的传统。

(4) 工作情景

① 认真、合作和乐于帮助他人的同事。

② 目标导向的人和系统；组织化的。

③ 友好的；有所尊重的同事。

④ 是敏感的、善解人意的人；根据事实办事。

(5) 发展建议

① 需要学会如何看待和管理冲突。

② 需要努力倾听其他人的愿望和要求。

③ 需要考虑其决策的逻辑与全局影响。

(6) 适合的领域与职业

① 领域：无明显职业领域。

② 职业：餐饮业者、房地产经纪人、销售代表。

(六) 外向　感觉　情感　知觉　ESFP——“不要担心高兴起来”

1. 基本描述

(1) 你对人和新的经历都感兴趣，善于观察，看重眼前事物；你更多地从做事的过程中学到东西，而不是研究或读书。你相信自己五感所感触到的信息，喜欢有形的东西，能够看到并接受事物的本来面目，是现实的观察者，并具有运用常识处理问题的实际能力。

(2) 你热爱生活，适应性强且随遇而安，爱热闹，爱玩耍，热情，友好，表现欲强烈，有魅力和说服力；喜欢意料之外的事情，并给他人带来快乐和惊喜；你的饱满情绪和热情能够吸引别人，灵活、随和，很好相处。通常很少事先做什么计划，自信能够遇事随机应变，当机立断。讨厌框框，讨厌老一套，总能设法避开这些东西。

(3) 你善于处理人际关系，经常扮演和事老的角色，圆滑得体，富有同情心，愿意以实际的方式帮助他人，通常可以让别人接受自己的建议，不喜欢将自己的意愿强加别人，是非常好的交谈者，天生受人欢迎。

2. 可能的盲点

(1) 你对各种事情都好奇，以至于总是分心，工作受到干扰。做事容易拖拉，难以约束自己，显得不是那么尽职尽责。建议集中注意力，平衡工作和生活，努力把工作放在首位，借鉴一些成功的或已为人所接受的安排工作和控制时间的方法。

(2) 因为你积极活跃的个性，总是使你忙碌于具体的事务中，并无暇去制订计划，致使面临应急和变化时你会不知所措。你应该未雨绸缪，学会计划和预测事物的发展变化。

(3) 你经常忽视理论思考和逻辑分析，做决定时习惯于相信自己的感觉，或凭一时兴趣、冲动，有时不考虑结果。你对朋友的评价很高，并只看到他们积极的一面。你需要更进一步考虑事情的起因和结果，并学会拒绝。

3. 类型解释

(1) 优势

① 带来热情与合作；为他人呈现组织的光明前景。

② 提供行动和令人兴奋的事。

③ 连接人和资源。

④ 从容自如地接受他人并与之打交道。

(2) 劣势

① 可能过分强调主观意愿，而在投入之前并没有仔细考虑。

② 可能花费太多的时间于人际交往而忽略工作任务。

③ 有些虎头蛇尾。

(3) 工作风格

① 通过激发良好的愿望和团队精神进行领导。

② 良好地处理危机。

③ 善于有效地缓解组织中的紧张和冲突。

④ 关注即时的问题。

⑤ 善于促进人际关系的有效相互作用。

(4) 工作情景

① 关注目前现实，精力旺盛并易于相处的同事。

② 生动活泼；行动导向。

③ 有适应能力的人；和谐。

④ 人员密集的；有吸引力。

(5) 发展建议

① 在决定时需要照顾逻辑关系。

② 在管理项目之前需要事先计划。

③ 需要平衡工作努力和社交活动。

④ 需要在时间管理上下工夫。

(6) 适合的领域与职业

① 领域：服务业、消费业、旅游业、社区服务。

② 职业：社会工作者、旅游项目经营者、团队培训人员。

(七) 外向　感觉　思考　判断　ESTJ——“执行者”

1. 基本描述

(1) 你做事速度快，讲求效率，有责任感，善于自我约束，能够尽职尽责地完成工作。你喜欢推进事情并掌控局势，敏锐，对细节有出色的记忆力，善于组织，能组织化、结构化地通过有效的方式安排时间并达成目标。你有计划、有条理,喜欢把事情安排得井井有条,按照计划和步骤行事。

(2) 你是一个有极强的逻辑性、非常喜欢做决定的人。你做事客观、善于分析而且有很强的推理能力。通常根据自己的经验进行判断和决策,善于看到工作系统中不合逻辑、不协调和无效的部分,并做出积极改进。

(3) 你习惯从细节出发,关注现实,重视经验和感受。你关注实用价值,对于听到、看到、闻到、尝到、触摸到的"具体事物"更加感兴趣,而不是一些抽象的理念。你关注眼前,一般对于事情的远景和潜在价值难以关注到。

(4) 你性格外向,为人友好、直爽,处事讲究原则。通常是坚定的、可以信赖的伙伴。你喜欢传统,遵照规范办事,是原则和传统的良好维护者,你擅长判断人,严于律己,在人际关系上始终如一。

2. 可能的盲点

(1) 你看问题具有很强的批判性,注意力更多关注存在的问题,通常不能对别人的贡献表示赞赏和肯定。你需要留意和发现别人的才能和努力,并适时给予鼓励和表扬。当提出批评时,多注意技巧。

(2) 你喜欢把自己的标准强加给别人,对自己和他人都要求严格,通常被周围的人看成"独裁者"。你需要学会更加通融、开放,不要过于固执。建议以更加开放的观念和发展的眼光,看待周围的新事物,对不同的人、不同的事要更有耐心和包容性。

(3) 你遵照逻辑和客观的原则做事,较少考虑自己的行为和决定给他人带来的影响。建议你更加留心和尊重自己及他人的情绪和感受。

(4) 你专注于实施自己细致的计划,容易错过外界的很多变化和信息,甚至难以停下来听一听别人的意见,你忽视了许多发展的可能性及事物潜在的关联关系。你需要学会放慢节奏,倾听别人的建议,考虑所有的可能性,更好地检查其他可以利用的资源,增加做事的周全性。

(5) 如果你希望更好地适应社会,并获取成功,你需要尝试多角度地理解和处理问题,加强灵活性,不要事事控制,尝试转换思维方式,并且懂得和接受生活中有介于黑与白之间的灰色区域。

3. 类型解释

(1) 优势

① 事先看到缺点。

② 注重逻辑分析。

③ 能够组织具体项目和工作任务。

④ 并能监控工作进程,把握工作进展;一步一步地贯彻实施计划。

(2) 劣势

① 做决定过快,而可能忽视工作发展的可能性。

② 工作中忽略细枝末节。

③ 可能忽视工作中的人及情感交流的价值。

(3) 工作风格

① 直截了当地寻求领导职位,并迅速地负起责任。

② 试图确保观点、计划和决策都建立在牢固的事实基础上,运用并主动调整已有经验

解决问题。

③ 一针见血地看到问题的核心。

④ 决策迅速；尊重等级制度。

(4) 工作情景

① 组织化的、结构化的工作环境，其中存在工作勤奋、努力的人。

② 任务导向。

③ 提供稳定性和可预测性；集中于工作效率。

④ 在实现目标后有及时的支持和奖励。

(5) 发展建议

① 在决策前，需要考虑问题的各个方面，包括人的因素的影响。

② 需要督促自己仔细考虑变动所带来的得失。

③ 需要夸赞别人的成绩。

(6) 适合的领域与职业

① 领域：无明显职业领域。

② 职业：后勤供应、承包代理、项目经理。

(八) 外向　感觉　思考　知觉　ESTP——“排忧解难的救火员”

1. 基本描述

(1) 你是敏锐的发现者，善于看出眼前的需要，并迅速做出反应来满足这种需要，天生爱揽事并寻求满意的解决办法。你精力充沛，积极解决问题，很少被规则或标准程式框住。能够想出容易的办法去解决难办的事情，以此使自己的工作变得愉快。

(2) 你是天生的乐天派，积极活跃，随遇而安，乐于享受今天。对提供新经验的任何事物、活动、食物、服饰、人等都感兴趣，只愿享受今天，享受现在。

(3) 你好奇心强，思路开阔，容易接受事物，倾向于通过逻辑分析和推理做出决定，不会感情用事。如果形势需要，你会表现出坚韧的意志力。偏爱灵活地处理实际情况，而不是根据计划办事。

(4) 你擅长于行动，而非言语，喜欢处理各种事情，喜欢探求新方法。你具有创造性和适应性，有发明的才智和谋略，能够有效地缓解紧张气氛，并使矛盾双方重归于好。

(5) 你性格外向，友好而迷人，很受欢迎，并且能在大多数社会情况中放松自如。

2. 可能的盲点

(1) 由于你关注外界各种变化信息，喜欢处理紧急情况，不愿意制订规划去预防紧急情况的发生。常常一次着手许多事情，超出自己的负荷，不能履行诺言，可能使周围的人陷入混乱。你需要试着找到一些能让自己按时完成任务的方法。

(2) 你的注意力完全集中在有趣的活动上，喜欢不断地接受新的挑战，不愿意在目前沉闷的工作中消磨时间，难以估计自己行为带来的结果。你需要为自己订立一个行为标准。

(3) 当情况环境转变时，你很容易忽视他人的情感，变得迟钝和鲁莽。

3. 类型解释

(1) 优势

① 为确保工作的进展，通常采取协商并寻求和解的做法。

② 能够促成事件的发生，并保持整个过程的活力。

③ 关注现实信息，行事通常采取现实的方式，喜欢冒风险。

(2) 劣势

① 在迅速行动时对他人很生硬、率直和不敏感。

② 过于依赖即兴发挥,而不注意其行动可能产生的影响。

③ 有时为突发问题而牺牲原有计划。

④ 沉溺于物欲。

(3) 工作风格

① 能够受命于危机之中;在组织工作中,能够说服他人遵从自己的观点。

② 具有直截了当、坚定果断的特点。

③ 采取最有利的途径行事。

④ 寻求行动和即时结果。

(4) 工作情景

① 需要工作环境中存在注重第一手经验的、结果取向的人。

② 不官僚;允许有娱乐时间。

③ 工作具有灵活性;技术导向;对当前需要做出反应。

(5) 发展建议

① 需要抑制其独断而忽视他人感情的方面。

② 需要在迅速决定之前,事先计划,考虑细节,三思而行。

③ 需要发展持之以恒。

④ 需要注意物质享受以外的东西。

(6) 适合的领域与职业

① 领域:贸易、商业、娱乐、体育。

② 职业:企业家、证券经纪人、银行职员。

(九) 内向　直觉　情感　判断　INFJ——“促使事情正面转化的催化剂”

1. 基本描述

(1) 你有计划、有条理,喜欢遵照固有的模式处理问题,乐于探求独特的方式以获得有意义的成长和发展。你通过认同和赞扬与别人进行沟通,具有很强的说服力,你可以成为伟大的领导者。你的贡献被人尊敬和推崇。

(2) 你喜欢独处,性格复杂,有深度,是独立的思考者。你忠诚、有责任心,喜欢解决问题,通常在认真思考之后行动。你在同一时间内只专注一件事情。

(3) 你有敏锐的洞察力,相信灵感,努力寻求生活的意义和事件的内在联系。你有坚定的原则,就算被别人怀疑,也相信自己的想法和决定,依靠坚韧不拔的毅力取得成功。

(4) 他人能随时体会到你的善良和体贴,但不太了解你,因为你做事总是含蓄和复杂。事实上你非常重感情,忠于自我价值观,有强烈的愿望为大家做贡献,有时候你也很紧张和敏感,但表现得深藏不露。你倾向于拥有小范围的而深长久远的友谊。

2. 可能的盲点

(1) 你的完美和固执,使你易走极端。一旦决定后,拒绝改变,并抵制那些与你的价值观相冲突的想法,以至于变得没有远见。你专注地追求一个理想,不会听取别人的客观意见,认为自己的地位是毋庸置疑的。

(2) 你总是探寻事情的意义和价值,过于专注各种想法,显得不切实际,而且经常会忽视一些常规的细节。你需要留意周围的情况,并学会运用已被证实的信息,这样可以帮助你更好地在现实世界中发挥你的创造性思维。

(3) 你敏感，非常关注个人的感受和他人的反应，对任何批评都很介意，甚至会视为人身攻击。对你来讲，你需要客观地认识自己和周围的人际关系，更好地促进事情向正面转化。

3. 类型解释

(1) 优势

① 诚信，履行承诺。

② 工作诚实，始终如一。

③ 更倾向于那些需要集中精力、独自完成的工作。

④ 组织和协调人和任务间的复杂关系。

(2) 劣势

① 能够发现新的思想，但可能不被重视或被低估。

② 对于批评不太直率；不愿意强迫他人而自己承受过多。

③ 一根筋，无视其他需要做的事情。

(3) 工作风格

① 依据对组织和人的认识与洞察进行领导。

② 赢得合作而非请求合作；行动连贯一致。

③ 致力于促使抱负变成现实。

④ 用其理想激励他人。

(4) 工作情景

① 关注于理想的同事。

② 存在创造的机会；和谐并协调；安静。

③ 允许有仔细斟酌的时间和空间；组织化的。

(5) 发展建议

① 需要发展果断性技能。

② 需要学会在适当的基础上给人以建设性的反馈。

③ 需要和他人一道检讨自己的眼光；需要放松，对于目前情况下能够完成的事情，应当抱有更开放的态度。

(6) 适合的领域与职业

① 领域：咨询、教育、科研、职业规划。

② 职业：职业规划师、事业发展顾问、企业培训人员、编辑。

(十) 内向　直觉　情感　知觉　INFP——“大智若愚”

1. 基本描述

(1) 你比较敏感，非常崇尚内心的平和，看重个人的价值，忠诚，并且理想化，一旦做出选择，就会约束自己完成。

(2) 你外表看起来沉默而冷静，但内心对他人的情感十分在意。你非常善良，有同情心，善解人意。你重视与他人有深度、真实、共同进步的关系，希望参与有助于自己及他人的进步和内在发展的工作，欣赏那些能够理解你价值的人。

(3) 你有独创性，有个性，好奇心强，思路开阔，有容忍力，乐于探索事物的可能性，致力于自己的梦想和远见。

(4) 你很喜欢探索自己和他人的个性。一旦全身心地投入一项工作时,你往往发挥出冲刺式的干劲,全神贯注,全力以赴。你对人、事和思想信仰负责,一般能够忠实履行自己的义务。但是,对于意义不大的日常工作,你做起来可能有些困难。

2. 可能的盲点

(1) 你追求完美,会花很长时间酝酿自己的想法,难以用适当的方式来表达自己。你需要更加注重行动。

(2) 你经常忽略逻辑思考和具体现实,沉浸于梦想。当意识到自己的理想与现实之间的差距,你就容易灰心丧气。你需要听取他人更实际的建议,考虑方法的现实性和可行性。

(3) 你非常固执,经常局限在自己的想法里,对外界的客观具体事物没有兴趣,甚至忙得不知道周围发生了什么事情。

(4) 你总是用高标准来要求自己,投入太多的感情,导致你对批评相当敏感。压力很大的时候,你可能会非常怀疑自己或他人的能力,而变得吹毛求疵,又爱瞎判断,对一切都有抵触情绪。

3. 类型解释

(1) 优势

① 致力于为每个人在组织中找到一个位置。

② 其理想很具有说服力。

③ 为了共同的目的将人们聚拢在一起。

④ 能够为组织发现新的机会和发展的可能性。

(2) 劣势

① 由于追求完美主义,可能会拖延工作任务。

② 同时取悦太多的人。

③ 固执地不按照逻辑和事实调整自己的看法。

④ 花费太多的时间反复琢磨而不采取行动。

(3) 工作风格

① 采用推动促进的方式进行领导。

② 宁愿扮演独特的、非常规性的领导角色。

③ 强调工作进展的可能性,能够为了长远目标而独立地工作。

④ 更乐于赞赏别人而非指责和批评。

⑤ 鼓励他人照自己的理想行动。

(4) 工作情景

① 关注他人价值的、和蔼可亲并讲信用的同事;合作气氛。

② 考虑个人的隐私权、灵活、不官僚、安定而平静。

③ 给予反思的时间和空间。

(5) 发展建议

① 需要学会现实地工作而不光是追求完美。

② 需要发展其坚韧、讲究实际和说"不"的自觉行动。

③ 需要更加强调和重视事实和逻辑;需要发展和实施行动计划。

(6) 适合的领域与职业

① 领域:创作、艺术类、研究咨询类。

② 职业：社会科学工作者、心理学家、编辑、记者。

（十一）内向　直觉　思考　判断　INTJ——"独立的完美主义者"

1. 基本描述

(1) 考虑问题理智、清晰、简洁，不受他人影响，客观地批判一切，运用高度理性的思维作出判断，不以情感为依据。用批判的眼光审视一切，如果形势需要，会非常坚强和果断。

(2) 你不屈从权威，并且很聪明，有判断力，对自己要求严格，近乎完美，甚至也这样去要求别人，尤其讨厌那些不知所措、混乱和低效率的人。你有很强的自制力，以自己的方式做事，不会被别人的冷遇和批评干扰，是所有性格中最独立的。

(3) 你是优秀的策略家和富有远见的规划者，高度重视知识，能够很快将获取的信息进行系统整合，把情况的有利与不利方面看得很清楚。具有独特的、创造性的观点，喜欢来自多方面的挑战。在你感兴趣的领域里，会投入令人难以置信的精力、专心和动力。

2. 可能的盲点

(1) 你只注重自己，很少去理解他人，自以为是，对他人没有耐心，总是想当然地把自己的观点强加给别人，制订不切实际的高标准。你需要学会去了解别人的感受和想法，以避免冒犯他人。

(2) 你过于注重远见卓识，很容易忽略和错过与自己理论模式不符的细节和现象；爱玩弄智力游戏，说些对他人没有意义、似是而非的话语。你需要简化你既理论又复杂的想法，更好地与别人交流。

(3) 你过分独立的个性和工作习惯，使得你总是"拒绝"别人的参与和帮助，难以发现自己计划中的缺陷。建议你保持耐心，多向他人请教，这样可以帮助你提早了解一些不合实际的想法，或者在大量投入之前做出必要的修正和改进。

(4) 你有时会过于固执和死板，沉迷于一些出色的但不重要的想法中，并且事事要求完美。如果你想成功，你需要判断事情的重要性，学习接受生活并与他人相处，学会放弃。

3. 类型解释

(1) 优势

① 能够将思想、创意落实成为行动计划。

② 致力于排除达到目标的所有障碍；能够清晰认识到组织发展的方向。

③ 能够充分认识到组织是一个复杂关联的有机整体，并能够让组织成员明了组织中的各种关系。

(2) 劣势

① 表现得不太让步以致他人害怕接近。

② 对自己和他人要求严格，可能忽视他人的情绪感受。

③ 难以忍受让不合实际的思想蔓延。

④ 忽视自己的思想和行动风格对别人的影响。

(3) 工作风格

① 驱动自己和他人达成组织目标。

② 行动坚强有力。

③ 对别人能够坚持自己的意见，不为他人所动。

④ 关注新的发展可能性，并使之具体化、概念化。

⑤ 必要时可毫不留情地重组整个系统。

(4) 工作情景

① 贯彻长期规划、果断的和有挑战性的同事。

② 给予反思的权利;有效率。

③ 具有创造性和影响力的人。

④ 鼓励和支持自主性。

⑤ 有创造的机会;关注任务。

(5) 发展建议

① 需要引发反馈和建议。

② 需要学会欣赏他人。

③ 需要学会在何时放弃不实际的想法。

④ 需要更加关注其思想对他人的影响。

(6) 适合的领域与职业

① 领域:科研、技术咨询、科技应用。

② 职业:管理顾问、经济工作者、金融规划师。

(十二) 内向　直觉　思考　知觉　INTP——“聪颖机智地解决问题的人”

1. 基本描述

(1) 你极其聪慧,有逻辑性,善于处理概念性的问题,且有很强的创造灵感,对发现可能性更感兴趣。

(2) 你非常独立,有批判性和怀疑精神,深藏不露,内心通常在投入地思考问题,总是试图寻找运用理论分析各种问题;对一个观点或形势能做出超乎常人的、独立准确的分析,会提出尖锐的问题,也会向自己挑战以发现新的合乎逻辑的方法。

(3) 你擅长用极端复杂的方式思考问题,看重自己的才学,也喜欢向别人挑战;你更善于处理概念和想法,而不是与人打交道。喜欢有逻辑性的和目的性的交谈,但有时想法过于复杂,以至于难与别人交流和让别人理解,也会只为了高兴而就小事儿争论不休。

(4) 你能宽容很多不同的行为,只是在自己认为应该的时候才争论和提出问题,但是如果你的基本原则受到挑战,你就不再保持灵活性而以原则办事。

(5) 你是天才且有创意的思考者,喜欢投机和富于想象力的活动,对找到创造性解决问题的办法更感兴趣,而不是看这些办法是否真正奏效。

2. 可能的盲点

(1) 如果你没有机会运用自己的才能,或得不到赏识,会感到沮丧,爱打嘴仗,好争论,冷嘲热讽,消极地批判一切。

(2) 你过于注重逻辑分析,只要不合逻辑,就算对你再重要,也很有可能放弃它。

(3) 你过分理智,忽视情感和现实,察觉不到他人的需要,也不考虑自己的观点对他人的影响,以“不符合”逻辑为由,主观断定某些自己或他人看重的东西是不重要的,不够实际。

(4) 当你把自己批判的思维用在他人的身上时,你的直率会变成无心的伤害。你需要找到自己真正在乎的事,这将帮助你更真实地对待自己的情感。

(5) 你对解决问题非常着迷,极善于发现想法中的缺陷,却很难把它们表达出来,你对常规的细节没有耐心,如果事情需要太多的琐碎细节,你会失去兴趣,也会因计划中很小的缺陷而陷入困境,你决不容忍任何一点不合逻辑。

3. 类型解释

(1) 优势

① 能够设计有逻辑的复杂的系统，并且表现出解决复杂问题的专业才干。

② 具有理智的洞察力和判断力。

③ 能够有逻辑性地分析和思考问题。

④ 能够一针见血地看待问题的核心。

(2) 劣势

① 太过抽象以致实施起来不现实。

② 太过理智，其解释过分理论化。

③ 过分关注微小的不一致，以至于以团队工作的不和谐为代价。

④ 将批评性分析思维转向于他人，行动起来没有人情味。

(3) 工作风格

① 领导过程中，强调逻辑的、系统的思考分析，注重现实性。

② 愿意面对思想观念、工作任务，而不是人际关系；为寻求自主性宁愿领导其他独立类型的人。

③ 根据才干而非地位将人联结在一起；寻求理智而非情感方面的相互关系。

(4) 工作情景

① 需要解决复杂问题的独立思考者。

② 允许有隐私权；培养独立性。

③ 灵活、安静、和谐的工作氛围。

④ 无结构；奖励自主。

(5) 发展建议

① 需要关注实际的细节。

② 发展坚定的实施能力。

③ 需要花力气将事情说得更简单些。

④ 需要对他人给予的信息表示欣赏。

⑤ 需要更多地了解他人以及他人的职业。

(6) 适合的领域与职业

① 领域：计算机、学术、专业领域。

② 职业：电脑软、硬件工作人员，研究开发人员。

(十三) 内向　感觉　情感　判断　ISFJ——“我以名誉担保，履行自己的责任”

1. 基本描述

(1) 你具有友善、负责、认真、忠于职守的特点，只要你认为应该做的事，不管有多少麻烦都要去做，但却厌烦去做你认为毫无意义的事情。

(2) 你务实、实事求是，追求具体和明确的事情，喜欢做实际的考虑。善于单独思考、搜集和考察丰富的外在信息。不喜欢逻辑的思考和理论的应用，拥有对细节很强的记忆力，诸如声音的音色或面部表情。

(3) 你与人交往时较为敏感，谦逊而少言、善良、有同情心，喜欢关心他人并提供实际的帮助，你对朋友忠实友好，有奉献精神。虽然在很多情况下你有很强烈的反应，但通常不愿意将个人情感表现出来。

(4) 你做事有很强的原则性，尊重约定，维护传统。工作时严谨而有条理，愿意承担责任，你依据明晰的评估和搜集的信息来做决定，充分发挥自己客观的判断和敏锐的洞察力。

2. 可能的盲点

(1) 你有高度的责任心，会陷入日常事务的细节中去，以至于没完没了地工作。每件事情你都会从头做到尾，这总是让你过度劳累，压力很大时，你会过度紧张，甚至产生消极情绪。

(2) 由于你的现实、细致，有时容易忽略事情的全局和发展变化趋势，难以预见存在的可能性。建议你考虑周到解决问题的不同方法和可能性，需要增强对远景的关注。

(3)你总是替别人着想，以至于让人感觉“关心过度”，你需要学会给别人空间。在工作中，你过多的承受和忍耐，不太习惯表达，却将情绪在家庭和生活中发泄出来。

(4) 你不停地制订计划并保证完成，以至于经常花费更多的时间和投入更多的精力来完成工作。建议你给自己安排必要的娱乐和放松的活动，不要总是“低头拉车”，需要考虑“抬头看路”。

3. 类型解释

(1) 优势

① 重视人的实际需要；在贯彻执行组织目标中，采用强的执行技巧。

② 关心细节，遵从规范，埋头苦干，有责任心。

③ 乐意为他人服务；安排事情井井有条。

(2) 劣势

① 对未来过分悲观。

② 在对人表达其观点时被视为不够强硬。

③ 由于总是避免出风头，其作用被低估。

④ 僵化，不太灵活。

(3) 工作风格

① 不刻意追求领导角色，但在必要时能毅然承担重任。

② 期望他人和自己都遵从组织的需求、规范和等级。

③ 运用表面现象背后的个人影响。

④ 认真、谨慎地遵守传统做法和规章。

⑤ 在细节上动脑筋以取得实际结果。

(4) 工作情景

① 在良好构建的任务上工作认真勤勉的人；提供安全感。

② 工作结构清晰；安静平和。

③ 讲效率；考虑隐私权；服务导向。

(5) 发展建议

① 在寻求未来工作上需要以积极、全局的态度处之。

② 需要发展其决断性和直截了当。

③ 需要学会积极面对外界。

④ 需要以更加开放的态度对待其他的做事方式。

(6) 适合的领域与职业

① 领域：医护、消费、服务领域。

② 职业：电脑操作员、室内装潢师、商品规划师。

(十四) 内向 感觉 情感 知觉 ISFP——“思想起决定作用”

1. 基本描述

(1) 你和蔼、友善、敏感，谦虚地看待自己的能力。你能平静愉悦地享受目前的生活，喜欢体验。珍视自由自在地安排自己的活动，有自己的空间，支配自己的时间。

(2) 你善于观察、务实、讲求实际，了解现实和周围的人，并且能够灵活地对他们的情况和需要做出反应，但很少寻求其动机和含义。你是优秀的短期规划者，能够全身心地投入此时此刻的工作中，喜欢享受现今的经验而不是迅速冲往下一个挑战。

(3) 你有耐心，易通融，很好相处。你没有领导别人的愿望，往往是忠实的跟随者和很好的合作伙伴。你很客观，而且能以一种实事求是的态度接受他人的行为，但你需要基本的信任和理解，需要和睦的人际关系，而且对矛盾和异议很敏感。

(4) 你很有艺术天分，对自然的美丽情有独钟，对直接从经验中和感觉中得到的信息非常感兴趣，喜欢为自己创造一种幽雅而个性化的环境，你希望为社会的福利和人类的幸福做些贡献。你内心深沉，其实很热情，不太喜欢表现。

2. 可能的盲点

(1) 你完全着眼于现在，从不喜欢寻找和发现那些你认为不存在的可能性，这使你无法发现更广阔的前景，也不能为将来做打算，不能很好地安排时间和精力。

(2) 你天生对他人具有高度的敏感，总是难以拒绝别人，有时为了满足他人的需求而拼命地工作，以至于在此过程中忽视了自己。

(3) 你过分忽视事物之间的内在联系和逻辑思考，难以理解复杂的事情。

(4) 你对他人的批评会感到生气或气馁，有时容易过分自责。你容易相信别人，很少对别人的动机有所怀疑，也不会发现别人行为背后的隐含意义。你需要更注重自己的需求，而且要对别人的行为加以分析。在分析中加入一些客观和怀疑的态度会让你更准确地判断他人的性格。

3. 类型解释

(1) 优势

① 注重组织成员的需要和要求。

② 采取行动以确保他人的适意感。

③ 在工作中注入轻松愉快。

④ 借助其合作的天性把人和事组织在一切；关注组织中人的因素。

(2) 劣势

① 过于轻信别人并容易上当。

② 即使在必要时也不批评他人，而只是过分地责难自己。

③ 没有看到现实背后的东西，全方位地审时度势。

④ 太容易受伤害和退缩。

(3) 工作风格

① 喜欢采用合作的团队方式。

② 运用相互间的情感交流作为激励他人的手段。

③ 更倾向于赞扬而非批评。

④ 凭借对他人的良好意愿，温和地说服他人。

⑤ 能应付情境并适应情境的要求。

(4) 工作情景

① 需要默默地积极工作的合作的同事。

② 照顾个人的隐私空间。

③ 有礼貌的同事;人员导向。

(5) 发展建议

① 需要开发怀疑和分析信息的能力,而不是一味接受。

② 需要学会在他人自鸣得意时做出否定性反馈。

③ 需要发展一个更加未来导向的前景;需要更果敢和更直接地对待他人。

(6) 适合的领域与职业

① 领域:手工艺、艺术领域、服务领域。

② 职业:行政人员、商品规划师、职业病理专业人员、测量人员。

(十五) 内向 感觉 思考 判断 ISTJ——"从容不迫地做好自己的工作"

1. 基本描述

(1) 你是一个认真而严谨的人,勤奋而富有责任感,认准的事情很少会改变或气馁,做事深思熟虑,信守承诺并值得信赖。

(2) 你依靠理智的思考来做决定,总是采取客观、合乎逻辑的步骤,不会感情用事,甚至在遇到危机时都能够表现得平静。

(3) 你谨慎而传统,重视稳定性、合理性;你天生独立,需要把大量的精力倾注到工作中,并希望其他人也是如此,善于聆听并喜欢将事情清晰而条理地安排好。

(4) 你喜欢先充分搜集各种信息,然后根据信息去综合考虑实际的解决方法,而不是运用理论去解决。你对细节非常敏感,有很实际的判断力,决定时能够运用精确的证据和过去的经验来支持自己的观点,并且非常系统,有条不紊,对那些不这样做的人没有耐心。

2. 可能的盲点

(1) 你非常固执,一旦决定的事情,会对其他的观点置之不理,并经常沉浸于具体的细节和日常的操作中。

(2) 你看问题有很强的批判性,通常持怀疑态度。你需要时常的换位思考,更广泛地搜集信息,并理智地评估自己的行为带来的可能后果。

(3) 你非常独立,我行我素,不能理解不合逻辑的事情,忽视他人的情感,并对与你风格不同的人不能理解,非常挑剔。你要学会欣赏他人的优点并及时表达出来。

(4) 你非常有主见,时常会将自己的观点和标准强加给别人,而且无视那些不自信的人的建议。在处理问题时,强求别人按照自己的想法来做,对于未经检验或非常规的方法不加考虑。若能在以后多尝试和接受新颖的、有创造性的方法,你就能做出更有效的决策。

3. 类型解释

(1) 优势

① 行事坚定,按部就班。

② 关注所管理事务的具体细节,小心谨慎。

③ 能恰当、得体地安排工作事务。

④ 讲信用、守承诺;在良好的组织机构中工作较佳。

(2) 劣势

① 忽略日常工作的长远影响。
② 不注意微妙的人际信息。
③ 有时表现得不灵活、僵化。
④ 相对更期望他人循规蹈矩，而不鼓励创新。
(3) 工作风格
① 通常运用经验和对事实的把握做出决策。
② 在履行职责时，表现可靠、稳定和始终如一。
③ 尊重传统和等级制度。
④ 欣赏和鼓励那些照规矩办事的人。
⑤ 关注当前的、实际存在的组织需求。
(4) 工作情景
① 所在组织中，成员工作努力并且关注事实和结果。
② 工作能够提供一定的安全感和稳定性，并能考虑个人隐私。
③ 领导认可和赞赏稳健的工作方式。
④ 结构化的、有序的工作取向。
(5) 发展建议
① 除了眼前的现实，需要关注问题的更广泛的细节。
② 需要考虑人的因素。
③ 需要尝试新的东西以避免墨守成规。
④ 需要对那些不太在意规则而努力创新的人保持足够耐心。
(6) 适合的领域与职业
① 领域：无明显职业领域。
② 职业：银行、证券、信息人员。

(十六) 内向　感觉　思考　知觉　ISTP——“用我已经得到的，做到最好”

1. 基本描述

(1) 你密切关注周围发生的事情，常常充当解决困难的人。一旦需要，会快速反应，抓住问题的核心，以最有实效的方式予以解决。你好奇心强，对事实敏感，能很好规划利用手头的资源。

(2) 你善于思考和分析，关注事情是什么，以及可以解决什么具体问题，不关注理论。你喜欢客观独立地做决定，并把一切都清楚直接地安排妥当。你对技术工作很有天赋，是使用工具和双手工作的专家。

(3) 你非常独立，不愿受规则约束，以独有的好奇心和富有创意的幽默来观察和分析生活。具备很好的迎接挑战和处理问题的能力，天性喜欢兴奋和行动，通常很喜欢户外活动和运动。

(4) 你通常是安静或沉默的，喜欢行动而非言语，看上去比较“酷”，时常被认为不太愿意接近人。

2. 可能的盲点

(1) 你非常实际，总能找到简洁的解决办法，这使你有时会偷工减料，不能完成所有的步骤和细节。你过分地关注眼下的结果，以至于忽略了自己的决策和行动的长远影响。建议你学会作计划并坚持完成，以克服自己主动性弱的特点。

(2) 你总是独立分析,独自判断,不喜欢与别人分享自己的反应、情感和担忧,也不愿意把具体的情况甚至是最重要的部分与他人进行交流,使得周围的人行动或配合起来比较被动。

(3) 你非常喜欢多样化和新奇刺激,对所有的选择都持开放态度,所以你不善于做决定。你需要认真给自己一些约束,避免总是变动和无规律所带来的危害。

(4) 你通常无视自己的情感和需要,忽视他人的感受,对于自己的决定对他人产生的影响不够重视。

3. 类型解释

(1) 优势

① 能在必要时和面临问题时挺身而出。

② 能够迅速把握信息的要旨。

③ 做事有原则,但不因循守旧。

④ 在危机时能保持镇定,对他人有安定作用。

⑤ 在技术领域有天生的嗜好。

(2) 劣势

① 只关注重要的事,而对他人似乎关心不够。

② 缺乏一定的坚持性,在已付出的努力结出硕果之前就已经另谋他途了。

③ 过于权宜,走捷径,少付出。

④ 有时表现得漫无目的。

(3) 工作风格

① 通过以身作则进行领导。

② 在稳固的事实基础上做出分析判断。

③ 更倾向于采用团体合作方式,希望能公平对待每个人,宽松地管理下属。

④ 一旦出现问题,能够迅速做出反应。

(4) 工作情景

① 环境中的各种问题需要以行动予以解决。

② 行动导向的人;项目导向。

③ 不受规则限制。

④ 提供许多新的、立即要解决的导向;培养独立性。

(5) 发展建议

① 需要深入与他人交流沟通。

② 需要发展坚毅力,为达到期望结果需要做必要的计划并付出必要的努力。

③ 需要形成设立目标的习惯。

(6) 适合的领域与职业

① 领域:技术、金融、贸易、商业领域。

② 职业:银行职员、证券、信息人员、电子专业人员、技术培训人员。

参考文献

[1] 曲振国.大学生就业指导与职业生涯规划[M].北京：清华大学出版社，2008.

[2] 闫继臣.大学生职业发展与就业指导[M].北京：中国劳动社会保障出版社，2009.

[3] 肖建中.职业规划与就业指导[M].北京：北京大学出版社，2006.

[4] 吴之仪.生涯探索与规划——我的生涯手册[M].台北：涛石文化出版公司，2008.

[5] 郭捷.劳动与社会保障[M].北京：中国政法大学出版社，2009.

[6] 蒋月.劳动法：案例评析与问题研究——全真案例精解研究丛书[M].北京：中国法制出版社，2009.

[7] 肖冬梅.大学生心理健康教育与训练[M].北京：中国人民大学出版社，2009.

[8] 刘远我.人才测评：方法与应用[M].北京：电子工业出版社，2007.

[9] 崔正华，李强，张荣.大学生职业生涯规划与就业指导[M].上海：上海交通大学出版社，2011.

[10] 朱新华.试论以学生为主体的职业生涯课堂体系构建[J].学校党建与思想教育，2010(29).

[11] 丁晓雯，孙作青，钱施光.浅谈大学生职业生涯规划及指导意见[J].改革与开放，2010(18).

[12] 徐艳.高校学生职业生涯规划之我见[J].长春理工大学学报，2010(9).

[13] 陈力.大学生就业面临的法律问题[J].河南司法警官职业学院学报，2007.

[14] 朱江.大学生心理压力调适与和谐校园建设[J].中国成人教育，2007.

[15] 王晓雷.对当前大学生心理压力调适的几点思考[J].黑龙江生态工程职业学院学报，2009.

[16] 赵冰洁.350名大学生价值观测试量表调查分析[J].中国行为医学科学，2002.

[17] 汪晓红.对当代大学生价值观演变的分析与思考[J].东北师范大学，2005.

[18] 王丹.知识经济时代职业生涯规划的发展模式研究[J].首都经济贸易大学，2005.

[19] 张正武.大学生全程化职业生涯规划教育研究[J].山东大学，2009.

[20] 苗丹民，皇甫恩，Rosina C. Chia，Ren Jianjun. MBTI人格类型量表的效度分析[J].心理学报，2000.

[21] 万敏莉.青年职业发展与性格因素基于MBTI性格测试工具的初步探索[J].复旦大学，2009.

[22] 沈洁.霍兰德职业兴趣理论及其应用述评[J].职业教育研究，2010.

[23] 王凤仁,张媛.当代大学生职业价值观浅析[J].长春理工大学学报(社会科学版),2009.

[24] 王浩.大学毕业生班学生的职业价值观[J].中国临床康复,2006.

[25] 侯鹏.成人大学生成就感的作用及其培养[J].中国成人教育,2006.